HRM

人力资源管理
最佳实践案例

·人力资源管理实战图书·

（2016—2017）

厦门市行为科学学会　主编

组织变革 ｜ 招聘与选拔 ｜ 胜 任 素 质 ｜ 培训与开发

职业生涯 ｜ 绩 效 管 理 ｜ 薪酬与激励 ｜ HR信息化

中国广播影视出版社

图书在版编目（CIP）数据

人力资源管理最佳实践案例. 2016–2017 / 厦门市行为科学学会主编. -- 北京：中国广播影视出版社，2018.3

ISBN 978-7-5043-8103-3

Ⅰ.①人… Ⅱ.①厦… Ⅲ.①人力资源管理 Ⅳ.①F241

中国版本图书馆CIP数据核字（2018）第036748号

人力资源管理最佳实践案例. 2016–2017

厦门市行为科学学会　主编

责任编辑	杨　凡	
封面设计	文人雅士	

出版发行　中国广播影视出版社

电　　话　010-86093580　010-86093583

社　　址　北京市西城区真武庙二条9号

邮　　编　100045

网　　址　www.crtp.com.cn

电子信箱　crtp8@sina.com

经　　销　全国各地新华书店

印　　刷　天津爱必喜印务有限公司

开　　本　710毫米×1000毫米　1/16

字　　数　346（千）字

印　　张　24.25

版　　次　2018年3月第1版　　2018年3月第1次印刷

书　　号　ISBN 978-7-5043-8103-3

定　　价　70.00元

本书编委会

主　任：

刘光喜　厦门市行为科学学会会长
　　　　原厦门市企业经营管理人才评价推荐中心主任

副主任：

殷闽华　福建省行为科学学会常务副会长
　　　　福建江夏学院工商管理学院党委书记

涂满章　厦门市行为科学学会常务副会长
　　　　厦门同博企业管理咨询有限公司董事长

李中斌　厦门市行为科学学会副会长
　　　　福建农林大学人力资源管理系主任、教授、博导

肖志明　福建江夏学院工商管理学院副院长

沈　黎　《中华现代护理杂志》《神经疾病与精神卫生杂志》主编

林南君　厦门市行为科学学会副会长

刘　莹　福建恒安集团有限公司党委书记、共享中心副总裁

涂兴旺　厦门夏谷软件有限公司总经理

张启明　合不合（厦门）网络科技有限公司总经理

委　员（以姓氏笔画为序）：

王阿云	邓文敏	白　欣	刘光喜	刘　莹	苏斐斐
李中斌	肖志明	吴志全	沈　黎	宋晓芃	宋培林
张启明	张晓阳	陈三明	林亚桢	林南君	郑如霞
孟林民	宫毅敏	殷闽华	郭万欣	涂兴旺	涂满章
阎虎勤	曾卫国	曾秀芬	谢沧海	蔡弼凯	

目　录

◆ **组织变革**

◆ **招聘与选拔**

◆ **胜任素质**

◆ 培训与开发

◆ 职业生涯

◆ 绩效管理

◆ 薪酬与激励

◆ HR信息化

组织变革

ZU ZHI BIAN GE

A集团战略转型背景下的组织变革

——兼谈共享经济时代下的人力管理理念

吴镇平

一、背景概况

A集团是一家以地产开发为主，以金融投资、建设施工、物业服务等业务为辅的集团性企业，为更好应对新常态下的行业变革，集团于2015年提出了走"互联网+金融+地产"的战略转移。在主营业务上，也即地产开发方面，集团将以互联网思维创新发展路径，通过自身的金融优势，由过去偏重传统的地产开发转向轻资产运营。其中金融投资领域除了继续持有某地农商银行股份，担任其大股东，还将与该银行、当地几家大型国有企业及民营企业共同组建运营一家金融投资公司，从原来的投资转向运营。

之所以考虑做出这种战略转型，有以下内外部因素的考虑：

外部因素方面，一是宏观经济遇到结构性困难，整个2015年GDP增长6.9%，2016年的预期不会高于2015年，整体经济增长变缓；二是供给侧改革将对宏观经济产生阵痛式的结构性改善与提升，在可预期的几年里经济转型升级及人力资源重新学习将是一个重要关卡；三是房地产行业整体上处于低迷状态，厦门的房地产处于有价无市的境况下，行业龙头企业都在为新形势做变革准备，其中以轻资产路径及多元化发展两类居多。

内部因素方面，一是地产板块的库存较高，由于公司近两年开盘销售的项目均为SOHO类型的物业，受到政策影响，销售情况有喜有忧，但总体上库存仍较高，去化压力较大；二是集团现有的金融背景所提供的资源并没有得到充分利用，因这一块的潜力巨大，借助互联网推动，金融业务可以为集团带来丰厚的利润与资金流；三是顺应行业改革的趋势，公司应从传统的开发商转向轻资产运作，实行"轻重并举"的运营模式，提升运营能力。

战略转型，必然带来组织架构上的变革。从目前来看，集团在组织机制与人力配备方面存在着诸多与战略落地不相符合的地方：一是机构人员臃肿，集团过去几年全心投入在地产开发业务上，导致地产方面的机构设置与人员配备较为臃肿，在经历15年的低谷之后，地产业务战线有所收缩，新项目的立项更为谨慎，因此现有的架构与人员就显得更为臃肿了；二是核心人才严重短缺，由于过去重心在地产开发上，金融人才储备十分有限，战略规划的核心人才也十分短缺；三是组织架构的科层制较为传统，引起整体协作性较差，束缚了企业的创新精神，也不适应互联网时代的扁平化要求。

基于内外部环境的分析，集团在做出战略转型的同时，决定对整体的组织架构与人员配备进行重新梳理，以适应新的发展路径。

二、组织架构的重组

组织架构的设置包括机构设置以及各机构间的联动机制。机构设置是基础，联动机制是灵魂。根据集团战略规划，我们将业务分为四大板块：

一、金融创投板块。这个板块主要从事对股权投资、基金运作，以及地产板块的投融资业务。这一板块的主要任务就是充分利用集团现有的金融资源，一方面通过金融市场获取直接收益，另一方面借助金融手段实现地产板块、建设板块的轻资产运作。在未来可能的情况，通过对自持物业的运营，孵化创新创业企业，通过股权投资实现资产的增值。

二是地产开发板块。这个板块主要从事现有地产开发的具体业务，包括项目立项、设计、工程、成本、采购、营销等一系列流程的具体工作。应该说在金融创投板块成立后，地产板块虽不再是最核心的业务，但也是次核心的业务，其赋予金融板块更多的操作空间与渠道，是金融板块业务得到良好开发的实体基础。从某种意义上说，地产开发板块仍然是公司存在与发展的生命线，不可轻易放弃。除非集团转型成为纯粹的金融投资机构。

三是建设施工板块。这个板块也是现有业务，但是在公司金融业务拓开之后，这个板块的业务除了原来简单的接受甲方施工工程，还可以借助金融渠道积极参与政府提倡的PPP工程。

四是运营板块。这个板块将现有的物业服务进行提升，在做好基础的物业服务工作的同时，做好招商及商业服务工作，为金融板块的股权投资提供实证数据。

四大板块的划分，既是集团对未来战略部署的第一步，也是集团组织结构调整的基础。在这个基础之上，我们才可以进一步规划各板块的具体架构。

（一）金融创投板块

由于公司原先在金融业务上主要局限于投资，在运作方面缺乏经验积累，也更谈不上组织架构的设置了。因此在战略转型之后，金融创投板块成为核心业务，其组织架构亦成为此次集团组织变革的核心问题，除了基本的职能部门设置，其他应予考虑的关键因素有三个：

1.业务开展需要。今后公司可能开展的业务涵盖股权投资（包括现持有的某农商行的股份、未来投资其他潜力公司的股份等）、地产业务的投融资业务（包括资产证券化）、P2P、PPP等业务。这些业务的开展不可能集中在一个或两个部门里进行，需要设立相对应的业务部门来相匹配。但从当前来看，当前可能开展的业务有地产金融、股权投资两类，其他项目可根据战略部署在业务正式运作前成立。

2.风险管控需要。金融投资必需建立严格的风险防控体系，既要符合国家法律法规的要求，也要在实际操作中能与公司所开展业务的风控要求相贴切。

3.市场营销需要。有些金融业务可能并不需要市场营销，但有些金融产品是需要面向市场进行推广的，比如资产证券化、P2P等，需要从市场上找到买家。从目前来看，市场营销的需求尚不明显。

综合上述三因素的考量，我们将金融创投板块的具体架构设置如下：

部门	职位	编制	部门	职位	编制
决策层	总经理	1	股权投资部	经理	1
	副总经理	2		投资专员	1
财务部	财务经理兼会计	1	风控部	经理	1
	出纳	1		风控专员	1
地产金融部	经理	1		审计专员	1
	融资专员	1	综合部	经理	1
	投资专员	1		行政人事专员	1

当前来看，金融创投板块的人数并不需要非常多，而且在地产金融业务方面有一部分是来自于原有的地产公司，并且综合部的人员也可从原有的地产公司选配人员过来，因此外招人员并不会太多。具体的人力来源如下表：

部门	职位	人力来源
决策层	总经理	集团内原有高管调任
	副总经理	外招
财务部	财务经理兼会计	集团内原有财务骨干调任
	出纳	集团内原有出纳调任
地产金融部	经理	集团内原有金融管理部负责人调任
	融资专员	集团内原有资金管理人员调任
	投资专员	外招
股权投资部	经理	外招
	投资专员	外招
风控部	经理	外招
	风控专员	外招
	审计专员	集团内原有财务骨干调任
综合部	经理	集团内原有行政人事骨干调任
	行政人事专员	集团原有行政人事人员调任

按上述人员配备后，基本上可以满足现有金融板块的业务开展。但这里要强调的是，人员并不被上述岗位所绑死，具体后面会再行论述。

（二）地产开发板块

应该说，地产开发板块的组织变革与人员配备是最困难的。这是因为地产板块原先受到高度重视，期望其能做大，但在宏观环境的影响下，原先设计的组织架构与当前业务量相比显得过于臃肿了。因此这一板块的组织架构需要做减法。

根据现有的业务量，省内三个项目均为小项目，其中两个项目的开发建设总面积均未超过5万平方米，还有一个项目总建面积约15万平方米，但已处于收尾阶段，人员需求其实并不多，但整个地产公司的人数多达75个人，具体如下：

部门	岗位	编制	部门	岗位	编制
总裁办	总裁	1	设计管理部	总经理	1
	常务副总裁	1		建筑主任设计师	1
	副总裁（兼工程管理部总经理）	1		装饰副主任设计师	1
	总工程师	1		机电主任设计师	1
	助理总裁	1	工程管理部	机电主任工程师	1
	主任	1		资料员	1
	副主任	1	成本管理部	副总经理兼采购经理	1
	企管经理	1		成本经理	1
	计划运营主管	1		土建造价师	1
	总裁秘书	2		土建造价师	1
	常务副总裁秘书	1		水电造价师	1
	副总裁秘书	1		合同管理专员	1
开发拓展部	拓展高级经理	1	营销策划部	执行总经理	1
人力行政部	副总经理	1		副总经理	1
	人力资源经理	1		策划高级经理	1
	行政经理	1		招商高级经理	1
	人力资源专员	1		平面策划主管	1

续表

部门	岗位	编制	部门	岗位	编制
人力行政部	网络主管	1	营销策划部	招商主管	1
	档案管理专员	1		文案专员	1
	前台文员	2		项目销售经理	2
	总裁司机	1		项目销售主管	2
	司机	3		置业顾问	4
	保洁	2		售后客服专员	1
财务管理部	总经理	1	A项目部	项目副总监	1
	财务经理	1	B项目部	项目副总监	1
	项目财务经理	2	C项目部	项目总监	1
	主办会计	2		土建工程师	1
	收款专员	2		土建工程师	1
金融管理部	副总经理	1		水电工程师	1
	资金经理	1		资料员	1
	出纳	1		售后客服专员	1
				小计	75

可以看出，原有的组织架构做得比较大，而一旦项目数量没有跟上，这个架构就显得很空虚，毕竟开发体量并不大，而架子太大，造成人浮于事和推诿扯皮。为此，公司决定如下：

1. 对于工程人员，公司决定按照以下原则配备：

（1）项目面积不超过10万平方米的，配1名项目经理，1名土建工程师，1名水电工程师，1名造价员，1名文员；

（2）两个项目总建筑面积不超过10万平方米的，且项目地在同一地区路程不超过20KM的，人员配备按上述第1条配备，不予配备2套人马；

（3）项目离地产总部不超过20KM的，项目部不再设置文员职务，由地产总部工程部档案员兼任。

2. 对于营销人员，公司决定由原来的自售转为代理，招商工作转移到运营板块，不再归在地产板块。

3. 对于设计人员，公司将只设置建筑设计、水电设计两个岗位。

4. 对于总裁办与现有的人力行政部，并给予合并与精简。

5. 金融管理部转移到金融创投板块，不再归于地产板块。

6. 财务管理部不再按项目设置项目经理、会计等岗位，将予精简。

7. 不再设置开发拓展部。

根据上述意见，我们将地产板块的组织架构如下表：

部门	岗位	编制	部门	岗位	编制
决策层	总经理	1	工程部	经理	1
	副总经理	1		土建工程师	1
	副总经理	1		水电工程师	1
综合部	经理	1	成本部	档案员	1
	秘书	2		经理	1
	人力专员	1		造价员	1
	行政前台	1		采购员	1
财务部	经理	1	营销部	经理	1
	会计	1		策划专员	1
	出纳	1		售后专员	1
设计部	经理	1	B项目部	由工程部兼任	
	建筑设计师	1	C项目部	经理	1
	水电设计师	1		土建工程师	1
A项目部	由工程部兼任			资料员	1
合计					27

按照这一框架，在现有项目开发的情形下，进行这种精简十分必要，人员由75人迅速减少到27人。精简掉的人员可分流至金融创投板块、建设施工板块、运营板块，确实无处可分流的，按相关规定协商解除劳动关系。在开发项目有限的情况下，这种人员配备既保证了正常开发的需要，也避免了内部责任的推诿。今后如有新的项目可以根据上述原则配备相关专业人员。

（三）建设施工板块

建设公司仍然基本保持当前的组织架构，只做局部调整。最初的组织架构如下：

序号	部门	岗位	序号	部门	岗位
1	总经办	董事长	17	财务部	经理
2		总经理	18		会计
3		总经理助理	19		出纳
4		董事长秘书	12	质安部	经理
5	经营部	经理	13		安全主管
6		预算主管	14		土建质检工程师
7		土建预算员	24	项目部	项目经理
8		材料设备管理员与劳工专员	25		操作员
9	工程部	经理	26		施工员
10		基地管理员	27		安全员
11		机管员	28		收料员
20	人力行政部	经理	29		试验员
21		资质专员	30		资料员
22		行政专员	31		水电工
23		司机			

　　为使总部工程部对各项目部的管理更为有力，将质安部并入工程部，由总部工程部对各项目部屡行进度、质量与安全管理工作；将经营部职责调整为业务拓展，另外设立专门的预算控制部、材料部。调整后各部门职责会更为明确，具体为：

序号	部门	岗位	编制	序号	部门	岗位	编制
1	总经办	董事长	1	16	财务部	经理	1
2		总经理	1	17		会计	1
3		总经理助理	1	18		出纳	1
4		董事长秘书	1	19	工程部	经理	1
5	经营部	经理	1	20		土建工程师	1
6		招投标专员	1	21		安装工程师	1
7		资料员	1	22		水电工程师	1

序号	部门	岗位	编制	序号	部门	岗位	编制
8	预控部	经理	1	23	项目部	项目经理	根据项目数配置
9		土建造价师	1	24		操作员	
10		安装造价师	1	25		施工员	
11	材料部	经理	1	26		安全员	
12		采购员	1	27		收料员	
13	人力行政部	经理	1	28		试验员	
14		行政专员	1	29		资料员	
15		司机	2	30		水电工	

须特别说明的是，本架构以项目任务完成为目标，所有的公司职能部门都为项目部提供服务，工程部为项目部的直接管理部门，其他部门为项目部间接支持部门。

（四）运营板块

运营板块是在物业服务的基础上升级而成的，除了原有的物业服务之外，还提供招商、商管、策划、客服等业务。由于目前公司着手运营的物业项目仅有1个，可根据实际业务需要进行组织架构的设计。

序号	部门	岗位	编制	序号	部门	岗位	编制
1	决策层	总经理	1	12	策划推广部	策划文案	1
2		副总经理	1	13	物业管理部	主任	1
3	综合部	经理	1	14		工程班长	1
4		人事专员	1	15		维修工	3
5		行政专员	1	16		保安班长	1
6		司机	1	17		保安员	10
7	商业运营部	经理	1	18		保洁班长	1
8		招商主管	1	19		保洁员	8
9		客服专员	2	20	财务部	经理	1
10		档案员	1	21		出纳	1
11	策划推广部	经理	1	合计			40

由于目前只是运营1个物业项目，因而此组织架构类似于项目公司。今后如有新项目运营，新项目的组织架构可参照上表中的商业运营部、策划推广部、物业管理部的岗位设置，根据新项目体量的大小及进展阶段进行人员配置。

三、战略转型期的人力资源管理理念革新

A集团在战略转型、事业板块划分、组织架构调整等方面做出了重要部署，而支撑未来战略落地的，还需要在人力资源管理理念上实现革新。

（一）最大化盘活存量人力资源，灵活配备人员

在对各业务板块进行划分之后，应实施较为灵活的矩阵组织，即按项目组建临时小组，直到项目结束才解散，这样可以打破部门、各子公司间的界限，实现人员的有效调配和利用。例如有些人身处建设板块，但是地产板块有需要时，可以把建设板块的专长员工拉过来一起组建一个项目小组。提倡矩阵组织，可以丰富员工的工作内容，利于员工更快速地成长，同时能塑造任务导向的执行文化，很大程度地减少部门、事业部间的条块壁垒。

（二）企业要勇于提供平台机会

谁都不希望自己辛辛苦苦培养出来的骨干流失到别人家去，可是企业不培养人才，人才走得更快。别再担心自己是在为别人作嫁衣了，除非企业一直都是招应届生，否则，每家企业招聘一个熟练工过来都是在抢劫其他企业的培养成果。这就是一个雇主品牌的打造，企业要不遗余力地把员工培养成才，这个过程也必将是员工引领企业创新变革的过程；这样，即使员工离职以后，他也会跟别人说：这家公司很赞。

特别需要指出的是职业生涯这个话题，传统观点认为要认准一个目标稳定且坚持地做下去。但在互联网时代，跨界打劫随处都在发生，只认准一个目标却不去看清其他业界正在发生的重大变化，那是过去工业时代的职业发

展路径。以企业的角度来讲，例如京东，照理其主营业务是网络购物消费，但它偏偏搞出一个京东金融；微信也只是一个交流工具而已，其开发的红包却让全民沸腾。换到人才的视角也一样，有许多人才是适合跨界发展的，如今的互联网精英，有许多都是跨界获得巨大成功。企业要给人才提供平台，提供不了就创造平台来提供，在一切皆有可能的时代，企业要架设灵活的组织形式，勇于鼓励员工跨界发展，引领企业业务的创新变革，而这种灵活的组织形式，就是不要把员工绑死在岗位上，而要以矩阵组织让员工活力蹦发。

（三）企业要正视人本管理

人本管理并不是要把员工福利做上去，而是要让员工更安心地工作。从书面上我们总能看到硅谷公司给员工设置什么婴儿房、健身室、允许员工灵活打卡上班等各类福利，这些措施都是反映人本要求的，但是根据《经济学人》的报道，高达81%的硅谷科技公司的员工并不开心。不开心的原因主要在于这些福利并不是为了把员工从工作中解放出来，而是为了把员工绑在工作上！因为企业一旦开辟了婴儿房，小孩可以带到公司来上班，女职工可以在公司工作之际也顺便照顾小孩；企业设置健身室，促使员工在精力困乏时运动提神；灵活打卡上班更是让员工把一天的工作内容都排列整齐，甚至如果您来不及到公司上班，你可以在家打卡工作，连路上的交通时间也省下来了。

所以，人本管理表面上是提高了人力成本，实质上是在提升员工的工作效率与忠诚度，在如此优越的工作环境下，员工还有什么理由不做好事情呢？与此同时，对员工绩效管理的模式也须顺应人本管理的需要进行改革，生搬硬套的KPI体系亦要让位于灵活多样的目标责任制。

共享经济时代（或者也可以叫作互联网时代）是一个能让HR工作正视"人性"的时代，让人在工作中有尊严、有效率、有活力，让企业在人的互联共享网中获得生存与发展的机遇与空间。

单位：福建五华集团有限公司

FJHS公司项目组织结构变革推行

徐基成

FJHS公司成立于2007年，是一家专业化的投资型公司。公司通过控股的形式在全国各地投资多家公司。经过不断的积累与创造，FJHS现已逐步形成了以实业经济投资、综合金融服务为核心的多元化产业结构。旗下主要有以下子公司：

FJHR网络科技有限公司

FJHR网络科技有限公司成立于2014年4月，由原泉州知名的金融服务公司HJJR转变而来，致力于金融创新业务的推广，积极参与银行卡受理环境建设，是一家专业从事电子金融专业服务的公司，总部位于泉州，下辖福州、厦门、泉州三家分公司及宁德、三明、龙岩、莆田四个办事处。在厦门设立网络公司，服务于公司金融业务体体系。公司秉承"创新发展、追求卓越"的经营理念，依托专业化的人才队伍，不断创新的营销方法，形成了庞大的客户群体。汇聚八方，融通天下，FJHR以科技为支撑，面向广阔天地，不断追求卓越与完美。

QZMS贸易有限公司

QZMS贸易有限公司成立于2011年3月，是一家集汽车销售、车贷金融服务、汽车售后服务一体化的专业性汽车贸易服务公司。公司拥有竞争力的产品和专业的销售和技术团队，为客户提供优质的产品、良好的技术支持、健全的售后服务。

TSLH投资有限公司

TSLH投资有限公司由FJHS投资控股，是一家集股权投资，产业整合，资产运营为一体的战略投资机构。目前整合运作的产业主要有餐饮、休闲、家居生活、生果销售等。公司位于泉州顶级别墅区"宝珊花园"内，时尚大气的别墅办公楼，办公室宽敞明亮，工作氛围良好；办公楼四周鸟语花香，空气环境优美，工作之余惬意地放松心情。

基于FJHS公司的战略及所从事的业务体系，采用合适的公司治理结构及管理体系非常重要，即要符合行业发展所需，又要满足公司管理所需。公司在近几年的迅速发展过程中，人力资源管理也一直不断地在变革与创新。从最早公司成立之初，采用简单的职能制组织结构。按部门的业务职能进行划分，主要有总经办、市场部、人力行政部、财务部、风控部、运营部、项目部等职能部门。其中，市场部下分有两个业务组，分别负责市场推广和市场综合运营；运营部主要对接市场业务，处理客户信息及资料；项目部主要负责项目的寻找、调研分析、项目前期团队组建、项目运作流程梳理、业务梳理及各业务开展所需内容的管理与执行工作。项目运作有三种基本的形式，第一种是从无到有，由公司项目组寻找新项目开始，由公司独立投资、管理，从项目可行性分析及确立，到项目组成立，项目各业务事项运作基本完善后，交由市场部管理，项目组解散直至新项目的再次引进。第二种方式是项目部寻找可长期发展的业务，并在该业务行业寻找适合的公司，进行收购，并由项目组对所收购的公司参照FJHS公司的战略进行合并与调整，包含产品、业务、渠道、管理体系、人员等实行全资控股。第三种方式也是由项目部寻找合适的投资产业及该产业内合适的公司，经协商谈判，由FJHS提出投资计划并投入一定比例资金，使原产业公司在规划期内发展成预期规模，实现FJHS公司对该公司经营管理控股权。这三种形式是项目部最基本的日常运作方式。

公司成立初期，由于所投资项目数量有限，规模也相对较小，项目部所需面对的新项目不多并且不是很复杂，公司暂时采用职能制的组织结构形式，这样的组织结构相对简单，职责分工明确，每个岗职位人员都明确各自的目标及职责。单线指挥，上下沟通明确。随着公司不断地发展，新的业务及项目不断地增加，公司涉及行业及产品也越来越多，越来越复杂。职能制的组织结构慢慢地显现出其不适应性。

到2013年，随着公司不断发展及壮大，原有的职能制组织结构开始显现不能适应公司全新的项目引进，开始不能适应复杂的项目，跨行业及跨产业的业务，产品的复杂性，使得职能分工经常出现空档，事情的归属不清，权责不明，员工忙闲不均等等各种错综复杂的情况。加上公司本身从事的产业是金融及投资控股这样的产业，外部环境复杂多变，需要公司在经营管理上随时随着市场及环境的变化进行相应的调整，各职能部门之间的沟通与协调也越来越频繁。等等种种，依据职能制组织结构的特点及适用范围，在各种企业里，职能制组织结构主要适用于中小型产品比较单一的，外部环境比较稳定的企业。经营管理相对简单，横向协调沟通较简单且部门较少的情况。这些都充分说明，公司现有的职能制组织结构形式与公司发展战略所需的管理结构完全不匹配，并且现有的职能制组织结构形式已经慢慢成为公司进一步发展的不利因素。因此，公司经营层研究，决定先从现有的组织结构入手，进行企业组织结构的变革，以期构建一个符合公司未来一段时间发展所需的组织结构形式。

这也符合当企业规模、内部条件的复杂程度和外部环境的不确定性超出了职能制结构所允许的限度时，企业必须重新制定符合公司发展战备需要的组织形式。

因此，公司人力行政部重新对企业战略进行理解。明确公司以金融产业为基础，发展投资及相关产业，经营综合金融业务为主的定位。因此对于金融行业的了解必不可少。充分考虑政府在经济与金融方面的政策指导方向，结合行业基本情况，分析公司软硬件等基础条件。审慎选择并提出适合公司的组织结构形式。具体的步骤如下：

一、分析现有金融体系及基本金融国策

金融在我国的国民经济中具有举足轻重的地位和作用，是社会资金运动的中枢神经系统。在现代市场经济条件下，以货币流通和社会信用总和为内容的金融在社会资金的筹措和分配中所占的比重越来越大，充分显示了其举足轻重的地位。因此，金融作为一国社会资金流通系统的基本组成部分，对经济的增长和发展起着十分重要的调节控制作用。

中国金融业发展壮大的历史，是多层次、多主体、多元化转变的历史。得益于改革开放后的三十余年金融业的改革发展，在2008年的全球金融危机中，当周边国家都深受其害，而中国金融业不但全身而退，更反超了西方的金融巨头。并且在GDP规模跃居世界第二后，中国金融业成长为国际金融体系中不容忽视的重要力量已成必然。

《金融业发展和改革"十二五"规划》确定了"十二五"时期金融改革发展总体目标。根据规划目标，"十二五"时期，中国金融服务业增加值占国内生产总值比重将保持在5%左右。规划还提出，到"十二五"期末，金融结构调整要取得明显进展，非金融企业直接融资占社会融资规模比重将提高至15%以上。银行、证券、保险等主要金融行业的行业结构和组织体系更为合理。此外，城镇化和互联网金融业等也为中国金融行业提供了广阔的发展空间，未来仍是中国金融行业发展的大好时机。

中国产业研究报告网发布的主要来自于国家统计局、中国人民银行、中国证券监督管理委员会、中国保险监督管理委员会、中国银行监督委员会、上海证券交易所、深圳证券交易所、香港金融管理局、中国证券业协会以及国内外重点刊物等渠道的《2014-2020年中国金融行业市场分析与未来发展前景预测报告》。首先介绍了金融、金融市场和金融工具的定义、分类、特点等，接着分析了国内外金融行业的发展，并对中国银行业、保险业、证券业等细分行业的发展进行了细致的透析。详细解析了重点省市金融市场、竞争格局以及重点企业的发展状况，剖析了金融行业的投资状况，并对其未来发展前景做出了科学的预测。

这些，都为公司未来战略定位及其发展方向指明了道路。公司从事的是金融与投资这个行业，而这个行业具有高风险性，这种高风险性就要求公司在产业选择上需要多样化经营来分散风险，并且随着金融行业的发展及逐步的规范，这种要求愈加迫切。这也是公司从原来的职能制组织结构，通过投资控股组建为现在由几个项目公司所组成的组织结构形式。

二、确定符合公司未来阶段性发展的组织结构形式

2013年前，公司投资及控股的产业仅慢慢地增加，新的项目看成是公司的某个产品业务，不同的项目就是一个不同的产品业务，交由市场部进行管理。因项目间的交集较少，涉及跨行业的产业较多，对于公司管理人员的综合管理能力、学习能力、适应能力、决策与判断能力要求非常之高。进入2013年后，公司在发展过程中，新项目引入的步伐加快了很多，一方面新项目越来越多，对专业人才的需求也越来越多，要求越来越高，人力行政部门面临人才供应挑战。另一方面，新项目的引进，项目负责人及人力行政人员对于项目所需人才的胜任条件也变得越来越模糊，造成人力行政部与各部门在工作对接上麻烦不断，摩擦不断。用人部门抱怨人力行政部人才提供不及时，不准确。人力行政部门抱怨用人部门用人政策三天一个样，五天全变样。员工关系不和谐，工作效率低下，这些都表明，职能制的组织结构已经无法满足公司所需。

（一）通过PEST模型、波特五力模型、SWOT模型进行综合分析

在PEST分析法是战略外部环境分析的基本工具，它通过政治的（Politics）、经济的（Economic）、社会的（Society）和技术的（Technology）角度或四个方面的因素分析从总体上把握宏观环境，并评价这些因素对企业战略目标和战略制定的影响。对于金融及投资行业来说，政治法律环境的影响主要要考察国际贸易关系及贸易规则贸易协定，金融行业及其地位，国家对金融行业的监管的思路和变化，政府制定的具有约束力的法律法规和某些

管制发展的趋势。金融行业的经济环境主要考察GDP的变化发展趋势、金融市场机制的完善程度、金融服务市场需求状况等等。金融行业的社会自然因素包括依年龄地域的收入分布、我国国情决定的特殊金融业务需求、在复杂金融形势条件下做出反应的群体习惯、对外国产品的态度等等。另外技术领域，金融行业的电子化网络化趋势值得关注，它们影响了产品的服务成本和质量，改变了产品创新速度和分销渠道。

而在波特五力模型分析中，供应商的讨价还价能力、购买者的讨价还价能力、潜在竞争者进入的能力、替代品的替代能力、行业内竞争者现在的竞争能力。五种力量的不同组合变化最终影响行业利润潜力变化，为公司投资定位起参考性作用。

SWOT分析则是通过对企业自身的优势、劣势、机会和威胁的加以综合评估与分析得出结论，然后再调整资源及策略，来达成的目标。优势包括技术技能优势，有形资产优势，无形资产优势，组织体系优势，竞争能力优势，人力资源优势。劣势有缺乏具有竞争意义的技能技术，缺乏有竞争力的有形资产、无形资产、人力资源、组织资产，关键领域里的竞争能力正在丧失。潜在机会表现在客户群的扩大趋势或产品细分市场，技能技术向新产品新业务转移，为更大客户群服务，前向或后向整合，市场进入壁垒降低，获得购并竞争对手的能力，出现向其他地理区域扩张，扩大市场份额的机会，市场需求增长强劲，可快速扩张。威胁可能有出现将进入市场的强大的新竞争对手，替代品抢占公司销售额，主要产品市场增长率下降，汇率和外贸政策的不利变动，人口特征，社会消费方式的不利变动，容易受到国家经济政策影响，世界经济萧条和业务周期的冲击，市场需求减少，客户或供应商的谈判能力提高。通过以上手段的综合应用，并有效结合公司现有实际情况，人力行政部在公司战略的基础上，提出组织结构变革的人力资源战略。预计用半年的时间搭建组织结构及基础的管理平台。再用半年的时间来完善及优化。前期主要工作内容及面临问题如下：

1. 公司组织内部诊断

人力行政部牵头，对公司内部存在问题进行为期一个季度的收集与汇总，内容涉及经营管理的方方面面，包含责权利分配，公司效率，内部沟通协调情况，盈利能力。也包含人岗匹配，员工工作饱和度、工作满意度，员工关系等人力资源管理方面的问题。通过人力行政部对现阶段所收集到的数据及资料汇总，研讨，形成便于利用的数据。并对这些数据进行分类、合并、整合、判断等，从而变为可利用的信息，帮助诊断公司在现有阶段发生了哪些问题。

2. 分析及确定公司存在问题

通过对这些问题的分析与判断，并经各部门讨论，研究，最终确认公司目前在经营及管理上存在的问题，所先在于管理体系不能适应公司目前发展，而管理体系不能适应又集中体现在组织结构的不适用上。所以公司经营管理层通过诊断与分析，最终确认现有的组织结构形式不适用公司现有及未来发展的需要才是公司现存最大的问题。公司原有的简单的职能制的组织结构形式，已不适应现有公司复杂多变的新项目，也不适应公司目前大量的跨部门工作沟通与协调，对于新项目引进后的工作开展速度也越来越慢，公司现有人员无论在数量上还是在能力上，也都越来越跟不上公司项目开发的进度，人才供应相对不足。所谓相对，是针对全新的项目所需的专业人才供应不足，而其他辅助性人才略有盈余，员工忙闲不一。

3. 提出组织改革的目标

摆在公司面前的现实问题已初步确认，通过高层管理委员会决议，决定2013年为组织变革年。公司全力推行组织结构变革，打造一个符合FJHS公司的组织结构模式，满足公司在一到两年内的基本经营管理和发展所需，并足够承载相应的经营管理体系落实。公司全员认同、熟悉并能按该组织结构形式下开展各项业务管理工作。解决项目进程中各事务的效率问题，优化跨部门间的沟通协商机制，打造匹配的、专业的团队，保障公司战略能有效落地并达到期望成果。

三、实施组织结构变革推行

经前期调研、诊断、分析后，人力行政部提出公司组织结构变革方案，从原有的职能制组织结构形式，变换为项目组织结构形式。根据项目管理组织机构设置原则

（一）目的性原则

项目组织机构设置的根本目的，是为了产生组织功能实现项目目标。从这一根本目的出发，就应因目标设事，因事设岗，因职责定权力。

（二）精于高效

大多数项目组织是一个临时性组织，项目结束后就要解散，因此，项目组织应精干高效，力求一专多能，一人多职，应着眼于使用和学习锻炼相结合，以提高人员素质。

（三）项目组织与企业组织一体化原则

项目组织往往是企业组织的有机组成部分，企业是它的母体，项目组织是由企业组建的，项目管理人员来自企业，项目组织解体后，其人员仍回企业，所以项目的组织形式与企业的组织形式密切有关。

通过分析及选择，在多种项目组织结构类型中，暂不考虑部门控制式和职能式。将从工作队式、项目型和矩阵型这几种组织形式中做出选择，或者综合几种项目型组织结构进行有效整合利用。这些都将依项目性质、复杂程度、规模大小和持续时间长短等来确定，同时考虑项目组织的具体职责、组织结构、人员构成和人数配备等不同因素。

以下是几种项目组织结构形式进行的分析：

1. 工作队式项目组织

（1）特征

①项目经理在企业内抽调职能部门的人员组成管理机构。

②项目管理班子成员在项目工作过程中，由项目经理领导，原单位领导只负责业务指导，不能干预其工作或调回人员。

③项目结束后机构撤销，所有人员仍回原在部门。

（2）适用范围：适用于大型项目，期限要求紧，要求多工种、多部门密切配合的项目。

（3）优点

①能发挥各方面专家的特长和作用。

②各专业人才集中办公，减少了扯皮和等待时间，办事效率高，解决问题快。

③项目经理权力集中，受干扰少，决策及时，指挥灵便。

④不打乱企业的原有结构。

（4）缺点

①各类人员来自不同部门，具有不同的专业背景，配合不熟悉。

②各类人员在同一时期内所担负的管理工作任务可能有很大差别，很容易产生忙闲不均。

③成员离开原单位，需要重新适应环境，也容易产生临时观点。

2. 项目型

（1）特征

企业中所有人都是按项目划分，几乎不再存在职能部门。

在项目型组织里，每个项目就如同一个微型公司那样运作，完成每个项目目标所需的所有资源完全分配给这个项目，专门为这个项目服务，专职的项目经理对项目组拥有完全的项目权力和行政权力。

（2）优点

项目型组织的设置能迅速有效地对项目目标和各户需要做出反应。

（3）缺点

资源不能共享，成本高，项目组织之间缺乏信息交流。

（4）适用范围

项目型组织结构适用于同时进行多个项目，但不生产标准产品的企业。常见于一些涉及大型项目的公司。

3. 矩阵型组织

（1）特征

① 项目组织与职能部门同时存在，既发挥职能部门的纵向优势，又发挥项目组织的横向优势。

② 专业职能部门是永久性的，项目组织是临时性的。职能部门负责人对参与项目组织的人员有组织调配和业务指导的责任。项目经理将参与项目组织的职能人员在横向上有效地组织在一起。项目经理对项目的结果负责，而职能经理则负责为项目的成功提供所需资源。

（2）适用范围：适用于同时承担多个项目的企业。

（3）优点

① 将职能与任务很好结合在一起，既可满足对专业技术的要求，又可满足对每一项目任务快速反应的要求。

② 充分利用人力及物力资源。

③ 促进学习、交流知识。

（4）缺点

① 双重领导。

② 各项目间、项目与职能部门间容易发生矛盾。

③ 项目组成员不易管理。

上面介绍的是项目组织经常采用的几种组织结构形式，除了这几种常见的组织结构之外，当然还有其他组织结构形式。但与公司目前战略所需相较而言，匹配度不高，这里就不列举。因此我们可以看出，每一种组织结构形式都有其优点、缺点和适用条件，没有一种万能的，最好的组织结构形式。

对不同的项目，应根据项目具体目标、任务条件、项目环境等因素进行分析、比较，设计或选择最合适的组织结构形式。一般来说，部门控制式的组织结构适用于项目规模小、专业面窄、以技术为重点的项目；如果一个组织经常有多个类似的、大型的、重要的、复杂的项目，应采用项目式的组织结构；如果一个组织经常有多个内容差别较大、技术复杂、要求利用多个职能部门资源时，比较适合选择矩阵式组织结构。如果要完成一个大型的、重要的、复杂的要求利用多个职能部门资源的项目则可采用工作队式。这些都是公司为何选择这三种项目组织形式的原因。

在确定了组织结构变革方案后，由变革小组提出了确实可行的八个阶段来推行公司组织结构变革，具体如下：

第一步，通过各种渠道和方法，大力宣传让公司员工都清楚这次组织变革的重要性及必要性，并结合公司的政策，制造足够强烈的紧迫感；

第二步，组建由公司最高领导者为组长，人力行政总监为执行副助长，其他有一定可信度、具备相关技能、在公司有一定声誉和权威的人员共同组成强大的变革领导团队，变革领导团队中，职责明确，各司其职，各尽所能。成员具有很强的责任感，并能得到其他员工的信任。便于变革的有效启动和变革工作的持续开展。

第三步，明确公司的愿景，解析公司愿景实现的战略规划，战略目标等，指导小组成员为确立合理、明确、简单而振奋人心的目标和相关战略。这些需要小组成员充分达成共识，得到成员的认同。明确组织变革与组织结构设定与公司战略目标的一致性；

第四步，采用各种形式，广泛地沟通公司的愿景，将目标和战略传达给所有的相关人员，也就是说，小组成员及各部门的管理者们需要把简明扼要的信息通过畅通的渠道传达下去。这一步骤的目标就是在所有相关人员内部形成一种共识、建立一种责任感，并因此而更多地释放组织当中大多数人的能量。在这个过程当中，需要的是实实在在的行动力，实实在在的不断被重复的一点一滴地去倡导这种行为，去灌输这种精神。这将为团队的凝聚力和向心力的加强注入必强大的动力，也为公司软环境的塑造打下坚实的基础；

第五步，按照变革的思路和计划，对于各相关推动变革的员工给予充分的授权，通过授权为他们扫除变革的种种障碍，让执行者们不会束手束脚，不会因"工作不力"而不得不为自己辩解，不会给执行者带来挫折败感。保证变革能顺利有效执行下去；

第六步，在有计划，有步骤地系统规划并有效授权之后，帮助小组成员取得一些短期的变革成效。这些阶段性的成效是非常关键的。因为它们可以为整个公司的变革工作提供强有力的证明，并为随后的工作提供必要的资源和动力。

第七步，在取得了一些短期成效之后，趁"趁热打铁"，巩固之前小组成员及员工在组织结构变革推行过程中所有付出的努力。因为在这种情况下，整个组织的信心都被调动起来，起初的一些变革措施和努力也开始得到公司员工的理解和认可。这时他们就能更清晰地选择之后的行动方向，并不断地将变革推向前进，直到彻底实现组织变革的目标。若非如此，员工就无法朝着组织期望的那样，凝聚一致的信心与精神。不能清醒地看清变革道路上种种困难，也不夸大这些困难。通常人们总是容易犯急性病，他们希望一蹴而就，却不考虑应当如何保持人们的情绪，这样就会使继续变革的员工士气下降，甚至到难以挽回的境地，从而拒绝进一步推动变革。因此，巩固这些短期的成效对于公司推行组织结构变革来说是非常必要的，需要小组成员齐心协力，共同去维护；

第八步，也是最后一步，需要在公司当中重新规划符合公司愿景的文化，去塑造，去沉淀。公司上下全体成员通过从上往下层层宣导的方式，培育一种新的企业文化来把所有的变革成果固定下来。这种新的企业文化，包括组织当中的群体行为规范和人们的价值观念。这些都需要相对较长的一段时间，而且在这段时间里，公司还需要不断通过不断取得新的阶段性的成功以证实公司组织变革各项措施的有效性。在这个过程当中，适当的人事变动、精心设计的新员工培训、以及那些能引发人们某种情感反应的活动都可能起到很重要的作用。而不仅仅只是流于表面。如果没有企业文化的引领与巩固，可能在非常短的时间内，通过全体成员努力推行的变革都有可能化为乌有。所以，应该把变革固化到组织文化中。

四、对新构建组织结构进行评价

通过一年来在公司全体成员的付出与努力下，公司项目组织结构变革还是取得了一定的成效，客观来说基本实现了公司最初计划设定的目标。通过项目组织结构优化，使公司可以在不同的领域进行投资，公司的产品可以不断创新，不断进行金融衍生产品的创新。源于消费者对金融服务的多样化需求，公司推出金融混业等综合投资战略。随着广大消费者收入的日益增加，对投资品种的多样性和金融服务便利化的要求越来越高。客户需求的综合化要求我国金融业必须不断地进行金融创新，而实行混业经营则是最优的出路。客户对金融商品需求的综合化，促使金融业改变陈旧单一的经营理念。客户希望获得"一站式"全程金融服务，即在一家金融机构能得到多种不同的金融服务，这就要求我国金融业实行混业经营，不断推进金融创新以满足顾客的需要。这些在之前简单的职能制组织结构中是完全无法实现的，而通过一年来的组织结构变革，使公司投资新项目的能力增强了。新项目组建效率提高了，面对市场变化的反应能力及适应能力加快了。公司的业务开展向好发展。不得不说很大程度上得益于组织结构变革的有效性。

通过一年来的项目组织结构变革，人力行政部门人员加入到项目组中去，参与项目的推动和新项目的各项工作中，了解了项目产品，项目的目标，项目的工作方法，项目组成员，及他们的职责分工，工作流程等等。利于人力行政部人员作为项目成员之一，有效协助项目在人力行政方面工作的及时有效支持。特别是人才引进的高效精准。同时通过参与项目的组建，收集并积累了相关的知识与资料。从而有利于提高相关金融专业人才培养速度。能及时提出具有针对性地提高在职金融行业人才的专业水平和综合素质水平的培训方案并得到有效执行。全面提升公司在金融行业的竞争力。通过全程参与公司项目的建设过程，了解项目对于人才的需求结构，并能通过项目的开展，随时优化公司人才结构，形成公司的核心竞争力。从而也提高了公司在金融产业中的抗风险能力。

　　单就人力资源管理角度来说，公司的组织结构变革，包含了人力资源的整体规划，涉及了人力资源全方面的调整与变革。在招聘与配置上，因组织结构的调整，岗职位工作性质及内容的改变，从而使得岗位胜任条件的变化。从大的方向来说，人才从单一专业能力向一专多能发展。对员工的素质要求，更多的体现在"学习能力、抗压能力、沟通及团队协作能力等"的表现上。在培训上，更多地利用体验式和讨论的方式来提升员工的实际工作技能，并由人力行政人员协助资深专业人员在项目中帮助员工快速提升其工作技能。在薪酬绩效上建立奖励和表扬体系。在项目中，将员工的工作绩效与奖励紧密联系起来。以使得项目团队成员将自己的期望和项目的要求紧密结合，以达到团队成员激励的目的。大家多劳多得、赏罚分明。这样有利于团队成员朝着一种积极向上方向发展，而且有利于在项目中形成优胜劣汰、竞争与共享的氛围。

　　随着公司不断地发展与壮大，FJHS公司也必将随时调整自己。在这个过程中，我们还有许多的不足，也还有许多需要我们一起去努力，需要我们随时去改变与提升的地方。不过我们全体FJHS人都相信，只要我们树立高远的目标，团结努力在一起，一定能创造出更辉煌的FJHS公司，我们一起期待。

供给侧改革下的企业人力资源管理思考

黄惠强

前　言

2016年是十三五开局之年，新常态下，中国经济下行压力明显，新旧势能转换，供给侧改革成为创新驱动发展战略的突破口并被写入中共中央十八届五中全会公告，成为互联网+、中国制造2025、大众创业万众创新、一带一路等众多新势能中的重中之重。企业要在瞬息万变的市场中赢得主动需要从大局上把握宏观政策走向，及时调整经营管理策略，实现站在风口顺势而为。

A公司一家由小作坊逐步发展、壮大成为集团公司的食品企业，与同行业的其他公司相比做得更好的是公司能在激烈的竞争中不断适应内外部环境的变化及时调整人力资源管理策略，还将人力资源管理工作与各个业务模块彼此融合，各部门形成了紧密相连的合作伙伴。本文将通过对人力资源体系的诊断方案、诊断视角、诊断指标、各环节诊断要点的提炼与分析，以期将以战略实现为导向的人力资源诊断方法进一步落实到实践工作中，对后续工作有所启迪。

一、企业概况和专案实施背景描述

A公司成立于2005年2月，主要从事定型包装食品、农副产品的生产、批发、零售等业务。经历数次的发展，企业规模不断扩大，该公司于2013年通过某地法院拍卖获得现有的厂房，企业规范化管理在这一时期才提上公司的战略高度得以重视。该公司现有生产车间2万平方米，辅助车间3千平方米，国内最先进的765型全自动挂面生产线一条，实现日产挂面（24h）80吨；630型全自动非油炸碗面流水生产线一条，可实现日产碗装面（24h）40吨；630型全自动非油炸波纹面流水生产线一条，可实现可实现日产非油炸波纹面（24h）40吨；510型手排面生产线一条，可实现日产（24h）手工排面15-20吨；自制米粉生产线可实现日产（24h）米粉6-8吨；

随着面制品生产规模的扩大和市场份额提升，国内同行业同质化竞争日益激烈。为了与现有知名的国内面类生产企业在竞争中有所区分，该公司依托"一带一路"战略，挖掘闽南侨乡文化情感元素将之注入品牌，发挥延续侨乡记忆的品牌优势，打造侨乡品牌文化。随着问题食品的逐渐曝光，食品危机危及食品行业的发展，而该公司始终坚持非油炸的生产工艺管控，产品质量得到市场的普遍认可。2014年公司的侨乡品牌在东南亚国家获得广泛的认可，在东南亚销量大增，树立了中国面制品行业出口的品牌形象。6月开始获得国内和东南亚多家投资公司的投资，10月该公司在香港OTC交易所成功挂牌。当年11月该公司就制定了三年（2015-2017年）发展规划：2015年实现2-3家加工厂的加盟并购，实现面类产量2万吨，米粉类产量1.5万吨，年产值2.2亿元；2016年实现面类产量4万吨，米粉类产量2万吨，年产值3亿元，进行上市申报；2017年实现面类产量6万吨，米粉类产量3万吨，年产值4.5亿元并成功上市。

为适应日渐扩大的市场规模和市场竞争，规范化的人力资源管理是公司管理层的共同期望，为此公司在三年发展规划的基础上，通过对现有人力资源诊断、收集各类人群对未来领导者、人才和企业文化特征的期望与要求，并针对人力资源管理现状，找出要求和期望之间的差距，细化未来行动路线。

二、A公司在人力资源管理中存在的问题

人才是企业生存和发展用之不竭的源泉，没有人才支撑的企业想要持续发展，永续经营是无法想象的。企业的阶梯式发展需要通过员工的劳动力和

创造力来维持，也只有通过不断获取优秀的人才，鼓励发展创新，掌握开发核心技术与竞争对手竞争，在市场竞争中生存和发展。纵观A公司的发展历程其人力资源管理存在的问题主要有：

（一）员工队伍整体素质偏低，内部人员供给严重不足

A公司直至通过法院拍卖获得现有厂房时人力资源管理的职能仍然设在综合管理部，公司没有单独的人力资源部门，人力资源经理由董事长助理兼任（同时兼任财务部经理），成本会计同时兼任人事日常工作，这些人员普遍缺乏人力资源管理经验也较少接受专业培训。员工队伍整体素质偏低，以2015年2月份的人员数据为例（图1）[①]，管理者以大中专为主，文化程度普遍偏低，其中本科学历占总人数的3.6%，大专学历占总人数的2.7%，中专学历占总人数的6%，合计占总人数的12.3%。从年龄结构上看，40-50岁的员工是企业员工队伍中的主力，占公司总人数的56.2%，20-30岁的员工占总人数的37.8%（图2）[②]。

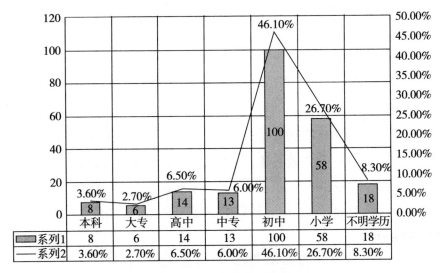

图1　A公司人员学历构成

---

① 资料来源：公司内部报表——A公司人事统计资料。
② 资料来源：公司内部报表——A公司人事统计资料。

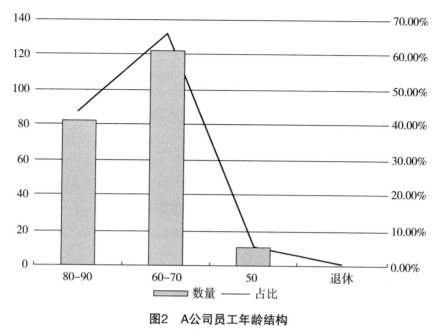

图2　A公司员工年龄结构

可以看出，公司员工年龄偏大，年轻的员工所占比例偏低，且学历主要分布在初中及以下的年轻员工中，这使得公司目前的用人与提拔陷入巨大的困境。

（二）缺乏人力资源的战略规划，人力资源管理职能界限模糊

A公司尽管已于2014年10月在香港OTC交易所成功挂牌，但仍缺乏人力资源需求预测，市场订单、单位产能与人员需求之间脱节严重，每次只在缺少人手时才会想到引进人才。实际上，该企业目前的中层干部大多数还是靠经验管理的创业老功臣，这些人学历不高，学习力不强，根本无法和竞争对手相比，人力资源的管理职能模糊，在公司的日常管理中人力资源的职能边界模糊，生产部门具有自主的招聘权和薪资确认权，经法人代表审批后即可执行。老板抱有"外面的和尚会念经"，内部人才培养乏力。而引进的高端人才，多因"水土不服"而短命夭折。

（三）机构设置不到位，人力资源制度分散在各岗位制度中

截至OTC交易所挂牌成立，A公司并没有专门的人力资源管理机构，机构

设置不到位，缺乏专业的人力资源管理者与现代人力资源正规化、专业化管理极不协调。人力资源管理制度、体系管理不完善，人力资源相关制度分散在各部门文件或岗位制度中不利于公司规范化管理。

（四）部分老员工被提拔重用，缺乏适应性导致人员流失严重

为适应上市公司规范化管理，A公司忽略对人力资源资本进行分析即提拔任用与企业共同成长过程中显露出来的认真敬业、执行力强的优秀员工担任管理岗位，由于缺乏现代人力资源管理的思维和人才接任计划的持续，这些新提拔的管理岗位人员不理解规范化管理的组织运行规则，不了解自己所负责部门的业务应该如何开展，依然习惯于事事找领导的思维模式，对自己的部门工作和岗位管理工作难以提出新的思路和见解，总是强调通过对人的"控制"和"服从"实现人与事的结合导致人才流失严重。2014年全年员工平均流失率达11.31%（图3）[①]，且流失的员工中多数都是具有一定的生产组织管理能力，部分已是储备人才培养对象或是具备一定的管理经验和专业技术，影响了企业的正常运营，严重阻碍了企业的快速发展和参与市场竞争。

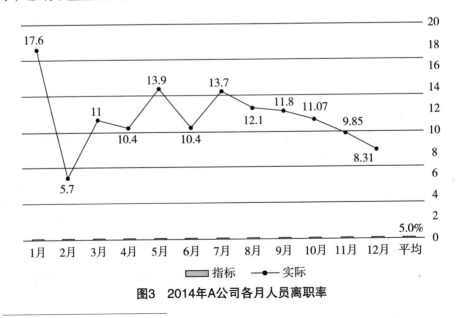

图3　2014年A公司各月人员离职率

---

① 资料来源：公司内部报表——A公司人事统计资料（2014）。

（五）新老员工培训与学习意愿不大，培训成效不明显

面对公司各层级、各岗位管理粗放的问题，公司希望有经验、有能力对公司有感情的老员工能在工作中适应变化，迅速在岗位中转型，成为公司转型发展的主力，同时带动新员工成长。但是老员工因为个人年龄问题和知识水品影响，意识不到规范化管理转型对各个岗位及个人能力的新要求，习惯于原来的管理模式。2014年底公司选派部分新管理骨干外训，尽管他们的出勤率很高，但是所学的知识在工作中未能其作用，内部岗位操作培训虽然能起到规范作业的要求，但缺乏长期的自觉性。

三、人力资源管理在供给侧改革下的对策思考

中国自改革开放至今已有三十多年的历程，在这段持续稳定增长的发展历程中中国也付出了沉重的代价，在管理中存在管理手段粗放，供需不匹配造成产能过剩，严重浪费社会资源。

为有效调节供需平衡，促进社会经济持续、健康发展，2015年11月10日召开的中央财经领导小组第十一次会议上，明确提出"在适度扩大总需求的同时，着力加强供给侧结构性改革，着力提高供给体系质量和效率，增强经济持续增长动力。"至此，供给侧改革将引领中国未来经济发展走向并对中国社会管理提出更高的发展要求，人力资源管理在供给侧改革下必须顺势而为。

（一）供给侧改革对人力资源管理中的发展趋势

人力资源是决定企业生存与发展、保持企业生机与活力的特殊要素，在供给侧改革背景下人力资源是企业获得竞争优势的重要工具，也是企业核心竞争力的重要来源。这就要求人力资源管理部门的人员在观念及意识形态上更加注重偏向供给侧结构的变化，管理工作更趋专业化；在知识结构上同时具备"品牌营销"的管理思维，招聘工作也要从"采购"向"营销"转变。

从长期来看，企业市场竞争力的提升取决于企业长期潜在增长率，也就

是资本、劳动力和技术进步。所以要实现长期可持续的竞争优势，企业必须通过改革、战略结构调整和科技进步，来提高潜在增长率，也就是改善供给侧。

对企业而言，供需匹配的人才管理转型升级势在必行，未来企业要么缺人才、要么缺业务，用人观念也会出现"不为所有，只为所用"的转变。技术、机器将逐步替代人力劳动。

在人才结构上企业更加需要具有战略格局的高层次、专业人才和学习型双创人才，实现人才与企业、事业的共享发展。实现人才与产业的完美结合，突出表现为人才引领产业，产业成就人才。就业难和用工荒并存也将是企业人力资源管理的新常态。

（二）A公司供给侧改革的人力资源管理的对策

供给侧改革，就是从供给、生产端入手，通过解放生产力，提升竞争力促进经济发展。对A公司而言就是要求清理不利于企业发展的各项规章制度，完善公司的组织架构和战略规划，实现人员的优胜劣汰，将发展方向锁定在提升企业核心竞争力的关键技术和产品创新上，合理定位产品，以质量赢得市场，以科技创新引领企业发展，努力提升人员招聘质量，为此A公司通过人力资源管理诊断（表1）并从以下几个方面着手提升企业人力资源管理。

表1　A公司人力资源管理诊断分析表

诊断目标	诊断过程		
		诊断步骤	诊断方法
明确企业战略对HR管理的要求	1	了解公司的长、短期战略目标	长、短期战略目标研读、管理层解读、问卷调查
	2	组织战略对人力资源管理的要求与实现组织战略的路径、人力资源管理发展趋势	外部咨询机构、内部访谈，分组讨论

诊断目标	诊断过程		
		诊断步骤	诊断方法
摸家底、比差距	3	设计HR诊断的视角与维度	管理层座谈会、外部咨询
	4	HR现状与设定目标的差距及成因分析	管理层座谈会、外部咨询
	5	HR关键问题点的设计与指标提取	管理层座谈会、外部咨询
	6	HR现状调查	规章制度梳理、职能职责分析、管理层访谈、问卷调查、360测评
	7	分析HR现状与设定目标的差距之外的各种影响因素	管理层座谈会、外部咨询、专业机构诊断、内部研讨
研究改善行动计划	8	梳理现实差距并划分重要、紧急程度	专业咨询机构分析、内部研讨、对标分析
	9	提取关键问题，深入剖析成因	专业咨询机构分析、内部研讨、研讨交流
	10	形成目标达成与解决方案	研讨汇报

1. 秉承迭代思维，梳理、规范规章制度，调整组织架构

从依赖低劳动力成本的粗放式人力资源管理模式转向依靠高素质人才的精益化人力资源效能管理模式的转变是中国企业在供给侧改革下参与市场竞争的必然选择。

A公司在企业经营发展中虽然已经在OTC挂牌，但距离规范化的企业管理还有很大的差距，企业管理层深刻意识到亟须对企业原有的组织架构进行调整并通过猎头公司招聘到曾有上市公司经历的总经理和人力资源经理各一名，董事会在规范化管理上给予总经理和人力资源经理充分授权，在资源配合上给予全力支持。他们依据公司战略规划与管理层多次讨论，依据业务发展对组织架构进行了较大的调整，人力资源部组织各部门对公司的管理职能进行梳理、规范，将原来分散在各部门的人力资源管理工作集中到人力资源管理部，并制定了四大管理体系（图4），完善公司管理流程。

一、公司行政管理体系	二、公司质量管理体系
1. 员工行为规范管理制度 2. 员工招聘管理制度 3. 员工薪酬管理制度 4. 员工培训管理制度 5. 员工奖惩管理制度 6. 员工考勤管理制度 7. 公司安全管理制度 8. 员工入职、离职管理制度 9. 公司办公用品管理制度 10. 员工食堂、宿舍管理制度 11. 公共区域清洁卫生管理制度 12. 门禁管理制度	1. 车间清洁卫生管理制度 2. 从业人员卫生管理制度 3. 产品质量标准管理制度 4. 员工操作标准管理制度 5. 质量奖惩管理制度 6. 化验室管理制度 7. 原材料验收标准管理制度 8. 工器具清洁消毒管理制度 9. 产品退货管理制度
三、公司生产管理体系	四、公司财务管理体系
1. 生产员工薪酬管理制度 2. 生产部员工奖惩管理制度 3. 生产部员工考勤管理制度 4. 车间门禁管理制度 5. 员工岗位操作标准管理制度 6. 设备管理制度 7. 生产部班会管理制度 8. 工器具管理制度 9. 车间成本考核管理制度 10. 生产交接班管理制度	五、公司采购管理体系 六、公司仓储管理体系 七、公司计划管理体系 八、营销管理体系

图4　A公司四大管理体系文件名称

2. 借鉴现代管理理念和工具，制定人力资源管理策略

供给侧改革注重发挥企业和创业者作为市场主体的作用，鼓励企业创新，提高产品质量和服务，改善企业生产经营条件，提高全要素生产率，提升产业核心竞争力。供给侧结构性改革，最重要的就是提高供给质量，让中国的供给能力能适应领先的需求结构的变化。

为此公司在综合评估公司现有的人力资源基础的同时，结合行业竞争环境依据SWOT模型分析人力资源情况，制定有利于公司发展的选、育、用、留的人力资源管理策略，以适应供给侧改革对未来人力资源管理的新要求。

内部分析 策略形成 外部分析		优势（S）	劣势（W）
		1.高层对HR专业化运作支持力度高； 2.上市公司对人力资源管理规范化要求比较高； 3.人事行政组织一体，资源协调调度具优势； 4.人事制度有基础，有相关行业经验可参考； 5.产品品牌社会影响力高	1.企业经营形势严峻，费用紧张； 2.人力资源管理岗建立，规划及开发工作基础弱； 3.企业人力资源信息化程度及应用能力低； 4.团队专业水平及视野有待提升； 5.用工环境欠吸引力，社会影响力一般 6.员工队伍老龄化趋势明显
机会（O）	1.管理层对HR专业价值的期待； 2.企业规范化运营及专业职能组织的运作； 3.外部专业咨询机构HR管理技巧导入； 4.企业内部管理职能明确、整合优化；	SO攻击策略： 1.人事相关制度的整合及完善 2.培训体系建设（训） 3.员工职涯通道规划及人才培养体系建立（用）	WO联盟策略： 1.人力资源管理体系成熟度提升 2.全员HR管理体系的建立
威胁（T）	1.员工队伍年龄结构不合理； 2.员工及用人部门对员工管理及激励制度的要求日渐强烈； 3.新生代员工需求多样化，流动加剧； 4.直接人工招工形势日趋严峻；	ST防守策略： 1.绩效管理体系强化（用） 2.人力招聘渠道整合及强化（选） 3.企业文化管理体系强化	WT转机策略： 1.人力资源信息化完善 2.一线员工激励体系强化（用） 3.员工关系管理体系建设及运作（留） 4.招聘大量的初高中毕业生

　　员工的内在潜能激发与有效激励，是人力资源效能提升的动力源泉。随着新生代员工日益成为人力资源主体，供给侧改革后人力资源管理的必然结果是"就业难和用工荒并存是新常态"，企业"要么缺人才、要么缺业务"，而人才将出现"不为所有，只为所用"的结果。因此企业应适应新形势的发展，完善企业的管理，及时调整人才管理策略，以便在未来的竞争中获取竞争优势从而提升企业的市场竞争力。

3. 实施人力资源管理培训体系建设，完善公司人才管理机制

公司针对新老员工培训与学习意愿不大，培训成效不明显的情况，完善培训管理制度，针对不同人群实施了分层次人力资源管理培训，内容涉及六大类型十二小类（表2），对一线作业员的培训旨在提高人均劳动生产率，提高人力资本单位产出量，对管理人员的培训旨在提升人力资源价值创造能力与人力资本增加值，通过人力资源效能的提升为客户创造价值，为企业创造价值，从而提升企业内在竞争力。

表2　A公司月度培训数据统计表

培训类型	培训项目	组织期数	总参加人次	总学时数（小时）	费用（元）	组织当月期末人数	人均学时数（小时）
通用类培训	新员工入职培训						
	职业素养培训						
	通用职业技能及进阶培训						
业务类培训	公司技术培训						
	部门培训						
	专业类外部公开课						
	外请讲师专业内训						
现场管理培训	现场管理能力提升						
骨干管理培训	新任骨干培训						
	管理者养成培训						
领导者培训	领导者养成培训						
讲师培训	内部讲师培训						
	合计						

4. 通过岗位评价分析，调整不同职位等级薪酬方案，完善员工的收入分配

为有效激励员工，降低员工及有一定管理基础的员工流失，A公司在做

好薪酬调查和实施基于经验的培养方式相结合的基础上，理顺各职位等级关系，借助IPE五因素评价法等工具完成岗位评价分析，将各岗位价值建立成一个等级结构，据此建立薪酬结构，使员工对于组织内的职务与薪酬关系达成共识以促进对员工的绩效激励。正如彼得·德鲁克所言：在超级竞争的环境里，正确的做事很容易，始终如一地做正确的事情很困难，组织不怕效率低，组织最怕高效率的做错误的事情。

A公司在职位等级确定后综合考虑市场变化、物价指数、公司利润、组织内部人员数量、来年的人力成本预算等因素制定了整体调薪方案（表3）。

表3　A公司整体调薪方案（X部门）

类别项目	适用对象	例子	作用	人员分布	实际业绩	调薪的理由描述
绩效调薪	以工作业绩为导向的员工	销售代表或者面向客户的第一线员工	鼓励公司内部竞争	5人	进入公司不久，基础扎实，肯干活，进行一线的基础研发工作，可以培养成为骨干，一般不超过某个A值。	
晋升调薪	职位晋升或者被指派了更重要职责的人员	和员工的职责及管理职责挂钩	稳定员工队伍，提高员工职业安全感	1—2人	今年业绩不错，明年估计开发部还要扩招	和人事部门商量，强调的是这个人的管理能力，依据管理人才应具备的胜任模型结合员工自己的特长叙述晋升理由
能力调薪	用于公司认可的技能提升	技术岗位或研发岗位	激励员工在专业水平和技能上不断进步	5-8人能力不错的作为能力调薪	开发能力如何强？	列举近半年参加哪些项目、在团队中担任什么职务、做哪些工作、不要夸大强调、不要主观评价
工龄调薪			鼓励员工长期为公司服务	5人	业绩一般，在公司普调的基础上略微浮动	

正处于供给侧改革大趋势的人力资源管理将随着改革的深入而逐步完善，伴随着新的商业模式的创新而不断丰富。现代企业的竞争归根到底是人才团队的竞争，谁赢得了人才就赢得了未来竞争胜利的筹码，因而对A公司的

人力资源管理而言应从公司的整体战略出发，在用户主权的新生态中企业内部是相互依存、共营和永续的循环进化，人力资源管理应提供更加优质人才管理服务，促进企业发展，升级。

【参考文献】

①习近平提"供给侧"改革对国企改革的指导意义［EB／OL］. http：//www.ce.cn/xwzx/gnsz/szyw/201511/24/t20151124_7100205.shtml.

②彭剑锋.重温经典：中国企业进入人力资源效能管理时代［J］.中国人力资源开发，2013（21）.

③米雅.管理手记：人力资源经理是怎么思考和解决问题［M］.北京：清华大学出版社，2012.1，P39-40.

J陶瓷有限公司：文化创意企业的
人力资源管理改革之路

许　驰　李中斌

人力资源管理作为企业管理中的重要环节，在企业中越来越被重视。如何有效管理人力资源成为现代企业获得持久竞争优势的重要途径，确立符合企业实际情况的人力资源管理方案，是各个企业最迫切的工作之一。本文以J陶瓷有限公司这一发展中的文化创意企业为对象，阐述了该公司原有人力资源管理的基本情况，分析了其在实施过程中的主要问题及原因。在此基础上，运用人力资源管理相关理论，探讨了对现有人力资源管理方案改革的主要内容和基本思路。这不仅对同业企业有直接的启发作用，也对其他行业有关企业实行人力资源管理改革有较好的借鉴意义。

一、公司简介

J陶瓷有限公司成立于2010年，作为一家文化创意产业企业，公司创立伊始就引进国外先进瓷砖工艺技术，产品定位于高端市场，主要是优质内墙装饰砖。公司的名称"J"，有最佳、美好的艺术装饰之意，旨在为家装市场提供更美好、精致、有创意的产品，使生活更加有趣。

在产品线发展上，J陶瓷有限公司不满足于内墙装饰砖这一优势产品，而是积极拓展产品线深度和广度，考虑各种创意类的陶瓷产品混搭，如瓷碗、瓷器茶具、陶瓷灯饰、陶瓷挂画等，形成完整系统的陶瓷产品线，使陶瓷艺术与日常生活巧妙融合，将文化带入市场。

在岗位及人员设置方面，J陶瓷有限公司现有员工40人（不包括生产基地的250多位工人）。设有董事长、总经理、董事长助理等职，同时有以下部门：财务部、产品部、市场部、网络部、工程部、人力资源部。各个部门的岗位及人员配备如下：财务部，下设会计、出纳、统计三个岗位，每个岗位1名员工。产品部，下设产品总监1名，采购助理1名，产品助理1名，仓库管理员2名，产品设计师1名。市场部，下设市场运营总监1名，市场策划1名，文案策划1名，平面设计师2名，企划推广专员1名，销售主管/经理1名，销售助理1名，销售代表4名。网络部，下设网络运营主管1名，网络推广专员2名，外贸客服专员2名。工程部，下设室内设计主管1名，设计师4名。人力资源部，下设人力资源总监、人事专员、培训专员、行政专员、前台文员、司机各1名。

J陶瓷有限公司现有员工中，男性员工22名，女性员工18名；部门主管年龄集中于30-40岁之间，普通员工以23-28岁居多，年轻员工较多，公司具有一定的活力与潜力；学历层面上，大专生占员工总数的60%，其次为高中生，占20%，然后是本科生10%，初中生占10%，没有研究生。可见，员工中本科及以上学历的依然偏低，这对于公司的产品研发、市场推广等均有不小的影响。

二、陷入瓶颈——原有人力资源管理的问题

作为一家发展阶段的文化创意产业企业，J陶瓷有限公司高速发展，业务范围不断扩大。然而，在繁荣现象的背后，也存在隐忧：公司原有的人力资源管理模式，比较简单粗陋；随着公司的发展壮大，已经在一定程度上成为制约企业发展的瓶颈。特别是近一年来，同行业竞争加剧，公司在人力资源管理上的问题日益突出，如果任其发展，将严重影响到公司的核心竞争力。经分析，J陶瓷有限公司原有人力资源管理上的问题主要表现在以下几个方面。

（一）工作分析不到位

J陶瓷有限公司在工作分析方面比较粗糙，只是采用简单的观察法，由人

力资源部的人事专员在招聘时简单说明下对岗位的职责要求，人力资源总监简单过目。基本没有系统的工作分析的过程，没有与相关部门及岗位的部门经理、一线工作人员沟通，缺乏一手资料的收集，更多的是依赖人力资源部相关工作人员的主观判断。

正因为如此，公司基本没有针对各个岗位的成型、规范的工作说明书，没有明确的工作职责描述，在任职资格方面，对岗位的任职资格也没有进行严格界定，只是含糊其辞。部分专业性较强的岗位，如产品助理、产品设计师等，缺乏对专业背景的界定说明，对工作经验也表述较含糊，这样容易导致招聘环节，吸引到不合适的人员前来应聘，增加双方的成本。

在部门、岗位之间，J陶瓷有限公司对职责和权限的界定存在一定的不明确之处，如市场部和产品运营中心等。这样的后果是：一些存在交叉的工作，有的没有人负责，互相扯皮推诿；有的很多人都在做，容易造成不必要的矛盾和误会。

（二）缺乏人力资源规划

科学的人力资源规划是人力资源管理工作的重要环节，在J陶瓷有限公司，公司没有根据组织的发展战略，制定出科学的人力资源规划（包括短期、中期和长期），甚至可以说是缺乏人力资源规划的概念。没有提前进行各个部门、各个岗位的人员需求和供给预测，由于缺乏提前的规划，相应的实现求供平衡的措施更是无从谈起。虽然人力资源部负责人曾经给高层管理者提出要进行人力资源规划，但高管对此不以为然，认为公司需要招聘时到市场发布招聘信息即可，不用兴师动众地花费大量人力物力进行提前的人力资源规划。

（三）人员招聘渠道单一，缺乏科学甄选

在J陶瓷有限公司，受董事长、总经理等人的观念影响，比较信奉内部员工推荐，大概占了60%，过于依靠该渠道进行招聘，这导致了一些不良后果：内部员工推荐的熟人居多，存在拉帮结派，小团体主义盛行，重视小集

体文化，忽视企业文化；同时，部门内部员工推荐的一些候选人，并不具备相应岗位的胜任素质，表现差强人意，但出于情面或是高层管理者的个人意愿和偏好，还是继续使用。

在有限的外部招聘渠道使用上，J陶瓷有限公司主要运用网站招聘、校园招聘等方法，如使用前程无忧、参加免费的校园招聘会等。招聘对象主要集中于刚毕业的大学生，按照公司高管的理念，刚毕业的大学生比较容易管理。然而，大学生们缺乏工作经验和阅历的弱点却被忽视，由于招聘比重上过于偏向毕业生，导致人员高度同质化，遇到一些重大问题时应对能力不足，影响了公司的发展。

在甄选方法上，J陶瓷有限公司没有根据各个岗位的实际情况，设计有针对性的甄选计划。公司主要采用简单的传统面试方法，面试过程也是以半结构化或非结构化的居多，所提问题比较随意，一般由人力资源专员与相关部门的负责人员一起简单提问，对面试的过程缺乏控制，一般只需要一轮面试，就可以决定录用与否。对于心理测评、无领导小组讨论、案例分析、角色扮演等相关甄选方法，基本都没有采用，这导致甄选过程的不够科学，影响了甄选的效度。

（四）培训时间安排不合理，培训方法单一，培训内容缺乏针对性

J陶瓷有限公司的培训，主要分为新员工培训和老员工培训。对于新员工培训，主要内容是进行企业文化宣传和公司基本制度介绍等，内容比较简单枯燥，培训方法主要是讲授法，集中式的灌输学习，新员工的积极性普遍不高。

对于老员工培训，公司主要是利用周一晚上的员工个人休息时间进行，员工对此意见较大，本来上完一天班就已经十分疲劳，还要占用闲暇时间培训，大家都叫苦不迭。在培训内容上，公司也没有根据不同部门和岗位的实际特点，进行针对性的设计，而是统一安排产品培训和全员销售培训，而这完全是公司高层管理者的决定。在培训方法上，依然是讲授法为主，辅之以

网络上零散获得的部分产品或销售视频，员工只是消极应付，上课讲话、开小会或迟到早退的屡见不鲜。在培训师资上，公司依然是安排内部的部门主管负责，完全是义务培训，没有任何物质报酬或其他精神激励措施，因此，这些培训讲师也缺乏足够的积极性备课，简单应付了事。

（五）绩效考核方法粗放，考核过程缺乏管理

在J陶瓷有限公司，现有的绩效考核体系比较简单粗糙，对于每个岗位的考核，主要是根据岗位说明书的要求，由主管简单判断其"是否完成工作任务"，而没有形成一套包括业绩、态度、能力三方面的、完善、科学的考核指标体系。

下表是在该公司通用的考核指标表，可以看出，该指标表存在以下问题：第一，考核项目比较笼统，不够全面完善；第二，没有根据不同部门岗位的实际，设计不同的考核指标，缺乏个性化；第三，部分考核标准缺乏量化，实际的可操作性不强，比如，如何衡量团队精神，现有表述过于空泛。

表1　J陶瓷有限公司原有的员工绩效考核表

序号	考核指标	考核标准	得分
1	业绩完成情况	按照公司安排的工作任务完成	
2	团队精神	重视团队成员间的合作，有效融入团队工作中	
3	工作纪律	按照公司的规章制度，不迟到早退，不无故旷工	

此外，在J陶瓷有限公司，绩效考核的过程缺乏足够的管理，考核结果没有及时反馈，考核周期内部门负责人和下属也没有充分沟通，了解员工工作中存在的问题及需要的支持。考核主体方面，也只是简单选择部门负责人，缺乏多元化的视角，影响了考核结果的真实性和有效性。

（六）没有进行充分的薪酬调查，薪酬设计不科学

在J陶瓷有限公司，基本没有对同行业中其他类似企业、其他行业中相似岗位企业等，进行科学的薪酬调查，岗位薪酬的确定基本是依据高层管理者

特别是董事长个人对行业的理解和判断，同时也没有运用科学的薪酬管理理论作为指导。

正是由于缺乏科学的薪酬调查，公司现有各个岗位的薪酬水平偏低，在市场上缺乏足够的竞争力，影响了对优秀人才的吸引。比如，作为公司重要岗位的工程部室内设计师，薪酬水平平均只有3500元左右，明显低于市场水平，导致设计师频频跳槽，影响了公司发展。

在具体的薪酬制度设计方面，J陶瓷有限公司的员工薪酬，由岗位工资、绩效奖金、基本福利等构成。其中基本岗位工资部分，没有统一的标准，常常出现同样的岗位，不同员工拿到的岗位工资不一样的情况，员工得知后比较反感。绩效奖金部分，公司的绩效考核方法粗放，没有发挥其作用，因此很多部门负责人都是根据主管印象分配绩效奖金，缺乏客观依据，奖金差距也不是很大，对员工激励性不强。基本福利方面，公司只是按照国家强制要求的五险一金的最低标准发放，其他的企业性自主福利设置非常有限，没有提供工作餐、培训补贴等实物与货币性福利，也没有提供免费使用的文体设施或法律心理咨询等服务性福利，至于优惠性福利和特种福利，更是无从谈起，到目前为止举办的最大型的员工活动仅是周边一日游和年会聚餐。

三、改革思路——改革后的公司人力资源管理

针对上述问题，各方均对现有人力资源管理改革的必要性表示了肯定，结合与相关部门的沟通，最终得出了以下改革思路。

（一）综合运用多种工作分析方法，做好岗位说明书

科学有效的工作分析是人力资源管理工作的基础，因此J陶瓷有限公司应改进现有的工作分析模式，不能只采用观察法这一分析方法。事实上，观察法比较适合周期短、标准性强、体力劳动为主的工作。

根据公司的实际，拟采用以下方法进行工作分析：（1）访谈法，应用于产品总监、市场运营总监、销售主管/经理、人力资源总监、网络运营主管、

产品设计师、室内设计主管、平面设计师、市场策划文案策划（2）司机、仓库管理员、前台文员、行政专员，运用观察法（3）资料分析法，运用于会计、出纳、统计、采购助理、产品助理、企划推广专员、销售助理、销售代表、网络推广专员、外贸客服专员、人事专员、培训专员。

同时针对原本的工作分析基本没有进行的突出问题，根据工作分析的结果，形成完整的岗位说明书体系，代表性的岗位分析结果，具体见附件1。

（二）进行科学的人力资源规划，做好人力资源供求预测

良好的人力资源规划是人力资源管理的重要环节，由于之前公司对人力资源规划不重视，不重视人员储备，影响了招聘的科学性和准确性，公司经常出现临时招聘、仓促招聘的情况。

根据J陶瓷有限公司的实际，拟为该公司制定长期（5年以上）、中期（1-5年）和短期（1年以内）的人力资源规划。其中人力资源需求预测主要采用成本分析预测法结合德尔菲法，外部人力资源供给预测主要采用市场调查预测法，内部人力资源供给预测主要采用人力资源"水池模型"。

在规划的过程中，公司的高层管理者与各个直线部门负责人、基层员工都进行了深入的交流沟通，保证最终的规划能体现各个层级的诉求，同时与公司的战略、业务相符，在规划的过程中，根据供需预测得出的战略性人力资源规划，上报董事长，结合公司的SWOT分析，进行一定的权衡与调整，确定之后层层下达。

同时，J陶瓷有限公司今后将由人力资源部与各个直线部门相关人员配合，每年完成人员现状清单调查，从而为人力资源规划奠定坚实的基础。

（三）科学选择招聘渠道，甄选招聘过程

针对人员招聘渠道单一的问题，J陶瓷有限公司拟进行改革，具体包括以下几个方面。

首先，不能过于依赖内部推荐进行招聘，应拓宽招聘渠道，根据公司的实际，不同的部门和相关岗位应采用不同的招聘渠道和方法。

表2 改进的J陶瓷有限公司员工招聘渠道及方法

部门名称	岗位名称	招聘渠道及方法
财务部	会计	企业的员工、客户或合作伙伴推荐
	出纳	企业的员工、客户或合作伙伴推荐
	统计	企业的员工、客户或合作伙伴推荐
产品部	产品总监	企业的员工、客户或合作伙伴推荐
	采购助理	网络招聘、校园招聘
	产品助理	网络招聘、校园招聘
	仓库管理员	网络招聘
	产品设计师	网络招聘、现场招聘会
市场部	市场运营总监	企业的员工、客户或合作伙伴推荐
	市场策划	以现场招聘会为主，结合网络招聘
	文案策划	网络招聘
	平面设计师	企业的员工、客户或合作伙伴推荐，结合网络招聘
	企划推广专员	网络招聘、现场招聘会
	销售主管/经理	网络招聘、现场招聘会
	销售助理	网络招聘、现场招聘会
	销售代表	网络招聘、现场招聘会
网络部	网络运营主管	企业的员工、客户或合作伙伴推荐
	网络推广专员	网络招聘、现场招聘会
	外贸客服专员	网络招聘、现场招聘会
工程部	室内设计主管	企业的员工、客户或合作伙伴推荐，结合现场招聘会
	室内设计师	
人力资源部	人力资源总监	企业的员工、客户或合作伙伴推荐
	人事专员	网络招聘、现场招聘会
	培训专员	网络招聘、现场招聘会
	行政专员	网络招聘、现场招聘会
	前台文员	校园招聘
	司机	企业的员工、客户或合作伙伴推荐，结合现场招聘会

同时，今后J陶瓷有限公司在招聘过程中，将严格进行规范的甄选，而不是简单的非结构化面试，针对各个岗位的实际，设计相应的面试题目。在面试题目比例分布上，拟按照以下的比例搭配不同题目类型：智能型10%，意愿型10%，行为型60%，情景型20%，重点考察候选人与岗位的匹配，比如室内设计师、平面设计师等设计类岗位，就应重点考察其创造性思维、开拓创新能力等，而销售代表、销售助理等岗位，重点就应集中在其是否具备优异的沟通协调能力、口头表达能力等。除了面试外，还拟采取无领导小组、案例分析、角色扮演等方法，提高招聘信度与效度。公司内部进行了一次包括各个直线经理与人力资源部有关人员沟通参与的面试考官培训，提高主考官的水平。

（四）合理安排培训时间，完善培训内容，改进培训方法

针对J陶瓷有限公司培训存在的问题，公司拟进行相应的改革，具体包括以下这些方面。

首先，培训时间的选择上应进行调整，不能集中安排在周一晚上的休闲时间，建议根据培训对象的实际，安排在工作的淡季进行，特别是市场部等销售淡旺季明显的岗位，如果一定要在周末或晚上等员工个人闲暇时间培训，给予一定的激励。

其次，在培训内容和培训方法的选择上，应有所改进，避免简单的讲授法和单纯的产品及全员销售培训。根据公司相关岗位的实际，设计针对性的培训内容，满足员工的个性化需求，提高培训积极性；对于管理层岗位，都安排压力管理与时间管理等管理者训练，对于普通员工岗位，安排职业生涯规划培训。

培训方法上，尽可能丰富与多样化，充分考虑岗位的实际特点和所需培训的内容，如导师培训、工作轮换、讲授法、讨论法、案例分析法、角色扮演法、工作模拟法、网络培训法、拓展训练等，尤其是网络培训法，可以打破时间、空间的限制条件，方便快捷地进行，如微培训、慕课等形式。根据J陶瓷有限公司的实际，拟定以下培训计划，根据培训对象的不同，分为新员工和在职培训。

表3　改进的J陶瓷有限公司在职员工培训计划

部门名称	岗位名称	培训内容	培训方法	培训师资
财务部	会计	财务会计相关知识及实务操作技巧	讲授法、工作模拟法、网络培训法、拓展训练	内训师为主
	出纳	出纳相关理论及实务操作技巧	讲授法、工作模拟法、网络培训法、拓展训练	内训师为主
	统计	统计相关理论及实务操作技巧	讲授法、工作模拟法、网络培训法、拓展训练	内训师为主
产品部	产品总监	品牌运营及产品生产管理理论与实战、压力管理与时间管理等管理者训练	讨论法、案例分析法、网络培训法、角色扮演法、拓展训练	外部聘请知名讲师
	采购助理	采购流程实务技巧、职业生涯规划	讲授法、讨论法、案例分析法、网络培训法、拓展训练	内训师为主
	产品助理	产品开发、产品运营质量监控等实务技巧、职业生涯规划	导师培训、讲授法、讨论法、案例分析法、网络培训法、拓展训练	内训师为主
	仓库管理员	仓库库存管理实务、物流管理理论、职业生涯规划	讲授法、案例分析法、拓展训练	内训师为主
	产品设计师	陶瓷产品设计与开发实务、职业生涯规划	讲授法、工作模拟法、拓展训练	外部聘请知名讲师
市场部	市场运营总监	市场营销推广相关理论与实务、压力管理与时间管理等管理者训练	讲授法、讨论法、案例分析法、网络培训法、拓展训练	外部聘请知名讲师
	市场策划	市场策划相关理论与实务、职业生涯规划	讲授法、案例分析法、网络培训法、拓展训练	内训师为主
	文案策划	文案策划相关理论与实务、职业生涯规划	讲授法、案例分析法、网络培训法、拓展训练、工作模拟法	内训师为主
	平面设计师	广告平面设计相关理论与实务、职业生涯规划	讲授法、工作模拟法	外部聘请知名讲师

部门名称	岗位名称	培训内容	培训方法	培训师资
市场部	企划推广专员	营销推广、企划理论与实战技巧、职业生涯规划	讲授法、角色扮演法、网络培训法、拓展训练	内训师为主，辅以外部讲师
	销售主管/经理	销售团队管理、压力管理与时间管理等管理者训练	讲授法、讨论法、案例分析法、网络培训法、拓展训练、角色扮演法	外部聘请知名讲师
	销售助理	专业销售技巧、销售礼仪、客户管理技巧、职业生涯规划	讲授法、角色扮演法、网络培训法、拓展训练	内训师为主
	销售代表	销售心理学、客户推销实战、职业生涯规划	讲授法、角色扮演法、网络培训法、拓展训练	内训师为主
网络部	网络运营主管	电子商务、网站运营管理理论及实战、压力管理与时间管理等管理者训练	讲授法、案例分析法、讨论法、网络培训法、拓展训练	外部聘请知名讲师
	网络推广专员	网站专题策划和信息采编实务、职业生涯规划	导师培训、讲授法、案例分析法、讨论法、网络培训法、拓展训练	内训师为主
	外贸客服专员	客户服务管理、电子商务实战技巧、职业生涯规划	导师培训、讲授法、案例分析法、网络培训法、拓展训练、角色扮演法	内训师为主
工程部	室内设计主管	室内设计管理、压力管理与时间管理等管理者训练	讲授法、案例分析法、网络培训法、拓展训练	外部聘请知名讲师
	室内设计师	室内设计理论与实务、职业生涯规划	讲授法、案例分析法、工作模拟法	内训师为主
人力资源部	人力资源总监	企业人力资源管理理论及实战前沿问题、压力管理与时间管理等管理者训练	讲授法、案例分析法、网络培训法、拓展训练、角色扮演法	外部聘请知名讲师
	人事专员	人事管理实务、职业生涯规划	讲授法、案例分析法、网络培训法、拓展训练、角色扮演法	内训师为主

部门名称	岗位名称	培训内容	培训方法	培训师资
	培训专员	员工培训管理、职业生涯规划	讲授法、案例分析法、网络培训法、拓展训练、角色扮演法	内训师为主
	行政专员	公司行政事务处理实务、职业生涯规划	工作轮换、讲授法、案例分析法、网络培训法、拓展训练、角色扮演法	内训师为主
	前台文员	行政文员工作实务、职业生涯规划	工作轮换、讲授法、案例分析法、网络培训法、拓展训练、角色扮演法	内训师为主
	司机	驾驶员培训	工作模拟法	按有关规定定期参加

表4　改进的J陶瓷有限公司新员工培训计划

培训对象	培训内容	培训方法	培训师资
新入职员工	公司企业文化、规章制度	讲授法	人力资源部相关工作人员
	专业技能（根据各个岗位的实际情况分组进行，具体安排不同）	根据各个岗位的实际情况决定	各个部门的负责人、高层管理者等
	人际关系、商务礼仪、职业生涯规划、压力管理与时间管理、非人力资源经理的人力资源管理（针对管理层岗位）	讲授法、案例分析法、讨论法、网络培训法、角色扮演法、导师培训	外部聘请知名讲师
	团队合作能力等	拓展训练	委托开展拓展培训的管理咨询公司有关讲师负责

（五）根据岗位实际设置考核指标，加强过程管理

J陶瓷有限公司存在考核指标过于粗放、考核过程缺乏严格管理等突出问题，针对上述问题，本人与人力资源部有关人员、相关岗位工作人员进行沟通，通过等方法，重修修订了各个岗位的考核指标。

其中，各个岗位的业绩类指标，都根据岗位的实际重新修订，主要从数

量、质量、成本、时限等方面进行设计；能力类的指标，则根据岗位的能力要求分析，提炼相应的能力类指标；态度类指标，拟从出勤状况、纪律性、协作性、积极性、责任心等方面进行提炼。修订后的公司部分代表性岗位的绩效考核指标具体设计思路如下。

比如，会计岗位，加强了对制单装订及时规范性、审核核对发票票据及时性、出具三张财务报表及时准确性等方面的考核。采购助理的考核，则强化了采购计划完成的及时性、采购合同管理完备率、采购账目出错率、供应商资料考核完成情况等方面的考核。产品设计师的考核，则突出数量、质量、成本和时限四个业绩类指标的关键层次，强化任务完成及时性、产品设计缺陷率、客户满意度等方面，同时保证了对团队协作和组织纪律的考察。平面设计师的考察，重点突出宣传策划方案的满意度和创新能力；网络运营主管的绩效考核，则关注网络推广效果、网站维护升级效果。外贸客服专员的绩效考核，加强了对客户满意度、回复客户及时性、客户档案整理质量的考察。人力资源部总监的考核，则设计了招聘完成率、人员流失率、薪酬及时发放情况、直线部门满意度等硬性指标。

此外，针对考核过程缺乏管理的问题，J陶瓷有限公司拟进行如下革新：建立绩效计划沟通制度，即在年初制定考核计划时，各个直线部门经理必须与员工就绩效周期需要达成的目标以及行动计划达成共识，员工签字确认。每个考核周期结束时，直线部门负责人必须抽空与每一位下属就其绩效表现，进行一次绩效面谈，形成相应的文字记录和签字确认。员工如果对考核结果不满，可以向人力资源部的有关工作邮箱发送申诉单，相关工作人员必须跟进处理。

（六）做好薪酬调查，科学设计薪酬体系

根据初步调查了解的情况，各个岗位的平均薪酬水平大致如下，需要说明的是，该表仅反映各个岗位目前的平均薪酬水平，一些受业绩影响较大的岗位如销售代表、销售助理等，尚存在较大调整空间。J陶瓷有限公司要想保证获得优秀的人才，就必须保证其薪酬对内具有公平性，对外具有竞争性，

因此，科学的薪酬调查和岗位价值评价必不可少。公司在进行各个岗位价值评价的基础上，下一步进行同行业薪酬水平调查，在此基础上调整各个岗位的薪酬水平。

表5　J陶瓷有限公司各个岗位平均薪酬水平

部门名称	岗位名称	平均薪酬水平	部门名称	岗位名称	平均薪酬水平
财务部	会计	3500元	市场部	市场运营总监	9000元
	出纳	3200元		市场策划	3400元
	统计	3100元		文案策划	3400元
产品部	产品总监	7100元		平面设计师	3500元
	采购助理	3400元		企划推广专员	3100元
	产品助理	3400元		销售主管/经理	4000元
	仓库管理员	3400元		销售助理	3400元
	产品设计师	3500元		销售代表	2800元
网络部	网络运营主管	5000元	人力资源部	人力资源总监	8000元
	网络推广专员	3100元		人事专员	3400元
	外贸客服专员	3100元		培训专员	3200元
工程部	室内设计主管	5000元		行政专员	3300元
	室内设计师	3500元		前台文员	3000元
				司机	3500元

此外，在薪酬结构上，J陶瓷有限公司也必须进行优化，今后拟采用岗位工资+年功补贴+绩效奖金+福利的薪酬结构，在岗位工资方面，根据岗位价值和对外薪酬调查的结果，统一确定，不搞"一人一价"；员工的资历通过年功补贴进行体现，年功补贴=岗位工资*年功系数，工作不到一年的，年功系数规定为0，工作1-2年，年功系数为0.03；2-3年，年功系数为0.07；3-4年，年功系数为0.11；4-5年，年功系数为0.14；5年以上，年功系数为0.15。

绩效奖金方面，根据修订后的绩效考核指标得分情况进行确定，目前还在探讨完善中，尚未形成终稿。福利方面，除了基本的五险一金外，公司应该增加其他福利开支，提供丰富的福利选择，满足员工的多元化需求。比如，可以采用核心+选择型的自助餐福利计划，规定一定的福利总额，让员工根据其实际情况自由选择，单身员工可能更多地选择旅游、娱乐和教育培训等，成家的员工可能更青睐儿童保险补贴等项目。根据该公司年轻员工较多的实际，可以多考虑员工旅游、教育培训补贴、单位健身娱乐设施提供、集体婚礼举办等形式多样的福利项目，增强员工的归属感和凝聚力。在福利总体水平上，公司也应该根据与时俱进，有所提高，如提供免费工作餐（标准：2荤1素1汤）、交通补贴、图书补贴等，员工生日时也可考虑提供生日礼品券，体现人文关怀，提高员工归属感和认同感。

附件1 修订撰写的J陶瓷有限公司有关岗位工作说明书（部分代表性岗位）

一、产品设计师

岗位职责：

1. 制作产品设计图，绘制设计稿。

2. 收集市场情报和流行趋势，研究开发产品花色。

3. 研究开发团队的创意产品。

任职资格：

1. 工艺美术设计等相关专业，2年以上工作经验，有陶瓷产品设计经验者优先。

2. 能熟练掌握相关设计软件。

3. 业务知识扎实，协作性强。

4. 沟通协调能力较佳，有较好的执行力。

二、平面设计师

岗位职责：

1. 完成广告平面设计，制作产品宣传品

2. 公司展会布置设计

3.完成相关设计的图文处理

任职要求：

1.大专以上学历，艺术设计相关专业。

2.有一年以上工作经验，了解家居家装行业。

3.熟练使用办公软件。

4.性格外向，沟通能力强，富有创新精神。

5.有责任心，做事认真负责、严谨细心。

三、室内设计师

岗位职责：

1.独立完成设计方案，绘制施工图。

2.组织工程实施，监控项目的质量、进度、成本及相关事宜。

任职资格：

1.专科及以上学历，建筑、建材、室内设计等相关专业。

2.两年以上室内设计的工作经验。

3.能够熟练运用专业制图软件。

4.方案设计能力强，富有创新性。

5.服务意识强，擅于与客户沟通。

6.工作责任心强，能够承受较大的工作压力。

单位：福建农林大学管理学院

如何打造狼性团队

——暨美可普口腔医疗集团发展历程

雷建亮

福建美可普医疗集团的前身是福州市美可普口腔诊所。成立于1995年。和中国很多早期的口腔诊所类似，诊所建立之初的规模小、场所和设备简陋，医疗服务面较窄：诊所当时仅有医生2名、护士1名，前台1名。口腔综合诊疗椅2台，执业的范围主要以口腔修复治疗为主，月营业额小于2万元。1996年，依托美可普口腔诊所的营收和发展，美可普口腔诊所建立了福州美可普义齿制作公司（2012年企业股份重组后更名为维尔德义齿（福州.厦门）制作有限公司），义齿制作公司成立之初员工仅6名，月营收额小于10万元。总的来说，1995年成立的美可普口腔诊所和1996年成立的美可普义齿制作公司是当今美可普医疗集团的基础，美可普医疗集团的发展由此起航。

2000年以后，伴随着中国口腔卫生事业发展的黄金十年，美可普医疗集团的发展得到了爆发式的增长：2001年美可普口腔（连锁）国货店成立，2006年晶特尔齿科会所成立，2007美可普口腔（连锁）东大店成立，2010年美可普口腔（连锁）道山店成立，2011年美可普口腔（连锁）群升店成立，2013年博医汇健康管理公司（齿科、中医馆）成立。2012年为适应市场的需求和变化，美可普义齿制作公司通过市场融资、企业合并、股份重组的形式更名为维尔德义齿（福州、厦门）制作公司，主要股权受益人仍隶属于美可普医疗集团。截止到2016年底，美可普医疗集团共下辖6个口腔门诊部、1个中医诊疗馆、1个义齿加工厂。诊疗机构总面积 3920平方米、加工厂总面积2000 平方米。企业从当初的齿科员工4人发展到今天236人，义齿加工厂由当初的6人发展到今天120人，中医诊疗服务人员从无到有，至今达130人。2016

年底企业年总营收1.2亿元（其中口腔门诊营收7200万元、义齿加工营收3000万元，中医馆营收2000万元）。短短20年间，当年默默无闻的口腔小诊所已经发展成为以口腔诊疗服务为核心，伴随义齿加工、中医特色诊疗服务以及口腔医疗周边配套产业的混合式大型医疗服务航母。

纵观企业高速发展的20年，除了中国整体经济的迅猛发展、国民口腔保健意识的逐步加强以及政府对民营口腔卫生事业发展的政策放开等大环境因素以外，企业决策者对市场变化的高度敏锐性、企业内部稳定、高效的组织管理模式以及企业文化和价值观的传承催生了企业的爆发式发展。现今的美可普医疗集团是一家能够像狼一样敏锐领略市场风向、流畅组织管理、饱含企业内涵的现代化口腔医疗综合服务体。

一、敏锐的市场嗅觉和快狠准的市场决策

狼行千里吃肉。作为食物链末梢的高等动物，狼通过其敏锐的嗅觉和快狠准的扑杀能力获取丰富的动物蛋白 ——这有助于强化狼自身的骨骼和肌肉，以便抵抗其他凶猛竞争者的侵扰，从而达到延续种群繁衍、扩大狩猎领地的目的。民营口腔医疗市场风云变化，危机和机遇总是并存。民营口腔医疗企业的决策者也需要像狼一样对市场变化展现高度的敏锐性。无论是针对宏观的市场政策还是微观的市场效益，都应该具备快狠准的市场决策能力。

2000年后，随着国家对民营口腔卫生市场的放开，各地的牙科诊所如春笋般集中出现。早期的口腔诊所门槛低、服务种类单一、服务质量不稳定，临床收益随季节和市场形势的变化波动较大。尽管当时的市场形势一片大好，但企业的决策者并未因此头脑发热，盲目扩张。早期的发展策略是立足企业本身，强化企业资本原始积累，适度扩大企业规模。通过门诊部和齿科加工厂的相互输血模式，成功地建立了第一家具有一定规模的全专业化的口腔门诊——美可普口腔（连锁）国货路店，在当时成为福州第一家具备十张以上牙科综合治疗椅的口腔"样板"门诊部。随着原始积累的充盈，在黄金十年的后段企业开始呈现跃进式的扩张，几乎是每2-3年新开一家门店，企业整体规模逐级扩大。

（一）精准的市场布局目

针对民营口腔诊所自身的特点和收益特性，在门店扩张的布局上，企业的决策者采取了依据消费人群属性和区域传播效应而建立的特殊产业布局。正面避开国有大型公立口腔专科医院和民营口腔门诊布局完善的区域，在福州的主要经济和文化中心分别建立了晶特尔齿科会所、美可普口腔（连锁）道山路店、、美可普口腔（连锁）群升店，博医汇齿科馆。不同门店服务的目标人群有很强的针对性。晶特尔齿科会所位于福州的五四路路口，此区域是福州的CBD中心和金融企业聚集地，临近此区域的还有一些大型的国有垄断企业（包括电力和烟草）。门诊部是以会所形式进行筹建，专门为金融和高盈利企业的高管和员工提供整体的口腔保健服务，因为会所建在CBD写字楼群的中央，因此具有很强的私密性和便捷性，该会所一直是整个医疗集团盈利最高的门店。道山店位于福州市市政府的背面，毗邻福州的文化中心三坊七巷，该区域人流量大，市场效益稳定，并能形成隐性的市场宣传效应。群升店位于福州市八一七路群升国际楼盘的中心。八一七路是福州市交通中轴线，群升国际楼盘位于福州交通横纵轴的交汇区，是市区内少有的大型高端白领楼盘，毗邻有丰富的教育和文化资源。群升店针对的是对生活品味有进一步追求的高端白领阶层。博医汇齿科馆和博医汇中医馆位于同一地址，毗邻福建省省政府，省市一级二级领导保健制定单位。

（二）快狠准的市场决策

2013年以后，随着国家卫生行政部门对民营口腔市场的规范和约束，口腔门诊部的扩张和建设似乎到达了一个瓶颈。集团在认真分析当前的市场形势和未来国家政策走向后，得出了集团新的发展策略：即进一步建设具有一定规模的大型口腔医院（民营口腔医院的建立不在政策约束范围以内）。但是这也给集团的决策者带来了新的挑战：与建设一个门诊部相比，资金、人员和场地的筹备和投入将是无比的巨大，盲目的投资一个医院有可能将企业拖入进退两难的境地。为了解决企业可持续发展的难题，企业的决策者多次赴全国各类高端诊所和连锁口腔机构考察，最终定下了"走出去、引进来"

的发展战略。集团在福州的南门兜冠亚广场（此区域为未来福州多条地铁的换乘中转站）购买了3000平方米20年的使用权，采取与高端连锁机构合作的方式，即齿科医院的设计、装修以及设备租赁合作。这样决策实现了医院建设成本的大幅控制和风险规避。当前医院的建设正如火如荼中……

（三）盈利市场的稳固和发掘

民营口腔要生存和发展，盈利必不可少。十五年前，民营口腔主要靠修复治疗进行盈利，十年前正畸治疗开始进行盈利，五年前种植治疗开始盈利。当下，上述三种治疗已经得到了广泛的推广和发展，市场竞争日益激烈，服务战、价格战愈演愈烈。未来民营口腔盈利的增长点在哪里呢？集团市场部和医务部通过分析当前和未来民营口腔医疗事业的发展趋势，借鉴国内北上广高端口腔医疗服务机构的经验，将未来企业的盈利和增长点重新定位在儿童口腔保健和牙周系统治疗上。在进一步稳固和发展现有盈利增长的点（正畸、修复、种植治疗）同时，借助媒体宣传、企业公益服务（口腔保健进社区、进学校），特殊营销策略（洁牙卡营销）等途径，发掘新盈利增长点的经营模式，实现企业盈利的可持续发展。

（四）企业的多元化发展

在博医汇健康管理公司成立之前，谁能想到口腔医疗也能玩跨界？将齿科馆放在中医馆的楼下，患者来看牙候诊期间，先做个中医推拿又或者先来个中医诊疗治未病绝对是一个脑洞大开的想法，但这个想法却在美可普医疗集团内部得到了实现，而且实现的相当彻底。2013年，通过和福建省省政府机关事业局后勤服务中心合作，美可普医疗集团成立了博医汇健康管理公司，公司下辖中医门诊部和齿科馆。博医汇中医门诊部是一家集名医诊疗、膏方调理、药膳食疗、齿科保健、远程医疗、基因检测、健康管理为一体的综合医疗服务机构。门诊部长期与中华中医药学会膏方分会、中国药膳研究会、中国睡眠研究会、上海中医药大学等行业权威机构建立广泛合作关系，门诊包含有名医馆、名药馆、膏方馆、理疗馆、齿科馆、远程会诊中心、睡眠指导中心等部门，门诊部长期聘请福建省名老中医（包括现存的国宝级中医院士）坐诊，长期为省市一二级保健提供高质量的中医健康管理服务，同时也为广大市民接触优良中医诊疗资源打开了便捷之门。

二、严密的组织架构和高效的组织管理

在所有动物中，狼是将团队精神发挥得淋漓尽致的动物。狼在捕获猎物时非常强调团结和协作，因为狼在同其他动物相比，实在没有什么特别的个体优势，在生存、竞争、发展的动物世界里，他们懂得了团队的重要性，久而久之，狼群也就演化成了"打群架"的高手。古语有云：狼者，群动之族。攻击目标既定，群狼起而攻之。头狼号令之前，群狼各就其位，欲动先静，欲行而先止，且各司其职，嚎声起伏而互为呼应，默契配合，有序而不乱。头狼昂首一呼，则主攻者奋勇向前，佯攻者避实就虚，助攻者蠢蠢欲动，后备者厉声而嚎以壮其威……

大部分开业口腔医生往往身兼数职，在诊所中，既扮演医生的角色，又扮演者投资者和管理者的角色。大家经过口腔专业的系统训练，凭着精湛的技术和优良的服务，赢得了患者无数的"赞"，但是经营和管理往往会成为短板。门诊的组织构架、团队建设则是经营管理的基础。中国的民营口腔正从家族传承、单打独斗和经营诊疗一把抓的模式向具有现代企业特征的综合性医疗服务体系转型。这是所有小规模口腔诊所向大型规范化口腔医疗企业转变的必经之路。

回首美可普医疗集团的发展历程，狼性团队精神在企业的组织架构和团队建设上体现得淋漓尽致，促成了集团由单一的口腔门诊部向现代化综合医疗服务体系的整体转变。

（一）头狼一声号令，群狼各就其位、各司其职

2006年以后，当门诊部经营经由一家向多家扩张、齿科加工厂规模逐渐扩大，任福董事长深知按照原有的临床医生完全参与经营的管理模式势必

会影响企业的正常运转和纵深发展。"让专业的人做专业的事"——任福董事长主动完全脱离临床工作，向单一的管理层面进行转移，并着手筹建现代化的企业格局——美可普医疗集团总部。建立之初的总部下辖5个分支职能部门：包括财务部（负责财务结算）、人力资源部（负责人力资源招聘和猎头公司对接）、医务部（负责医疗质量监管）、市场部（市场推广和品牌营销）和客服部（客户咨询和疗效随访）。随着后期网络技术在市场推广和企业宣传中的作用不断增强，市场部升格为网络营销部，除了兼顾原有市场部的市场开拓和推广以外，还额外成立了网络部（负责品牌网站建设和维护）、企划部（品牌推广和活动策划）、新媒体（自媒体的建设和推广）等子部门。各个部门各司其职，权责明晰，但均接受总部和董事会的整体管理和协调。这种管理模式既保证了单一职能部门的运转效能，又维持了总部对各职能部门的监管力度。而对于产生营收效益的一线部门——各门诊部而言，采取各门店下辖店长1名（负责行政管理和日常考勤、财务监管）、医务总监1名、副总监1名（负责门店的医疗服务质量监管和业务拓展）、护士长1名、副护士长1名（负责门店护理人员服务质量监控、器械消毒和维护、院感控制、护理人员业务培训等）、客户服务部部长1名（负责客户的接诊和回访、财务报表的制备）。各门店不设财务总监，由门店店长兼职监管，但财务信息经网络与总部财务部实时结算。集团医务总监（院长）管理各门店医务总（副总）监，对整个集团的医疗服务质量负责。医务总监参与医疗服务人员的薪资定级、技能培训和职业规划。新形成的网格状的组织架构，很大程度地提高了现有企业的运转效能。

（二）以制度促管理

无规矩无以成方圆，无制度无以成管理。头狼可以借助自己威势压迫群狼，但真正能让狼群臣服的还是整个群体内部的"规矩"。现代化的企业应该有其合理而且稳定的管理制度，以制度约束每个员工，势必能够发挥每个建设者的最大效能，从而促进企业良品率的提升和企业口碑的维持。以单一门诊部的医务管理制度为例：美可普医疗集团在全福州的民营口腔诊所内率先提出了病历书写制度和病历管理的电子化制度。主诊医师（偕助理医师）必须在就诊当日完成对患者的病例书写和存档。集团医务部和门店店长通过对电子病历的数据分析，了解当月临床医师的病历书写情况。对未能及时书写病例的临床医师予以一定程度的经济惩罚。对于屡次不写病例的临床医师予以诫勉约谈甚至解聘。病例书写制度的建立完善了民营口腔的诊疗规范，既强化了临床医师的诊疗逻辑，又从法律上保障了医师和集团的正当权益。

（三）预备医师制度

这是一种类似于公立医院的梯队建设制度。每位新入职的年轻医师必须经历一定时期的预备（助理）医师诊疗阶段。这种制度对于年轻医师均是十分有利的——这也是企业吸引和留住人才的着力点之一。助理医师协助主诊医师完成部分的临床治疗，主诊医师监管和提高助理医师的医疗服务质量；助理医师通过完成部分诊疗项目积累自身临床经验，并在过渡期获得不菲收益，主诊医师获取大部分的临床收益，增强了其带教的积极性；助理医师通过在接诊的过程中培养了专属于自己的客户群，为未来单飞垫底坚实基础，主诊医师节省大部分的时间完成大量高技术高盈利性的治疗项目。在我们集团内部，新入职的年期助理医师在1-2个月后，临床收益即可达到7000-8000元，而作为管理方，因为主诊医师和助理医师在临床诊疗过程中均发挥了最大的效能，人力资源利用达到最大化，因此整体收益得到提升——这是一种三方均获利的管理制度。

三、纯粹的企业价值观、多彩的企业文化以及饱满的企业内涵

狼群在攻击目标和生存繁衍的过程中，形成了种群自己内部的规则。种群内部的每一个成员必须和头狼保持相同的信念，认同头狼的主张、态度和观点，这样才能保证在群体的行动过程中具有高度的一致性。从人类学的观

点看，这种一致性要求团队中的各个成员拥有相同的企业价值观——这将有助于企业领导人和员工间信息反馈和决策执行的上行和下达。

民营口腔需要生存，首先是要盈利。但是医疗服务质量是盈利的前提条件。很多早期的口腔诊所，为了获得原始积累，在接诊患者的过程中，更多的是考虑盈利而忽视了服务质量，这是一种饮鸩止渴的运营模式，势必要遭到社会的淘汰。以服务质量保盈利、以盈利促生存和发展。诊疗过程中，要学会说"不"，了解治疗的适应证和治疗预期，提供更加完善和舒适的服务体验，获得更为持久和肯定的服务质量。

（一）美可普医疗集团的价值观是

企业需要盈利，但永远把医疗服务质量放在第一位，当企业盈利和医疗质量发生矛盾时，永远选择医疗质量。

狼群并不是一直都有食物可以获取，他们需要长时间的跟踪、驱赶和围猎目标。这除了要求每个成员目标一致以外，还需要每个成员在面临困难的时候，能够具有坚忍不拔的意志，能够通过合作时刻维系整个群体的凝聚力和战斗力执行力。如果说价值观是"群狼"的奋斗目标，那么企业的文化和内涵则是维系群体凝聚力和战斗力的纽带。

（二）自我价值实现和人文关怀的企业文化

企业不是一架冷冰冰的机器，员工也不是机器上的一个螺丝钉，尽管他们行使的功能十分相近。人是有情感的社会动物，人的效能发挥和智慧绽放无时不受到情感的影响。正能量的情感维持人的积极状态，而自我价值的实现和企业的人文关怀则是激发员工的正能量源头。

有人说，不断拉高员工的薪资就能催促他们撸起袖子加油干？对不对？对，也不尽全对。薪资的提高也是员工个人价值得到实现的一个方面，但这并不是全部。如果单纯靠薪资来留住人才，那么也就不会有那么多的高薪高管主动离职了。单纯的高薪对企业的发展也是一个弊端，这将不断增加企业的人力成本，而降低企业获得的利润。如何多方面的实现员工的个人价值，从而增加员工的工作信心和企业归属感呢？除了从薪资上做阶段性的激励以外，企业还要对员工做一定的职业规划，让每个员工都觉得时刻在进步——美可普医疗集团的人事和医务部门就是这么做的。集团始终认为学习型的企业和员工才能在市场的竞争中取胜。集团每年提供大量的学习进修机会，以公派的形式选送优秀员工赴全国知名院校学习，参加各类专业技能培训。同时也邀请国内外口腔临床医学专业的专家、教授来集团做定期的培训和讲座。作为一个民营口腔机构，集团还多次牵头举办了多项学术会议。仅2016年，集团在员工继续教育上的投资超过200万元。集团鼓励员工实践自我提升的职业规划，鼓励预备（助理）医生向主诊医师快速跃进。鼓励员工参加全国性职称考试，并从薪资和假期上做大幅度的激励。截止到2016年底，企业70多名临床医师中，获得主治医师职称以上的临床医师接近40多名，中高级职称医师比例在省内民营机构中跃居首位。除此之外，集团为增强员工对企业的主人翁情感，积极地邀请员工参与集团的发展和管理。通过内部股权认购和股权激励的方式，集团400多名员工中，有100多名员工参与持有集团股份，真正做到了企业与员工同荣辱、共进退的发展格局。

（三）企业的人文关怀让员工有很强的集体归属感

每位员工在生日的前一天会收到人力资资源部的慰问电话和蛋糕券。集团每年年终会组织员工会餐，餐后有各部门参与的文艺会演。集团董事长会亲自上台为年度优秀员工颁奖。并对连续在岗超过15年、10年以及5年以上的"老"员工颁发感谢状和慰问金。集团始终坚持为员工缴纳五险一金，消除员工的后顾之忧。良好的人文氛围和不断上调的薪资激励确保了企业内部极低的人员流动率，人力资源得到了可靠保障，而且不断有新鲜的血液补充进来，人力资源和企业盈利形成良好的正向循环。

一个民营企业发展到一定阶段，应该有自身的企业内涵，这样才能确保员工的企业自豪感，从而进一步增强员工的集体归属感和工作凝聚力。集团在自身发展的过程中，始终不忘记企业的社会责任，积极地参与各项社会公益活动，增强企业的社会影响力。2005年集团被评选为"全国十佳重点口腔专科门诊""福建省首家样板诊所"，2010年集团被评为"最受80后信赖的口腔门诊部"，2014年被授予"海都公众指定口腔保健机构"，2015年集团成为"全国首届青运会唯一官方合作口腔单位"。除此之外，集团还是中华口腔医学会民营分会副会长单位、福州大熊猫牙病防治唯一指定单位。每年集团会分派大量的医护人员进社区、入学校，义务参加社区和学校的口腔卫生保健项目，这些项目的实施既履行了企业的社会责任，又增强了企业在社会的知名度和内涵。

四、企业未来的发展目标和社会价值

爱尔兰作家阿奎利斯·爱克斯在《豺狼的微笑》一书中写道：狼，是陆地上生物最高的食物链终结者之一；由于有狼的存在，其他野生物才得以淘汰老、弱、病、残的不良族群，也正因为有狼的存在，其他野生物才被迫进化得更优秀，以免被淘汰；所以狼使得生态处于一种平衡的状态，没有狼的存在，生态上将出现良莠不齐、传染病众生的局面，不利于生命的稳定、健康的发展；狼是群居动物中最有秩序、纪律的族群。

当前基层民营口腔医疗的发展很多时候还是野蛮、无序式的发展模式，医疗服务质量参差不齐、管理和组织形式消极落后——这将影响整个民营口腔机构在患者和社会中的口碑效应。未来，集团将在保持自身发展的同时，进一步修正和规范自身的管理水平，提高口腔医疗服务质量，树立集团在福建民营口腔机构的标杆形象、加快民营口腔的自然生态选择，协助和引领整个福建民营口腔向规范化、规模化大幅迈进——这将是企业未来目标和社会价值的体现。

单位：福建省美可普（Make Up）医疗集团

浅谈W公司产品线运维
职位基于胜任力的招募与选拔

秦艳红

一、W公司简介

　　W公司，成立于 2000 年 1 月，主要向客户提供全球范围内的内容分发与加速、服务器托管与租用、以及面向运营商的网络优化解决方案等服务，是中国领先的 CDN 及 IDC 综合服务提供商。2009 年 10 月，在深交所上市。总部位于上海，其在北京、上海、广州、深圳设立了 4 家分公司，在美国、中国香港、南京等地设立了 8 家子公司，并在厦门及美国硅谷建有研发中心。公司员工人数超过 2000 人，其中 60% 以上为研发人员。其客户群覆盖各大门户网站、流媒体、游戏、电子商务、搜索、社交等众多类型的互联网网站，以及政府、企业和各大运营商等。目前公司服务的客户近 3000 家。公司拥有多个行业第一。

　　近几年随着公司业务的高速发展，作为一家以产品和服务为依托的公司，对优秀人才的需求与日俱增，尤其是优秀的产品类人才。而对产品线运维的招聘需求尤为明显。

二、产品线运维职位的招聘现状

（一）现阶段产品线运维人才紧缺

产品线运维职位，需要快速分析、定位和解决产品在线上运行过程中出现的问题，并在这一系列过程中整合相应资源，跨团队解决问题，其工作效率和结果直接影响用户体验，前端承接市场和客服、后端连接产品设计架构人员和研发，是一个相当重要的技术岗位。

而这一职位历来是公司最难招聘的职位之一。第一方面该职位需要有很强的运维技能，第二方面，要有较为良好的CDN加速方面的技能，第三方面要对产品有良好的熟悉度。而CDN行业是一个相对很狭窄的技术领域，尤其在厦门。

近年来，IT行业，特别是互联网企业的人才争夺战越来越激烈。而与国内其他地市类似，厦门市软件和信息服务业人才问题突出。"双高人才缺乏、中坚力量不足、从业人员基数小"是主要特征，成为困扰产业主管部门和企业多年的问题。在国内的人才市场，厦门软件企业缺乏吸引力（地域、薪酬、可选择机会的多寡和未来发展空间）。所以在厦门，优秀的IT人才日渐紧俏。

面对市场人员供给上的结构性矛盾，如何有效、快速地识别、招聘和选拔合格甚至是优秀的产品线运维，成为公司招聘人力资源管理中的一个重要课题。

（二）面试官急需培训

由于企业的高速发展，公司绝大部分面试官是直接从业务基层提拔上来的，之前并没有接受过面试方面的相关培训。面试时，由于岗位职责不清晰，有些面试官甚至不知道怎么面试，面试时比应聘者更为紧张，或者存在着凭主观经验判断面试者的情况，或者难以识别深层次的胜任力，过度关注某些"显性"的资格信息，或者凭个人喜好做录用决策，或者过分放大某些负面信息、非关键信息，而且各个面试官之间经常标准不统一，导致不同面试官给出的评价结果差距非常之大，难以比较。

为了避免面试官受到以上误区的影响，对面试官的培训迫在眉睫，以便形成统一的评价标准，提高面试过程的标准化、客观化和效率。

三、产品线运维职位基于胜任力的招募与选拔

（一）产品线运维胜任素质模型的建立

1. 选拔专家小组：小组成员为产品部门HRBP、招聘主管、人才发展经理。

2. 进一步明确公司的总体战略的发展方向、总目标和总任务，确保包括空缺岗位在内的公司所有人员的绩效任务书与公司发展方向一致：对包括总经理、副总经理、人力资源总监、各产品总监等公司高层进行访谈，明确未来几年公司的战略方向、总目标和总任务，以及战略方向对人员素质的要求。

3. 建立胜任素质模型：采用行为事件访谈编码法。

（1）职责梳理，确定绩效指标：根据公司发展战略和产品线运维职位的要求，界定产品线运维岗位绩效优劣的标准；采用工作岗位分析和专家小组讨论相结合的方式进行。

（2）选取分析效标样本。

① 根据上一步定义的绩效标准，在从事产品线运维岗位的员工中，分别选取一定数量的员工进行访谈，其中绩优组15人，绩普/差组10人；

② 设计访谈提纲，提前发放给被访谈者；

③ 行为事件访谈：让被访谈者详细地谈工作中最成功的三件事和最失败的3件事，总结并整理访谈记录；

④ 访谈资料编码与统计，找出绩优组和绩普/差组人均出现频次有显著差异的胜任力；

⑤ 对获取资料的内容进行分析，记录各种能力素质出现的频次，然后对

各层级要素指标发生频次的程度统计指标进行比较，找出共性和差异特征。根据不同主题进行特征归类，并根据频次的集中程度，赋予各类特征组大致权重；

⑥ 验证胜任素质模型：将编码过的行为语句梳理成有区分度的行为指标，形成模型初稿；并采用问卷调查、专家讨论、与行为化验证等方法对初稿进行验证与修订。同时从公司使命、愿景、战略、价值观中推导产品线运维群体所需要的核心能力素质，与获取的调查资料相结合，建立最终的能力素质模型。如表1所示：

表1　W公司产品线运维胜任素质模型-各指标、权重及其定义

能力框架	能力项目	权重	能力定义
全员核心能力素质	责任心	15%	认识到自己的工作在组织中的重要性，把实现组织的目标当成是自己的目标
	沟通协调	8%	有效传达思想、观念、信息，把握对方意图，说服或协调别人，让他人接受自己的观点或做法
	学习能力	8%	通过吸取自己或他人经验教训、科研成果、利用网络资源等方式，增加学识、提高技能，从而获得有利于未来发展的能力
	抗压/坚韧	5%	能够在高压力、或不利、或非常艰苦的情况下，克服外部和自身的困难，坚持完成所从事的任务
综合管理素质	解决问题	25%	用有效的方法、严格的逻辑和方式解决问题和困难
	资源管理	7%	有效寻找、选择、开发、协调和管理内外部资源，并进行有效整合，以完成组织目标
	优化创新	10%	采用原来没有的方式方法解决问题，或创造新的机会和方法，提高工作效率和产品、服务的性能，增进效益
专业知识		5%	了解与产品相关的技术实现原理及其表现形式，能够就技术方案与技术人员有效沟通，具备技术实现的相关观念
专业能力素质	项目管理	7%	通过流程规划、时程安排、任务和人员的管理以及资源的整合运用，顺利达成项目目标
	运营数据分析	10%	通过设计数据指标体系，进行数据的收集和分析，挖掘潜在规律和问题，以优化产品和支撑决策

（3）重新修订岗位说明书，如下所示：

职位名称： *产品线运维*

发展方向： *产品架构师/运维架构师/产品经理*

岗位职责：

① 负责产品的部署、升级、需求跟踪、问题分析定位等所有产品线上运营工作；

② 跟踪产品线上运营状态，对产品运营结果负责；

③ 负责CDN产品的文档和培训工作，为产品的运营提供高级技术支持；

④ 设计并落实产品运营方案，推动产品优化改善，为产品功能和质量把关；

⑤ 参与CDN产品的规划设计并负责验收，确保产品的功能和性能满足业务需要；

⑥ 研究业界同类产品以及新技术，提升CDN产品综合竞争力。

职位要求：

① 本科以上计算机相关专业，至少2年以上系统运维经验；

② 能熟练使用linux服务器，搭建常见的网络服务，并能进行性能调优；

③ 具有计算机网络知识，熟悉tcp/ip协议，能快速定位常见的网络问题；

④ 至少掌握perl，shell中的一种脚本技术并能运用解决实际问题；

⑤ 熟悉数据库技术，能够熟练管理mysql数据库；

⑥ 了解常见的网络攻击和防御方法；

⑦ 具备Web开发、系统开发、分布式文件系统等任一经历者优先；

⑧ 能够适应紧急突发情况的应对；

⑨ 责任心强、工作严谨，有求知欲，思维清晰，总结分析能力强；

⑩ 具备较强的协调能力和推动能力；

⑪ 具备较强的学习能力、数据分析能力和创新能力；

⑫ 具备较强的沟通技巧，有团队协作精神；

⑬ 具备良好的职业道德和职业素养，理解并遵守公司的制度。

（4）制作基于胜任特征的应聘申请表：包括应聘者基本信息和个人经历，以及一些与胜任力相关的基本问题，如价值观取向、求职动机和家庭是否支持等（由于本文篇幅，此申请表不详述）。

（5）建立甄选标准并对申请表进行审核：根据胜任素质模型的要求和岗位说明书的其他要求和规定，制定出详细的甄选标准（由于本文篇幅有限，各能力项目的各个层级的具体能力标准及层次描述并未写入文中，仅以层次描述的关键词代替）及面试问题的设计（如下表2所示），以及面试评估表（如下表3所示）：

表2 W公司产品线运维胜任素质模型-能力素质及BEI典型行为问题

素质能力及BEI典型问题	层次	层次描述—关键词
责任心： 1. 你工作中最困难的部分在哪里？你是怎么解决的？ 2. 当你的工作因为种种原因进展不下去时，你是怎么处理？（STAR） 3. 每个人都失败过，能否描述一下工作中令你记忆最深刻的失败经历？（STAR） 4. 你在上次离职时的工作交接是怎么做的？ 5. 有没有接到过一些临时性的工作，举个例子，你是如何看待处理的？	Level 1	被动执行
	Level 2	认真负责、有担当
	Level 3	任劳任怨
	Level 4	倾情投入，心怀全局
	Level 5	对工作全情投入
沟通协调： 1. 请说一下别人是怎样看待和评价你的？ 2. 你曾经遇到的最有挑战的沟通方面的问题。为什么认为那次经历对你最有挑战性，你是怎么应付的？结果怎样？ 3. 是否和其他人（同事/朋友/客户）有意见不一致的情况？你是如何处理的？	Level 1	表述自己的要点
	Level 2	把握他人论述要点
	Level 3	多种沟通技巧，跨团队协调
	Level 4	创造沟通氛围，通过沟通协调获取资源与支持
	Level 5	提升团队沟通能力，能协调组织资源

素质能力及BEI典型问题	层次	层次描述—关键词
学习能力： 1. 你是通过哪些途径获取新技术信息？经常上哪些网站？你又如何获取工作中必须的技术知识？ 2. 你的经验和总结会和别人分享交流吗？结果如何？ 3. 你学会了哪些让学习或工作变得更容易或更有效的技巧或者窍门？怎么学到的呢？ 4. 请问你对自己的工作经验是怎样总结的？怎样应用到工作生活中？ 5. 请问你是怎样给运用你的经验/方法指导他人顺利完成工作？ 6. 最近有参加过什么样的培训？视频课程？微课？获得了什么证书？	Level 1	消极对待学习
	Level 2	指导下进行学习
	Level 3	积极寻找学习机会，学以致用
	Level 4	总结提炼，帮助他人学习
	Level 5	营造学习氛围
抗压/坚韧： 1. 学习工作中有无受到过批评？当时的情况怎样？你如何处理？ 2. 你工作中有没有很枯燥的部分？你如何看待？ 3. 有没有碰到过很不利或者很苦难的情况？你当时怎么处理的？ 4. 你的工作饱和度怎样？需要加班和出差吗？对加班和出差怎么看？	Level 1	受不了挫折，容易放弃
	Level 2	工作任务略微加重就无法完成
	Level 3	保持情绪稳定
	Level 4	压力下主动想办法解决，保持原有工作标准
	Level 5	控制压力，创造性应对
解决问题： 1. 请描述一个你所解决的在学习、生活、工作中遇到的最棘手、最困难的问题/项目，当时你是如何分析和思考这个问题的？这个问题是如何解决的？结果如何？	Level 1	在他人指导下解决问题
	Level 2	能实施迅速见效、复杂性低的解决方案
	Level 3	把握根源，拆解问题，并形成系统解决方案
	Level 4	创造解决问题的环境，并能预估解决方案带来的影响
	Level 5	解决战略性问题/重大变革，创建全新的方法论

素质能力及BEI典型问题	层次	层次描述—关键词
资源管理： 1.在工作中，是否遇到过资源不足的情况？请问你是怎样处理的？	Level 1	利用上司分派给的资源开展工作
	Level 2	问题出现时主动寻找资源
	Level 3	有计划性地合理调配和充分利用资源
	Level 4	有效协调资源过程中的矛盾冲突
	Level 5	能整合内/外部的重要资源
优化创新： 1.在你的工作中，你有没有发现某些业务流程、或者逻辑上的问题，你是怎么解决的？ 2.你们公司目前有哪些地方是你觉得不太好的，有想过去改变吗？你做了哪些动作？ 3.你参与的工作/活动中，有没有结果不太让人满意的？什么地方出了问题？现在有没有更好的方法解决？	Level 1	因循守旧
	Level 2	局部创新
	Level 3	以新的方式来解决问题
	Level 4	能形成新的解决方案
	Level 5	推动变革，带领创新
专业知识： 请专业技术面试官根据岗位要求的技术要点，以及人选简历、工作、学习中涉及的技术要点进行提问。	Level 1	有限的概念性的产品线运维知识
	Level 2	了解技术基础理论
	Level 3	清楚技术原理，能独立思考
	Level 4	能与技术团队充分沟通，能制定产品运营方案
	Level 5	能将技术优势转化为产品竞争力
项目管理： 1.有做过项目的经验吗？举一个你认为最成功的项目为例，说明你在项目中承担的角色和对项目的贡献？当时情况怎样？结果怎样？	Level 1	指导下进行计划跟踪和监控
	Level 2	组织实施小型项目
	Level 3	独立负责中型项目的实施和运作，预见潜在问题
	Level 4	独立负责较大型项目/多项目的实施和运作，进行风险控制
	Level 5	负责公司级战略性项目

续表

素质能力及BEI典型问题	层次	层次描述—关键词
运营数据分析： 请专业技术面试官结合人选简历、工作中涉及的数据分析方面技能进行提问，可结合STAR。	Level 1	了解指标含义，在指导下分析
	Level 2	深入理解指标，能独立分析并找到规律
	Level 3	灵活使用多种工具，能找出隐含规律，推动产品规划
	Level 4	独立规划和设计指标体系，支撑管理决策
	Level 5	形成系统化分析模型，帮助提升数据分析效率和质量

表3　W公司产品线运维基于胜任素质的面试评估表

人选姓名		面试日期						薪资期望	
测评	考评要素	考评要点				等级结果（Level）			评语
	专业试题	试题名称				得分			
行为面试记录（HR面试官需记录考察能力项所对应的典型行为案例）	责任心 15%	认识到自己的工作在组织中的重要性，把实现组织的目标当成是自己的目标	1	2	3	4	5		
	沟通协调 8%	有效传达思想、观念、信息，把握对方意图，说服或协调别人，让他人接受自己的观点或做法	1	2	3	4	5		
	学习能力 8%	通过吸取自己或他人经验教训、科研成果、利用网络资源等方式，增加学识、提高技能，从而获得有利于未来发展的能力	1	2	3	4	5		
	抗压/坚韧 5%	能够在高压力、或不利、或非常艰苦的情况下，克服外部和自身的困难，坚持完成所从事的任务	1	2	3	4	5		
	解决问题 25%	用有效的方法、严格的逻辑和方式解决困难、解决问题	1	2	3	4	5		
	资源管理 7%	有效寻找、选择、开发、协调和管理内外部资源，并进行有效整合，以完成组织目标	1	2	3	4	5		
	优化创新 10%	采用新的方式方法解决问题，或创造新的机会和方法，提高工作效率和产品、服务的性能，增进效益	1	2	3	4	5		

人选姓名		面试日期					薪资期望	
行为面试记录		离职原因、求职动机及离职交接周期						
	面试结果	□通过，可参加专业面试 □未通过					面试官签字/日期：	
专业面试记录	考评要素	考评要点	等级结果 （Level）					评语
	专业知识 5%	了解与产品相关的技术实现原理及其表现形式，能够就技术方案与技术人员有效沟通，具备技术实现的相关观念	1	2	3	4	5	
	项目管理 7%	通过流程规划、时程安排、任务和人员的管理以及资源的整合运用，顺利达成项目目标	1	2	3	4	5	
	运营数据分析10%	通过设计数据指标体系，进行数据的收集和分析，挖掘潜在规律和问题，以优化产品和支撑决策	1	2	3	4	5	
	备注（职业倾向及岗位匹配度）							
	面试结果	□通过，可参加复试 □未通过					面试官签字/日期：	
复试最终评价	□通过，可以录用　　□有待考虑 □可推荐其他部门（　　）　□未通过							
	复试面试官签字/日期：							
面试负责人签字/日期：								

（二）对相关面试官进行系统培训，进行结构化行为面试

通过对产品线运维岗位胜任力及其行为标准进行统一讲授、讨论，并通过具体的评分演练、评分后评价，使面试官对于人选评价形成统一框架，达成对某项胜任力的一致看法，并不断提升面试官对于面试现场的信息收集和加工速度。

（三）后续工作

必要时，对人选进行补充性或者验证性测量和评估主要采用心理测评、评价中心等技术；必要时，对人选进行背景审查；作出聘用决定；招聘与甄选效果后评价及工具更新：在后续的招聘面试过程中，不断优化和更新工具、表格或面试问题等，以期与公司战略、产品发展状态等的一致性。

四、结论

本文以W公司产品线运维职位的胜任力素质为出发点，详述了采用行为事件访谈编码法建立胜任素质模型的过程，并以此进一步进行产品线运维的招募和选拔。在实践过程中，起到了快速、高效识别、招聘和选拔合格甚至是优秀的产品线运维的目的，受到用人部门和公司高层的一致好评，并为后续人员培训与发展规划、绩效评定，以及市场产品业务活动的开展奠定了良好的基础。

单位：网宿科技股份有限公司厦门分公司

企业化人才测评在后备
人才选拔和培养中的实践与启示

曾令财

前　言

　　企业进入快速发展阶段后，关键岗位的人才接续或断层是每一个企业均绕不过去且五味杂陈的问题，反映在企业中层管理人员及关键技术技能型岗位的人才层面尤其突出，许多企业的通常做法归结起来有以下几种：其一临时从人才市场招聘、其二临时在企业内部挑选、其三万不得已时赶紧找猎头推荐或企业内部员工推荐…等等，但其结果往往是"职位空置、凑合着使用、换人频繁、付出更高招聘成本或用人成本……"等一种或几种的结局，这些传统的做法不论是从选人用人的科学性、所任用人才的胜任性与成长性以及人才的招聘成本来说，均属于被动式、低效且不可控的做法，究其原因主要在于许多企业高层特别是核心决策层很重视业务、很重视营销、很重视技术、很重视生产……，但唯独漏了对人才供给的重视，这也从企业外部人才招聘会或猎头生意风生水起、企业内部已步入职业上升期的在岗职工每到年底呈现出较多三心二意地应对工作或已接洽下一个东家、以及智联招聘刚刚发布的2017年白领跳槽意愿近八成的调查报告得到印证。

　　企业不同层次的人才供给呈现出不同的特征，低层级岗位主要以社会供给或资产所有者内部直接安排为主，高层级岗位主要以资产所有者直接担任或委任为主、内部提拔或外部空降为辅，中层级岗位既有资产所有者内部直接安排、也有内部提拔与外部招聘，且企业在实际操作中还是以内部提拔与外部招聘占绝大多数，但不同的企业在内部提拔与外部招聘之间谁主谁辅不太相同、且有些企业根本就没有这种策略认识，反正没人就招或者随便内部矮子当中挑高子将就着先用、不行再招或再换的情形比比皆是，殊不知如此的选人用人做法为企业的经营管理以及人力资源管理埋下了无数的隐患，究其原因主要在于企业不重视人才供给，而其核心就是后备人才的选拔与培养缺失。

后备人才是组织为了适应未来发展变化而储备的具有一定管理知识、技能和发展潜力，能快速替代组织中某些中、高级职位而达成组织目标的人员。后备人才一般具备四个特征：较强的成就动机；良好的历史绩效记录；培养周期较长，目标是成为企业的核心人才；经过知识积累和实践锻炼，拥有企业发展所需的某方面（管理、技术或生产）的综合素质。从专家学者对后备人才的定义及概括的特征很清晰地反映出企业后备人才的培养是多么至关重要，可以毫不夸张地说后备人才储备决定着企业的可持续发展。后备人才队伍的建立，需要系统、规范的后备人才选拔与培养程序，而科学、系统、规范、贴近于企业运作实际与发展积累的企业化人才测评体系始终贯穿于后备人才选拔、培养到任用的全过程，它不仅能为企业甄选出契合企业发展需要的后备储备人才，更能吸引与激发广大员工找准自己的职业发展定位以及在现有企业的职业发展动力。本文结合自身咨询实践以及辅导跟踪多个企业构建并转换实施"企业后备人才选拔培养与后备人才库建设"的深度分析总结，以企业后备人才储备中最具代表性的管理类关键岗位（下同）为标杆，具体阐述区别于社会化标准的企业化人才测评，在企业后备人才选拔与培养中的技术与方法及其需要注意的主要问题与启示。

一、人才评价源自人事测评

对人事测评的研究，西方源于19世纪对智力落后者和精神病人的治疗的需要。当时许多人开始了个体差异的研究，也开始尝试去鉴别和测量这种差异。1879年，德国心理学家冯特在莱比锡大学设立世界上第一个心理实验室，使心理学成为一门独立的实验科学，开始了对个体行为差异的研究，从而引发旷日持久的心理测验运动。1905年，法国心理学家比奈（Binei，A）对此做出了划时代贡献：编制了著名的比奈-西蒙智力量表，使得测验成为一种测量个体差异的工具，开创了现代人事测评的先河[3]。心理测量的发展为现代人才测评的产生奠定了坚实的理论基础，探索出了许多有效的方法，历代心理学家们编制的标准化心理测验量表，为现代人才测评提供了十分便利的测评工具，如帕森斯的人格特征—职业因素匹配理论（1909年）、佛隆的择业动机理论（1964年）、施恩的职业锚理论（1978年）等等。回顾心理测量发展所走过的道路，其发展的脉络走向主要表现在以下几个方面：①由个别测验发展出了团体测验；②由文字测验出现了非文字测验（为了解决文化公平的问题）；③由单一要素测验发展出了多重要素测验；④由能力测验发展扩展到了人格、品德等领域；⑤在测评方法上，由纸笔测验、操作性测验发展出了投射性测验、情景测验等多种方法。

二、人事测评技术在西方国家的广泛应用

60年代以后，评价中心技术（人事测评技术中的一种）得到发展并在很多大公司开始应用，使得测评对象不仅仅是以普通员工为主，而且扩展到中高层管理人员。由于评价中心技术综合运用了考试、面试、情景模拟、公文筐、无领导小组等技术，使测评效果比原来更加可靠和有效。在评价中心获得较高评价的人比获得较低评价的人更容易得到晋升。近几十年来，随着测评工作更加专业化与信息化，西方出现了许多专门提供人事测评服务的公司，他们把人事测评技术应用于人力资源开发的各个领域。据美国人力资源协会有关资料报道，发达国家已有超过50%的企业通过人事测评选拔应聘者。

三、能力素质模型的应用

起源于20世纪50年代初。当时，美国国务院感到以智力因素为基础选拔外交官的效果不是很理想。许多表面上很优秀的人才，在实际工作中的表

现却令人非常失望。在这种情况下，麦克里兰（McClelland）博士应邀帮助美国国务院设计一种能够有效地预测实际工作业绩的人员选拔方法。在项目过程中，麦克里兰博士应用了奠定能力素质方法基础的一些关键性的理论和技术。

在麦克里兰之后，又有很多心理学家和管理学家沿着他的研究思路，对素质理论进行了进一步的研究与扩展。在研究方法方面，国外主要根据专家、学者提出的能力素质模型，演绎出具体的素质、能力要求，并尝试进行相关人员的选聘、培训指导。在应用方面，"能力素质模型"这一概念在国外公共部门中得到较为广泛的运用，主要是用于公务员的选拔配置、培训开发等诸多领域，其中以美国、加拿大、英国以及澳大利亚等国最为成功。在各方面的努力下，能力素质模型所发挥的作用在人力资源管理中的优势逐渐被大家认可。在国际上，特别是先进企业中得到普遍接受和广泛运用。实践证明，以能力素质模型为基础，应用岗位能力素质模型进行考试、面试、情景模拟、公文筐、无领导小组等测评方式设计，以此对人才进行评价，是目前公认最为有效的方法，在企业中得到了越来越广泛的推广和应用。

四、国内人才测评研究概述

我国最早的较为标准化的人才测评是1916年在清华大学内开展的职业指导活动。1921年，中华职教社采用自制的职业心理测验对入学人员进行了测验。但早期因中国社会工业的落后以及社会条件的限制，人才测评难以形成规模。

在我国，心理测验在20世纪二三十年代也已经开始应用了，但主要应用于教育领域。后来由于抗日战争而几近中断。中华人民共和国成立后由于种种原因，心理学有很长一段时间被视为"伪科学"，人才测评与心理测验更是无人敢于问津的领域。从1949至1979年，我国在人才测评技术研究和应用方面基本处于停滞状态。60年代，中国因工业和军事发展的需要，使人才测评有了一次长足的发展，70年代，空军第四研究所曾编制了《学习飞行能力预测方法》，用以对招考新生进行集体心理测验，取得了良好的效果，使飞行员淘汰率大大降低。

改革开放后我国的人才测评经历了复苏阶段（1980-1988）、初步应用阶段（1989-1992）、繁荣发展阶段（1993-迄今）。20世纪90年代以来，随着政治体制改革的推进，国有企业改革的深化，尤其是1989年国家公务员录用考试制度的建立，现代人才测评技术如纸笔测验、结构化面试、文件筐、情景模拟等得到广泛应用，至1992年底，全国29个省、国务院3个部门都不同程度地采用了人才测评方法补充人员，取得了良好效果。此后随着人才市场的形成及相关法规制度的建立、人才的频繁流动、人事体制的改革等，为人才测评提供了广阔的舞台；人才测评研究、人力资源开发方兴未艾；人才服务的中介机构如雨后春笋，各显风采；如今，大的如国家公务员、事业单位人员招录，小的如企业外部招聘或内部选拔等均大量使用人才测评技术，从而为人才提供公平、公开、透明的竞争平台。

五、企业化人才测评的构建与测评实践

（一）企业化人才测评模型与路线图

企业化人才测评是贴近于企业运作实际与发展积累，运用先进的科学手段和完善的测评体系，通过心理测验、面试、访谈、评价中心等综合性手段，来对受测者的兴趣（喜欢做什么？）、性格（适合做什么？）、能力倾向（擅长做什么？）、技术技能优势（专业与经验积累优势有哪些？）等要素进行测量和评价的活动，以增强选拔和培养工作的科学性、针对性和可操作性，为企业选人、育人、用人等人事决策提供科学、客观的参考依据。

从企业化人才测评的定义及目的出发，参照诸多人力资源测评理论中最能反映岗位后备人才选拔测评的模型——冰山素质模型，它揭示出隐藏在冰山下部的个人特质才是最终决定个人是否适合从事某类岗位工作、是否具备培养前景的决定性因素。冰山模型能够很好地结合企业实际情况、贴近企业

运作实际与发展积累,确定不同的测评维度,选拔出具有拟任岗位工作需要的素质水平、能够胜任拟任职位工作并有发展潜力的优秀人才。

基于冰山模型的有关理论,借鉴国内外人才测评的实施经验结合自身咨询实践的深入总结,通过心理测验与岗位能力素质的结合使用,构建出适合于所在企业关键岗位后备人才选拔测评的技术路线图,即企业化人才测评体系(见图1)。

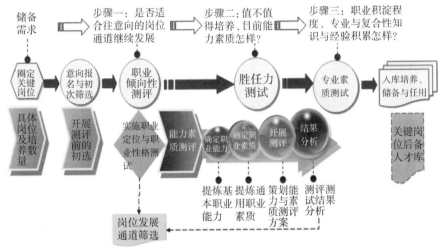

图1 企业化人才测评模型与技术路线图

(二)确定测评对象

由于后备人才队伍建设需要调动较大的管理资源以及多部门的协力配合、且需要一定的培养周期,选拔与培养后备人才应从企业急需培养储备的人才入手,圈定关键岗位优先实施,明确其岗位类别并依据企业中长期发展需要确定培养数量。

依据所圈定关键岗位所处的岗位层级,企业人力资源部门组织相同岗位类别内相同或下一至二个岗位层级或其他岗位类别相同或下一个层级的员工填写《企业后备人才选拔与培养申请表》,在对意向申请表进行汇总后,按以下要求进行初次筛选(如表1所示)。

表1　人员初选筛选项目与原则矩阵（示例）

序号	意向人员初选筛选项目	原则要求	表现形式
1	个人职业发展通道意愿	个人自主意愿与岗位发展期望	个人《申请表》
2	年龄要求	符合《岗位说明书》中有关年龄要求界限扣除培养周期年限	——
3	专业教育背景或职业经历	符合《岗位说明书》中基本任职资格的专业背景与层次或职业经历背景	——
4	岗位工作绩效表现	近三年年度绩效考评得分良好以上（含）	个人年度绩效表现记录
5	业绩表彰	近三年获得过公司级以上的与岗位通道相符的业绩类奖项，属于团队性质的属核心成员	获奖证书及团队组建记录
6	其他	无违规违纪行为	人事档案记录

人才选拔测评应把好初次筛选关，而初选筛选项目与原则矩阵的设置极为重要，它不仅要对意向人员的现有业绩、素质能力进行评价，也要能够对其未来的发展潜力和领导能力预测提供相应的基础，通过对意向人员过去工作的显性因素结合未来发展潜力的隐性因素的综合筛选比对，方能最大限度地识别与筛选出真正具有自身发展潜力与培养前景的有潜力人才，以避免走入资历导向或业绩导向的误区。因此意向人员初选筛选的质量将严重影响着未来发展潜力与培养前景的比对分析与后备人才库的入库推荐。

（三）企业化人才选拔测评体系的构建与实践

按照冰山模型理论，结合企业的特点和人才发展目标，从企业系统构建后备人才选拔测评的现实需求出发，为保证后备人才选拔测评的科学性、系统性和可操作性，针对选拔测评对象已融入本企业并呈现出"打工者、职业人或企业人"的心理特征，通过对诸多心理测验、岗位能力素质构建与测评工具方法的适用性 分析，借鉴并吸收国有大型企业、社会化专业人才测评公司在建立人才测评模型、实施后备人才选拔测评方面的成功经验与不足，对于企业化人才测评技术模型与路线图中的第一个步骤——职业倾向性测评、第二个步骤——胜任力测试，均分别设定了两个纬度来构建选拔测评模型。通过第一、第二个步骤的二维综合性评价，科学地区分出被测者岗位发展通道的适合性、以及在岗位发展通道适合的情形下能力素质具备的程度与差距，为后备人才库的入库评判、以及专业素质测评后后续的培养与适时任用提供较为科学与可比对的依据。

1. 第一步——职业倾向性测评

"职业倾向性测评"指基于企业生产经营发展对关键岗位人才使用的需求，对有意往选拔岗位发展通道发展的人员进行选拔与甄选的需要，分析、确定影响是否适合往意向的岗位通道继续发展（职业适应性）的主要因素，如个人对不同类别工作的兴趣、发展意愿、追求、源动力，个人的性格、工作风格与岗位类别的匹配度等，并根据这些特征因素选取测评纬度，建立针对性的评价指标和衡量标准。具体模型见图2：

是否适合往意向的岗位通道继续发展——职业倾向测评模型

职业定位（价值观）测评	职业性格测评
通过职业定位（价值观）测评，测试被试者占主导地位的职业锚，真实地呈现被试者最佳的职业发展发向或通道。	通过职业性格测评，进一步测试被试者的职业性格（人格特质）与意向的岗位通道符合程度，科学地区分管理类及其他类人才。

适合往意向岗位继续发展的人才

图2　职业倾向性测评模型

（1）职业定位（价值观）测评

依据职业锚的理论研究及实践归纳，人的职业锚可分为"技术/职能型、管理型、自主/独立型、安全/稳定型、创造型、服务型、挑战型、生活型"等8种类型，并且有一个占主导地位的职业锚和一个辅助型职业锚，它真实地呈现被试者目前最佳的职业取向，管理型职业锚倾向于适应在管理类岗位通道上发展，其他型的职业锚现阶段不太适合在管理类的岗位类别通道上进一步的提升与发展。

（2）职业性格测评

职业心理学研究表明，各种职业的社会责任、工作性质、工作内容、工作方式、服务对象和服务手段不同，决定了它对从业者性格的不同要求。不同性格特征的人员与职业化程度，对企业而言，决定了每个员工的工作岗位和工作业绩；对个人而言，决定着自己的事业能否成功。绝大部分职业都同时与几种性格类型特点相吻合，而一个人也都同时具有几种职业性格类型的特点。从人的职业性格与岗位配置度出发，人的职业性格可分为"变化型、重复型、服从型、独立型、协作型、劝复型、机智型、经验决策型、事实决策型、好表现型、严谨型"等11种，根据管理类岗位的定义结合职业性格类型的解释，管理类岗位的职业性格特征如表2所示。

表2　某企业管理类岗位职业性格特征（示例）

岗位 类别	职业性格特征										
	变化型	重复型	服从型	独立型	协作型	劝复型	机智型	经验 决策型	事实 决策型	好表 现型	严谨型
管理类				V		V	V				
衡量 说明	1. 不同企业将困战略与文化的不同其管理类岗位职业性格特征不完全相同； 2.通过测评后将自动呈现出被测者的职业性格； 3.将该被测者实测的职业性格与所在岗位类别职业性格特征标准比对，反映出岗位类别匹配度如下：A、3项吻合，反映出与岗位匹配度高；B、2项吻合，反映出与岗位匹配度较高；C、1项吻合，反映出与岗位匹配度一般；D、0项吻合，反映出与岗位匹配度低。										

依据测评结果，被测评者所呈现的职业性格与管理类性格特征要求的吻合程度，反映出该被测评者与管理类岗位的匹配程度，结合职业定位的测评结果，共同比对出被测者在管理类岗位通道继续发展的适合性，交叉评估见表3。

表3 职业倾向性测试综合评估表

测评纬度 / 测评结果	测评纬度		在管理类岗位发展通道的适合性	职业发展通道建议
	职业定位测评	职业性格测评		
测评结果	（主导型或辅助型）倾向吻合	匹配度高	适合	优先考虑纳入关键岗位的后备人才库
		匹配度较高	比较适合	优先考虑纳入关键岗位的后备人才库或数量满足时的备选
		匹配度一般	不太适合	作为备选跟踪对象，暂不适合进入
		匹配度低	不适合	需转换通道
	倾向不吻合	匹配度高	比较适合	可考虑纳入关键岗位的后备人才库或数量满足时的备选，但个人须有意识地修正职业定位并接受组织的定期跟踪评测
		匹配度较高	不太适合	作为备选跟踪对象，暂不适合进入
		匹配度一般	不适合	通道转换、自我审视与提升
		匹配度低	不适合	通道转换、自我审视与提升

2. 第二步——胜任力测评

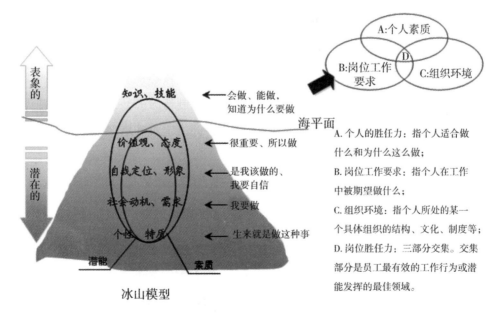

图3 胜任力要素——素质冰山模型

"胜任力测评"指基于本企业生产经营发展对关键岗位人才的培养与任用需要，对适合进入管理类岗位发展通道的后备人才，围绕着"值不值得培养、目前能力素质怎样"的主要影响因素进行分析、归纳，并根据优秀业绩需要的行为特征选取测评纬度，建立针对性的评价项目、评价方法与标准。

胜任力要素的提炼依据——素质冰山模型见图3。

而高绩效的胜任力素质在工作岗位上的绩优行为表现，其内在关系见图4。

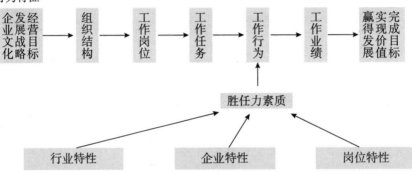

图4　值不值得培养、目前能力素质怎样——胜任力测评模型

运用素质冰山模型，从企业的行业特性、企业特性和岗位类别特性等要求出发，结合对企业的调研访谈结果，分别从企业核心素质、岗位类别通用素质和岗位专业素质三个层面，构建出企业岗位胜任力模型，以判断管理类岗位通用能力素质中某项胜任力方面的水平，并决定对其培训培养的方向。具体模型见图5。

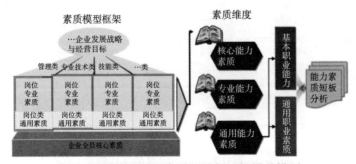

图5　通用能力职业素质测评与短板提升模型

（1）基本职业能力测评

依据美国劳工就业保障局1944年编制的"一般能力倾向成套测验"（GATB），中国学者在对该理论跟踪研究及实践归纳的基础上，根据日本1983年的修订本修订出中国GATB（国家公务员考试也大量使用），它将商业和工业从业人员的基本职业能力分为"语言能力、数理能力、空间判断能力、觉察细节能力、运动协调能力、社会交往能力、组织管理能力、动手能力、书写能力、学习能力"等10项，并且一个人应同时具备多重的基本职业能力，方能胜任日益复杂的企业生产经营管理工作；通过测验它能判定一个人基本职业能力倾向的有无和程度，它决定了员工的工作效率和工作质量。

根据管理类岗位的定义结合企业生产经营管理特点，管理类岗位的多重基本职业能力如表4所示。

表4 某企业管理类岗位基本职业能力标准（示例）

岗位类别	职业能力标准
管理类	语言能力、数理能力、空间判断、书写能力、学习能力、社会交往、组织管理
衡量说明	1. 不同企业将因其主营业务与经营管理水平不同其管理类岗位基本职业能力标准不完全相同； 2. 各项职业能务按分数表示； 3. 某项职业能力的分数段表示为： A、（1，4），表示该项能力较弱； B、（5，6），表示该项能力一般； C、（7，8），表示该项能力较好； D、（9，10），表示该项能力优异。

依据标准化测评结果，被测评者所呈现的多重基本职业能力基本要达到较好，反映出该被测评者具有高于一般员工的职业潜能，对于测评结果处于一般或较弱的能力子项目，按表5中的原则标准界定提升与发展安排。

表5 基本职业能力测评结果分析表

基本职业能力表现	提升与发展安排建议	备 注
较好及以上	继续坚持目前的状态与方法	
一般	日常须注重提升，以自我学习结合企业组织提升并重的方式	
较弱	近期急需提升、以企业组织提升为主结合自我学习相结合的方式，并接受组织的定期跟踪评测	
其中，较弱的子项目达到50%的情形	近期急需提升，以企业组织提升结合自我学习并重的方式，作为备选跟踪对象，暂不适合进入	

（2）通用职业素质测评

依据企业素质模型框架，从企业的行业特性、企业特性和岗位类别特性等要求出发，利用通用职业素质的提炼技术结合管理类岗位代表访谈的结果，管理类岗位最主要的通用职业素质项目及等级标准如表6所示。

表6　管理类岗位通用职业素质标准（示例）

素质 标准 岗位 类别	通用职业素质标准										
	战略 思考	团队 管理	系统 思考	沟通 能力	创新 能力	专业 精神	目标 管理	问题 解决	责任心	主动性	…
管理类	√	√	√	√	√				√	√	

备注：1. 不同企业将因其主营业务与经营管理水平的不同，导致其管理类岗位通用职业素质项目的不同；2. 不同管理层级的管理类岗位，其素质级别将不同；3. 各项素质标准最高等级为5级、最低等级为1级。

依据各项素质项目面试评价结果，被测评者所具备主要通用素质的等级应达到所选拔关键岗位对应的级别，反映出该被测者已具备了在所选拔的关键岗位上能产生优秀绩效行为特征的共性素质层次；对于面试评价结果低于上述表6中级别的通用素质项目，按表7中的原则标准界定提升与发展安排。

表7　通用职业素质测评结果分析表

通用素质表现	提升与发展安排建议	备　注
达到等级要求	继续坚持目前的状态与方法	
差距＜等级标准1级	日常须注重提升，以自我学习结合企业组织提升并重的方式	
差距≥等级标准1级	近期急需提升、以企业组织提升为主结合自我学习相结合的方式，并接受组织的定期跟踪评测	
其中，差距≥等级标准1级的子项目达到50%的情形	近期急需提升，以企业组织提升结合自我学习并重的方式，作为备选跟踪对象，暂不适合进入	

（3）若基本职业能力较弱的子项目达到50%且通用职业素质测评结果差距≥等级标准1级的子项目达到50%的情形，则该被测评者不具有培养价值。

3. 第三步：专业知识与专业技能测试

依据素质冰山模型，专业素质既体现了职业经历过程中的专业与复合性知识与经验的积淀，也反映了职场中后天学习与培养的程度，除了在校学习期间打下的专业基础之外，更重要的是与每个人在所经历工作岗位上的专业积累与经验积累直接相关，专业素质包含专业知识和专业技能，其构成因企而异且因岗而异，通常需由所在企业组织内部专家小组，依据储备岗位《岗位说明书》中各职责内容所对应的制度、流程等管理标准与技术标准，结合岗位所必须掌握的企业知识、环境知识、其他技术知识及技能，统一建立专业素质的知识与技能题库，组织实施针对性的专业知识与专业技能的理论与实操测试，并按表8中的原则标准界定提升与发展安排。

表8　专业素质测试结果分析表

专业素质细分	专业素质表现	提升与发展安排建议	备注
岗位主导职能职责类	测试结果≥80分	达标，继续坚持目前的学习与积累，在今后的工作中继续提升	
	80>测试结果≥60分	找准自己主要薄弱环节，加强自我学习结合企业组织提升并重的方式，并接受组织的定期跟踪评测	
	测试结果<60分	近期急需提升，以岗位轮换、企业组织提升为主结合自我学习相结合的方式，参加下一轮选拔测评	
岗位综合（含应知应会）职能职责类	测试结果≥80分	达标，继续坚持目前的学习与积累，找准自己职能职责类中不足的地方加强自我学习	
	80>测试结果≥60分	找准自己职能职责类中主要薄弱的地方，加强自我学习结合企业组织提升并重的方式，并接受组织的定期跟踪评测	
	测试结果<60分	近期急需提升，以企业组织提升为主结合自我学习相结合的方式，参加下一轮选拔测评	

（四）企业化人才选拔测评的组织实施

1. 测评工具准备

依据人才测评理论与企业化人才测评最佳咨询实践总结，采取静态和动态测评相结合的方式能全方位考察、反映出候选人的综合表现及发展潜力，因此依据企业化人才选拔测评技术体系开展工具的开发设计及严密的测评组织以保证结果的客观、公平、公正，方能真正筛选出符合企业储备岗位要求的人才，相关工具开发设计及测评方法如表9所示。

表9 测评工具开发设计及测评方法（示例）

序号	测评工具	开发设计	测评方法	备注
1	职位定位测评	专业团队开发	纸笔答题或人机对话	
2	职业性格测评	专业团队开发	标准化心理测试（人机对话）	
3	基本职业能力测评	专业团队开发	标准化心理测试（人机对话）	
4	通用职业素质测评	专业团队提炼与开发	评价中心技术	
5	专业知识与专业技能测试	企业内部专家小组开发	纸笔签题或人机对话、现场实操	

2. 测评程序

后备人才各测评工具的测评实施需要相应的程序保证，过程公平决定着结果公平，为保证各施测对象能以正确的态度及方法参与各环节的测评，提前制定并让施测对象充分了解测评程序及要求能提升测评的信度与效度，后备人才测评程序见图6。

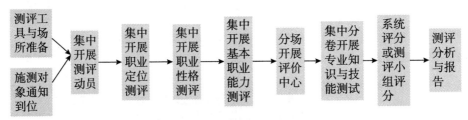

图6 后备人才选拔测评程序

3. 测评组织

后备人才选拔测评既是选出符合企业发展需要与具有培养潜力的人才、也是为企业内部员工提供一个良好的职业发展平台，是吸引外部人才加入与留住内部人才的绝佳比较优势，公正、公平、公开是其基本原则，宁缺毋滥是其核心宗旨，测评的有效有序开展考验着人才选拔测评小组的组织协调能力与公信力，测评组织过程中以下情形将决定着后备人才选拔测评的科学性与可持续性。

（1）测评工具开发设计的专业水平；

（2）关系人回避；

（3）人才选拔测评小组成员的保密性；

（4）测评过程组织的公正、公平、公开与严密；

（5）测评分析与报告的专业水平；

（6）公司高层与施测对象所在部门主管的重视与支持；

（7）公司提供的其他资源支持。

4. 测评结果分析与反馈

以后备人才储备的关键岗位为单元，将每个施测者在各个测评工具的结果进行汇总，并依据各测评工具的评估或判定标准对测评者做出程度的判定，在此基础上撰写以下报告：

（1）综合测评报告：全面评估岗位选拔对象的综合程度、可纳入后备储备的人才情况、评估企业可选拔人才存量的质量、后续可能开展的岗位调整及人才招聘与使用政策的调整等综合性评述，为开展后备人才库的入库工作以及总体策划入库后人才的共性培养与个性培养的策划与实施提供科学依据与决策依据。

（2）个人测评报告：让参与选拔测评对象全面、客观了解自身发展通道的适合性、胜任力状况、专业素质状况、后续可能的职业调整、存在的不足、努力与再学习方向等定性与定量相结合的职业发展建议，指明个人职业发展前景、纠正或努力与发展的方向及措施等，并以书面报告的方式反馈测评对象。

（五）后备人才培养与适时任用的企业化测评

后备人才的培养是一项系统工程——培养周期长、学习内容广、牵涉配合面大，既有影响自己职业价值观方面的知识与理念，也有已测评到的基本职业能力和通用职业素质中有差距的项目，还有储备岗位专业能力差距项目以及可能存在的储备岗位的新知识等多层次多方面，对于确定进入后备人才库及等待后续机会的员工本人的压力与挑战均较大。正因为如此，对后备人才的动态培养更彰显出企业的动员组织能力、计划管理能力、协调配合能力、资源投入能力与对人才的重视程度等等。企业人力资源部门应依据各入库培养人员需培养提升情况，结合企业预期任用时机及资源投入情况，个性化的制定培训培养与拟任计划并组织实施培训培养，依据以下不同的培训培养方式开展后续的跟踪测评，并建档管理。

1. 共性培养部分

依据综合测评报告汇总测评结果，将确定进入后备人才库的后备人才、近期急需补短板并接受组织定期跟踪评测等参与选拔人才的弱项，以及需储备岗位新知识进行分类归总后，由企业依据后备人才培养与拟任计划进行统一的集中培训培养，并由培训与培养者统一组织进行再测评、无法在培训与培养结束时进行再测评的，由企业人力资源部门牵头依据前述测评工具与流程组织开展阶段性的跟踪测评与验收。

2. 个性培养部分

依据综合测评报告汇总测评结果，将无法归入前述共性培养部分的项目，由员工本人依据自身情况通过自主学习的方式培训培养与提升（包括参加讲座、沙龙、拓展、在线听课、专业书本知识学习、企业管理（技术）标准学习、体验式学习、师带徒步学习……），企业不作统一的培训培养安排与评估。

同时，对于专业能力需提升的后备人才，企业有计划地组织安排参与在职学习或培训取证（结合企业对继续教育的相关规定），并将专业能力提升动态节点情况及时上报人力资源部门记录存档以便阶段性跟踪提升达标情况。

3. 选拔任用节点

后备人才的选拔与培养是为组织输送合格的储备人才，选拔任用节点的测评就成为选人用人组织程序中的最后一道关卡。当主要关键岗位一旦空缺或上级公司需任用人员，后备人才库中合乎岗位要求的储备候选人就成了首选，共性培养部分的再测评需已完成或达标，个性培养部分应由储备候选人现场向公司主要领导组成的关键岗位人才任用评审委员会（其可职能常设在人力资源部门）报告学习与提升情况并现场接受考察，必要时出示有效证件，由评委会根据岗位空缺或上级用人需求情况，对储备岗位的后备人员的综合胜任状况进行评估并提出评估意见，从中推选出最为合适的候选人到新岗位试任职，使主要关键岗位实现最佳的人岗匹配与最高的人力资源效益。

六、企业化人才选拔测评的启示

Drenth（1984）等认为，人才选拔和培训中采用"走着瞧"的方式是恰当的，只有通过个体在工作情景中的实践，才能预见到个体的资质和在管理岗位上可能出现的缺陷。从过往多个单位采用不同形式开展人才选拔与培养案例的落地实施结果跟踪分析后的启示是，企业化标准的人才测评与社会化标准的人才测评最大的区别在于其能围绕着后备人才储备岗位构建起贴近企业运作实际与发展积累、体现企业管理风格与管理需要、传承企业优秀发展基因、体现关键岗位自有特征的测评维度、工具与标准，因此其必然更适合于从内部员工中选拔出优秀的后备储备人才加以培养与储备。通过内部专家与外部专家的优势互补，所选出的优秀后备人才也更契合企业的做事风格、思维方式与发展需要，在后续培训培养的投入、周期上也会大为减少、培训培养的成功概率也更高，员工的认可度更高、对员工的正面激励更强、后备人才在新岗位平台上能够更快速地进入角色与发挥才干，其综合工作表现也会更好甚至超过预期。由此可见，企业化人才选拔测评尤其适合于广大正在为关键岗位人才接续或断层而苦恼的企业的一种科学、有效的解决途径，亦值得其他非企业类单位有价值的参考。

单位：厦门同博企业管理咨询有限公司

H&R

胜任素质

SHENG REN SU ZHI

关于国内某大型能源电力企业营销序列人员销售业绩影响因素调查分析报告

唐　健

一、调查背景与目的

如何对公司国内外营销人员进行全面科学有效的选拔、测评、考核和激励，充分调动营销人员的积极性，打造一支强有力的营销队伍是支撑公司转型升级战略实施一项重要人力资源工作。为此，公司人力资源部联合各市场工作归口部门开展营销序列员工行为素质能力调查，以期更加深入了解能源电力企业营销体系员工业务素质现状，为国内外营销人员选拔与培养工作提供数据支持和依据。

二、调查内容

结合营销人员胜任力素质模型及公司实际情况，在充分征求市场部门及部分一线营销员工的基础上，公司人力资源部设计出《营销体系员工行为素质能力调查问卷》，问卷内容主要包括两部分，一是营销人员个人基本特征，主要有年龄、学历、工龄、家庭、婚姻状况等；二是营销人员素质能力，主要有服务意识、成就动机、压力承受能力、人脉拓展能力、服从性等。

三、调查对象

根据公司对营销序列人员划分标准，此次调查对象为公司内部国内外市场营销一线人员，不含营销内勤与客服人员。一线营销人员，更加能反映本公司的营销人员的各项素质水平，且比较容易取得可靠数据进行分析，具有直接的代表性。

四、调查方法

此次调查采用问卷调查的形式来收集数据，调查方法采用分层抽样与随机抽样相结合，在公司下属各单位共发放调查问卷1000份，回收有效问卷935份，占公司现有营销一线人员总数的64.17%。各单位调查数量分配见表1：

表1　各单位调查问卷回收数量分配表

单位	级别			总计	备注
	高级	中级	初级		
子公司1	10	40	100	150	海外派驻人员不少于15份
子公司2	5	15	60	80	
子公司3	5	30	95	130	
子公司4	5	20	55	80	
子公司5	10	20	100	130	海外派驻人员不少于10份
子公司6	5	20	75	100	
子公司7	5	30	95	130	
子公司8	2	3	20	25	
子公司9	2	3	25	30	
子公司10	0	1	4	5	
子公司11	5	15	55	75	
子公司12	5	15	45	65	海外派驻人员比例不低于80%
总计				1000	

五、组织安排

此次调查，公司人力资源部负责牵头组织，设计调查问卷并根据回收的有效问卷进行分析，各业务部门HRBP负责组织所属单位人力资源部进行问卷发放、回收工作。具体工作安排如下：

1. 第一阶段：问卷设计阶段（4月25日–5月1日）；
2. 第二阶段：问卷调查阶段（5月4日–5月10日）；
3. 第三阶段：问卷收集及数据录入阶段（5月11日–5月18日）；
4. 第四阶段：数据分析及成果输出阶段（5月19日–5月25日）。

六、数据分析

（一）样本基本特征分析

此次调查共回收有效问卷935份，其中男性857名，占比92%女性78名，占比8%；高级营销人员占比2%，中级营销人员占比16%，一般营销人员占比超过80%。具体基本特征分析如下：

1. 现有营销人员年龄呈左偏峰态势分布，主要集中在26–35岁年龄组。从表2-1中可以看出，各年龄组中，26–30岁人员占比最大，超过40%，其次是31–35岁年龄组，占比约占21%；16–20岁组人员占比最小，不到1%，21–25岁组与36–40岁组亦有一定比例人员分布，分别占比为17.9%、9.3%。

表2　年龄分布表　　　　（单位：%）

年龄分组	有效百分比	累积百分比
16–20岁	0.5	0.5
21–25岁	17.9	18.4
26–30岁	42.6	61
31–35岁	20.5	81.5
36–40岁	9.3	90.8

续表

年龄分组	有效百分比	累积百分比
41–45岁	7	97.7
46–50岁	1.6	99.4
50岁以上	0.6	100

2. 现有营销人员文化程度以本科学历为主。从表3可知，公司营销人员文化程度主要以本科学历为主，占比近60%，大专学历也有相当占比，超过30%，高中及以下学历占比最少。

表3　文化程度分布表　　　　　　（单位：%）

文化程度	有效百分比	累积百分比
高中及以下	3.6	3.6
大专	32.5	36.1
本科	58.4	94.5
研究生及以上	5.5	100

注：不含自考、委培等非统招类学历

3. 现有营销人员毕业院校主要分布在非985、211"其他本科院校类"。从表4中可以看出，公司营销人员原始学历的毕业院校以"其他本科院校"为主（非985、211院校），占比接近50%，其次是职业技术院校类，占比超过20%。211院校类亦有一定部分，占比达20%，占比最少的是"海外大学类"，仅为3.3%。

表4　毕业院校分布表　　　　　　（单位：%）

院校类别	有效百分比	累积百分比
985院校类	6.2	6.2
211院校类	20	26.2
其他本科院校类	46	72.3
职业技术院校类	24.5	96.7
海外大学类	3.3	100

4. 现有营销人员内部工龄以"3–5年"为主，其次为"8年以上"，营销从业时间以"1–3年"为主。从表5和表6中可以看出，公司营销人员内部工龄主要集中在"3–5年"组和"8年以上"组，占比均超过20%，1–3年组与5–8年组也有较大分布，均超过15%。从营销从业时间看，近30%的营销人员的营销从业时间为1–3年，从业时间相对较短，24.6%的营销人员的营销从业时间在3–5年间，值得注意的是，有近20%的营销人员的从业时间不到1年。

表5　内部工龄分布表　　　　　　　　（单位：％）

内部工龄	有效百分比	累积百分比
一年以内	14.3	14.3
1–3年	19.7	34
3–5年	25.8	59.8
5–8年	16.5	76.3
8年以上	23.7	100

表6　营销从业时间分布表　　　　　　　（单位：％）

营销工龄	有效百分比	累积百分比
一年以内	18.7	18.7
1–3年	28.8	47.4
3–5年	24.6	72.1
5–8年	12.9	85
8年以上	15	100

5. 当前营销人员大部分没有相应的职称或职业资质。从表7和表8中可以看出，超过60%的营销人员没有相应的职称和职业资质证书，22%的营销人员具有初级职称，近20%的营销人员具有初级职业资质，超过15%的营销人员具有中级及以上职称或职业资质。

表7 职称等级分布表 （单位：%）

职称等级	有效百分比	累积百分比
无职称	60.8	60.8
初级职称	22.4	83.2
中级职称	14.4	97.6
高级职称	2.4	100

表8 职业资质分布表 （单位：%）

资质等级	有效百分比	累积百分比
无资质	68.2	68.2
初级资质	16	84.1
中级资质	12.5	96.7
高级资质	3.3	100

6. 现有营销人员的家庭分布主要来自城市，超过40%人员未婚。从表9和10中可以看出，公司营销人员超过50%的家庭来自城市，近30%来自农村。从婚姻状况分布来看，56%人员为已婚状态，超过40%的营销人员处在未婚状态。

表9 家庭分布表 （单位：%）

家庭住址	有效百分比	累积百分比
城市	54.8	54.8
城镇	17.4	72.2
农村	27.8	100

表10 婚姻状况分布表 （单位：%）

婚姻状况	有效百分比	累积百分比
已婚	56	56
未婚	42.8	98.8
其他	1.2	100

（二）相关分析

表11 主要变量相关系数表

	y	q2	q5	q6	q7	q10	q11	q17	q18	q21	q43	q45	q47	q48
y	1													
q2	0.267***	1												
q5	0.153***	0.533***	1											
q6	0.268***	0.556***	0.535***	1										
q7	0.244***	0.264***	0.210***	0.356***	1									
q10	0.267***	0.228***	0.194***	0.215***	0.285***	1								
q11	0.180***	-0.302***	-0.188***	-0.182***	-0.125***	-0.140***	1							
q17	0.0670	-0.085**	-0.181***	0.00400	0.00600	-0.064*	0.0160	1						
q18	-0.297***	-0.00400	0.00700	-0.0140	-0.098***	-0.077***	0.00200	0.055*	1					
q21	0.050*	0.0390	0.0510	0.0150	-0.193***	-0.0310	0.081***	-0.0330	0.0390	1				
q43	0.031*	-0.00700	0.0420	0.0540	0.0140	0.0240	0.0540	-0.121***	-0.162***	-0.0280	1			
q45	0.009	-0.0300	-0.00800	0.062*	0.061*	-0.00700	0.0390	-0.121***	-0.135***	-0.0260	0.611***	1		
q47	0.020*	-0.061*	-0.057*	-0.0140	0.068**	0.0300	0.0380	-0.0480	-0.165***	-0.110**	0.515***	0.653***	1	
q48	0.093*	-0.00200	-0.0150	-0.00600	-0.0420	0.00300	0.0110	0.092**	-0.00700	0.205***	-0.202***	-0.299***	-0.313***	1

注：为了制表方便，仅列示和业绩水平（y）有较高相关性的解释变量。其他变量由于缺乏显著性，不予列示。

从相关系数来看，高业绩的表现（y）来自于年龄、本单位工作时间、营销岗位的工作时间、职位等级、职业资质、城市家庭、轮岗经历、良好的敬业态度、高度的服从性等因素。主要变量相关系数矩阵的左下角为PEARSON相关系数，右上角为SPEARMAN相关系数。由于业绩为二分类变量（1表示高业绩；0表示低业绩），故应利用SPEARMAN相关系数进行补充解释。可通过解释变量和被解释变量之间的对应关系看出，其两两关系得到验证。

（三）交互分析

1. 工作时间与业绩表现的交互分析

表12　工作时间与业绩表现的交互表　　　　　　（单位：计数）

	PANEL A 公司工龄			PANEL B 在营销岗位的工龄		
	低业绩	高业绩	合计	低业绩	高业绩	合计
一年以内	57	16	73	70	17	87
	78.1%	21.9%	100.0%	80.5%	19.5%	100.0%
1～3年	35	36	71	56	46	102
	49.3%	50.7%	100.0%	54.9%	45.1%	100.0%
3～5年	42	45	87	21	54	75
	48.3%	51.7%	100.0%	28.0%	72.0%	100.0%
5～8年	21	37	58	17	27	44
	36.2%	63.8%	100.0%	38.6%	61.4%	100.0%
8年以上	13	58	71	4	46	50
	18.3%	81.7%	100.0%	8.0%	92.0%	100.0%
未填答	0	1	1	0	3	3
	0.0%	100.0%	100.0%	0.0%	100.0%	100.0%
合计	168	193	361	168	193	361
	46.5%	53.5%	100.0%	46.5%	53.5%	100.0%

从表12的PANEL A可明显看出，随着在本单位工作时间的延长，营销人员获得高业绩的比率逐步增加——1年以内（21.9%）、1-3年（50.7%）、3-5年（51.7%）、5-8年（63.8%）、8年以上（81.7%），故而可验证，表12遴选的本单位工龄变量的确对高业绩有着显著的线性解释关系。从PANEL B可以看出类似规律，营销岗位的工作时间同样对营销人员业绩具有正向且线性的显著影响，且获取高业绩的比率增长速度更快—1年以内（19.5%）、1-3年（45.1%）、3-5年（72.0%）、5-8年（61.4%）、8年以上（92.0%）。

2. 职业等级、职业资质与业绩表现的交互分析

表13　职位等级、职业资质与业绩表现的交互表　　（单位：计数）

PANEL A	职位等级			PANEL B	职业资质		
	低业绩	高业绩	合计		低业绩	高业绩	合计
一般员工	162	139	301	无资质	137	99	236
	53.80%	46.20%	100.00%		58.10%	41.90%	100.00%
中层	6	47	53	初级资质	21	31	52
	11.30%	88.70%	100.00%		40.40%	59.60%	100.00%
高层	0	6	6	中级资质	10	43	53
	0.00%	100.00%	100.00%		18.90%	81.10%	100.00%
未填答	0	1	1	高级资质	0	19	19
	0.00%	100.00%	100.00%		0.00%	100.00%	100.00%
				未填答	0	1	1
					0.00%	100.00%	100.00%
合计	168	193	361	合计	168	193	361
	46.50%	53.50%	100.00%		46.50%	53.50%	100.00%

从表13可以看出，高层职位等级和高级资质的营销人员，全部取得了前30%的高业绩，相比之下，一般员工和无资质的营销人员能够取得高业绩的比率尚不足50%。

3. 家庭所在地与业绩表现的交互分析

表14 家庭所在地与业绩表现的交互表 （单位：计数）

	业绩表现		合计
	低业绩	高业绩	
城市	74	128	202
	36.6%	63.4%	100.0%
城镇	38	20	58
	65.5%	34.5%	100.0%
农村	56	44	100
	56.0%	44.0%	100.0%
未填答	0	1	1
	0.0%	100.0%	100.0%
合计	168	193	361
	46.5%	53.5%	100.0%

根据员工家庭户籍所在地及其业绩表现，我们可以明显发现家庭户籍为城市的营销人员有更高的概率取得高业绩，可能源于其接受素质教育的环境和良好的家庭教育。其次，农村和城镇家庭户籍的营销人员难以获得高业绩。由于户籍分类超过两类，故而该解释尚可能存在偏误，本文还将利用二元LOGISTIC回归对该发现予以证实。

4. 轮岗经历与业绩表现的交互分析

表15 轮岗经历与业绩表现的交互表 （单位：计数）

	业绩表现		合计
	低业绩	高业绩	
有轮岗经历	67	139	206
	32.52%	67.48%	100.00%
无轮岗经历	92	63	155
	59.35%	40.65%	100.00%
未填答	2	0	4
	50.00%	0.00%	100.00%
合计	161	202	365
	44.11%	55.34%	100.00%

表15显示了轮岗经历对于业绩表现的高度解释力，我们可以明显看出有轮岗经验者的业绩表现突出。该交叉表预示着营销人员在生产技术部门的经历作为无形财富，可以明显提升其对产品工艺的了解程度，进而在与客户交流过程中体现出更高的专业水准，从而博得客户信赖。

5. 态度与业绩表现的交互分析

表16　态度与业绩表现的交互表　　　（单位：计数）

PANEL A	敬业态度		合计	PANEL B	满足现有薪酬		合计
	低业绩	高业绩			低业绩	高业绩	
非常好	79	122	201	满意	53	67	120
	39.3%	60.7%	100.0%		44.17%	55.83%	100.00%
比较好	77	65	142	一般	71	60	131
	54.2%	45.8%	100.0%		54.2%	45.8%	100.0%
一般	12	6	18	不满意	44	66	110
	66.7%	33.3%	100.0%		40.00%	60.00%	100.00%
合计	168	193	361	合计	168	193	361
	46.5%	53.5%	100.0%		46.5%	53.5%	100.0%
PANEL C	人脉拓展能力		合计	PANEL D	服从性		合计
	低业绩	高业绩			低业绩	高业绩	
4-5级	17	14	31	重要	152	188	340
	54.84%	45.16%	100.00%		44.71%	55.29%	100.00%
1-3级	151	179	330	不重要	16	5	21
	45.76%	54.24%	100.00%		76.19%	23.81%	100.00%
未填答	0	5	5	未填答	3	3	6
	0.0%	100.0%	100.0%		50.0%	50.0%	100.0%
合计	168	198	366	合计	171	196	367
	45.9%	54.1%	100.0%		46.7%	53.6%	100.3%

表16综合反映了营销人员从业态度与业绩表现之间的交互关系。从PANEL A可以看出，高敬业态度是促成销售的重要因素；从PANEL B可发现，满足现有薪酬的员工很难获得较好的营销效果，反倒是不满足现状的营销人员能够自我进取，跻身前30%；从PANEL C可以看出，人脉拓展能力是营销法宝，能够妥善经营客户关系是营销岗位获得高业绩的必要技能；从PANEL D可以看出，能够服从组织安排的员工往往可以取得较好的营销效果。

如下将利用回归分析对上述发现予以证实。

（四）二元Logistic回归分析

表17　基于最大似然比的步进Logistic回归模型结果

	B	S.E,	Wald	df	Sig.
常量	−8.485	1.479	32.933	1	0
Q2.您的年龄	0.216	0.044	0.129	1	0.019
Q5.您在公司的工作时间	0.484	0.125	15.143	1	0.000
Q6.您从事营销岗位的工作时间	0.469	0.132	12.615	1	0.000
Q7.您的职位等级	1.514	0.538	7.904	1	0.005
Q10.您的职业资质	0.633	0.199	10.107	1	0.001
Q11.您的家庭位于	−0.277	0.163	2.895	1	0.089
Q17.您是否有生产或技术部门的工作经历？	0.46	0.313	1.664	1	0.031
Q18.您如何评价自己的敬业态度？	0.628	0.249	6.349	1	0.012
Q21.您对自己目前的薪酬水平满意吗？	−0.345	0.152	5.181	1	0.023
Q22.您对部门绩效激励政策（如奖金分配）满意吗？	0.281	0.357	4.669	1	0.001
Q29.您认为服务意识对所从事工作有多重要？	0.389	0.293	3.437	1	0.012
Q31.您认为成就动机对所从事工作有多重要？	0.409	0.462	3.243	1	0.002
Q45.您觉得做好本职工作拓展人脉能力需要达到以下哪种程度	0.426	0.226	3.558	1	0.001
Q46.您认为主动性对所从事工作有多重要？	0.391	0.297	8.741	1	0.025
Q48.服从性对您所从事的岗位有多重要？	0.43	0.126	11.668	1	0.001
Q56.说服影响力对您所从事工作有多重要？	0.421	0.471	3.929	1	0.003

续表

	B	S.E,	Wald	df	Sig.
−2 对数似然值	324.333a				
预测精确度	80.01%				
案例数	361				

二元Logistic回归模型所得主要结论：

1. 模型构建原则：按照LR原则进行逐步向后回归，模型共保留16项与被解释变量（二分类：是否高业绩）在0.1水平上高度相关的自变量。

2. 从整体回归效果来看，根据−2对数似然值（324.333）可知该模型整体有效。根据实际值和预测值的匹配表及其报告的预测精确度可知，模型判准率高达80.01%。

3. 从进入模型自变量的解释能力来看，14个变量存在明显的解释效果差异，从高到低依次是：职位等级、职业资质、工作主动性、工作时间、信息搜集能力、营销岗位的工作时间、生产或技术部门经历、薪酬满意度、年龄等14个变量。如图1所示（按影响程度取前9个变量）。

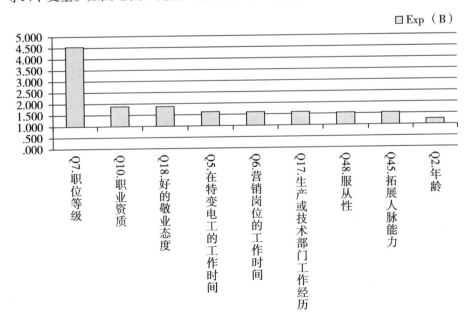

图1 与业绩正相关的变量作用排序

一方面，我们可从回归结果总结四项促进业绩的因素。

1. 值得注意的是，职业等级和职业资质对于营销人员业绩表现影响最为显著，职业等级和职业资质正是职业从业能力的表征，将对营销人员的业绩起到较大的支撑作用。上述两个变量所对应的ODDS RATIO 超过1.5，表明高职业等级和职业资质的营销从业人员能够取得较高的业绩。进一步地可以看出，具有中级、高级资质的营销人员取得的业绩相对较好，无资质的营销人员取得的业绩低于平均业绩。因此，应当对营销队伍中现有的无资质和初级资质的营销人员强化在职培训力度。

2. 本单位工作年份、本岗位工作年份、人员年龄等时间因素同样对营销业绩表现有较大的正向促动。从模型结果来看，年龄在31岁以上且在营销岗位上工作3年以上的员工更容易取得好的业绩。从数据分析上看，若将年龄阶段划分为若干个虚拟变量，可以发现工作在1年以内的营销人员经验欠缺，业绩较差。

3. 轮岗经历是提升营销人员业绩的必然途径，有轮岗经历者取得高业绩的概率约为缺乏轮岗经历的1.6倍。其政策含义在于，让营销人员在生产和技术部门获取相关经历将有助于提升其营销成功的可能。

4. 较强的服从性和积极拓展客户关系也是营销人员的必要技能，此处的服从性不但是指对公司内部的服从性，也应该包含有对公司对应客户所提需求的服从性。从模型来看，"服从性""人脉重要性"变量的解释能力（EXP（B））超过1.5，说明个人素能是从事营销工作不可缺少的要素。结合描述性统计可知，认为服从性重要和非常重要的营销人员合计共占比重的93.7%，可见服从性已经得到营销人员认同。从推断性统计可进一步得知，服从性更是提升业绩岗位取得业绩的一项要因。

5. "成就动机"和"说服影响力"是营销员具备重要素质能力。从模型来看，"成就动机"和"说服影响力"两个变量的解释能力（EXP（B））接近1，且根据描述性统计分析，认为上述两个变量"重要"和"非常重要的"的占比超过85%，可见，"成就动机"和"说服影响力"是高业绩营销人员必备的素质能力。

另一方面，我们还能够根据EXP（B）能够发现两项不利于业绩表现的因素，如图2所示。

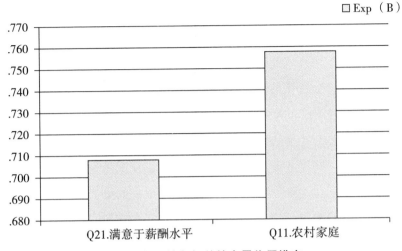

图2　与业绩负相关的变量作用排序

这些因素的阻力大小依次为满意于薪资现状、来自于农村家庭。

1. 满意于薪酬水平者取得高业绩的概率仅仅相当于不满足现状者的70.80%，说明了营销岗位需要从业人员具有不断开拓进取的精神。

2. 来自农村家庭的营销人员取得好业绩的概率仅为来自城市家庭营销人员的75.80%，说明城市教育可能提供较好的素质教育环境和较开阔的知识视野，都能够提升营销魅力，进而为营销人员的自身发展奠定长足的基石。

七、主要结论与相关建议

此次调查以公司一线销售人员为研究对象，主要目的是了解营销人员业绩的影响因素。针对这一目的，通过收集上来的问卷汇总数据，运用数据分析，包括有频率分析、相关性分析、交互分析、二元logistics回归分析等方法分析出影响业绩因素的模型。通过模型的建立来分析出各个影响因素对业绩影响的大小，寻找出了主要的影响因素，得出以下主要结论：

1. 对公司营销人员销售业绩有显著影响的变量有以下14个变量，依次是：职位等级、职业资质、工作主动性、工作时间、信息搜集能力、成就动机、客户拓展能力、营销岗位的工作时间、轮岗经历、生产或技术部门经历、薪酬满意度、年龄、主动性、说服影响力等。各级人力资源部门应配合市场部门结合上述对业绩有显著影响的因素开发面试题库及测评方法。

2. 具有中级、高级资质的营销人员取得的业绩相对较好，无资质的营销人员取得的业绩低于平均业绩。因此，培训学院及各单位应当对营销队伍中现有的无资质和初级资质的营销人员，有针对性的强化与营销业务紧密相关的产品、技术及营销技巧等方面的培训力度。

3. 年龄在31岁以上且在公司/营销岗位上工作3年以上的员工更容易取得好的业绩。因此，建议我们在选拔营销经理时，在满足基本素质能力的基础上重点关注31岁以上，且在营销岗位上工作3年以上的员工。

4. 轮岗经历是提升营销人员业绩的必然途径，有轮岗经历者取得高业绩的概率约为缺乏轮岗经历的1.6倍。因此，建议在培养和选拔营销人员时，应加大其在生产和技术部门的轮岗力度和时间，在充分了解公司产品和技术的基础上，逐步开展营销工作，这样取得高业绩的概率要远高于没有轮岗经验的人员。

5. 满意于薪资水平者取得高业绩的概率仅仅相当于不满足现状者的70.80%，一方面，说明了营销岗位需要从业人员具有不断开拓进取的精神，另一方面，因此，建议各单位人力资源部及市场部门应及时掌握营销人员思想动态，根据实际情况制定差异化的薪酬激励政策，使营销人员始终保持高昂的斗志和热情。

6. 来自农村家庭的营销人员取得好业绩的概率仅为来自城市家庭营销人员的75.80%，说明城市教育可能提供较好的素质教育环境和较开阔的知识视野，都能够提升营销魅力，进而为营销人员的自身发展奠定长足的基石。其政策建议在于，我们在招聘过程中可以适当偏向招收城市应届毕业生源或来自城市生活背景的跳槽者。

7. "服从性"和"积极拓展客户关系""成就动机"和"说服影响力"是营销人员需具备的突出的素质能力。从模型来看，"服从性""人脉重要性"变量的解释能力（EXP（B））超过1.5，"成就动机"和"说服影响力"

两个变量的解释能力（EXP（B））接近1，同时结合描述性统计可知，认为上述四项素质能力重要和非常重要的营销人员合计占比均超过了85%。

根据本次调查所得出的政策结论，一方面，说明我们现行的部分营销人员的选拔和测评方式是正确，同时也使我们对选拔和测评营销人员的标准更加明确和清晰。另一方面，我们在对营销人员如何取得高业绩的影响因素主观认识与调查数据分析后的结果还存在一定偏差。上述研究中对营销人员是否能够取得良好销售业绩有显著影响作用的因素都不只是一个方面，包括人力资源、财务、培训、团队建设等各个方面。

八、实践效果分析

结合上述研究结论，一是在营销序列人才引进方面，人力资源部适时调整了营销序列人员选用标准，修订完善了营销人员胜任力素质模型，并针对"服从性""积极拓展客户关系""成就动机""说服影响力"等素质能力测评，制定完善了营销人员核心素质能力的评价维度、方法和标准；二是在营销人员培养方面，人力资源部组织各经营单位针对营销后备人员，制定轮岗计划，重点在生产车间、研发部门等条块进行轮岗，轮岗周期6个月，以期提高营销人员对产品的熟识度，更好地开展营销工作；三是在营销人员薪酬激励方面，人力资源部组织各经营单位对产业营销人员的薪酬激励政策进行修订完善，使营销人员保持营销热情和成就动机。

通过上述措施，一方面，人力资源部在制定人力资源政策时能够更加贴近业务，能够更好地围绕国内外市场业务需求，针对营销人员实际情况及存在的问题，有针对性、有计划、有方法的开展营销序列人才团队建设工作，为公司国内外市场战略实施提供优质的人力资源保障。一方面，根据人力资源部后期跟踪数据调查显示，在成熟营销人才选聘中，能够做出较大市场业绩的人员比例有了一定程度的提高；通过对现有营销人员核心素质能力培训，整体销售业绩亦有所上升，客户反馈较好。后期，人力资源部将持续对本单位营销人员予以关注，以销售业绩是否提升作为检验人力资源各项政策是否有效的主要标准。

基于胜任力模型的
人力资源管理专业教学模式改革探究①

吴元民

在高等教育大众化背景下，不断加强教学模式改革是提升毕业生就业能力的关键，本文以人力资源管理专业为对象，首先通过对胜任力模型相关研究成果的梳理，提出初级人力资源管理人员的胜任素质模型，然后通过访谈法最终确定初级人力资源管理人员胜任素质模型的构成要素，最后根据这些胜任特征从教学思想、教学目标、操作程序、实现条件、教学评价五个方面提出了人力资源管理专业教学模式改革的具体设想。

随着社会分工的日益精细化，企业界人力资源管理工作的专业性不断加强，同时对高校人力资源管理毕业生的专业素质要求也越来越高。然而高等教育传统的教学模式并不能及时调整以适应现代社会对人才的需求，同时高等教育由精英教育向大众教育的转变使得专业人才质量培养的精准性大大降低，而胜任力模型的提出可以很好地解决这一问题。本文通过分析决定人力资源管理毕业生绩效优劣的岗位关键胜任特征，并以此为依据提出人力资源管理专业教学模式改革的基本思路，为今后的人力资源管理专业教学模式创新及毕业生顺利就业提供新的参考。

———
① 基金项目：福建农林大学20158年本科教学改革项目；福建农林大学管理学院人力资源团队阶段成果。

一、文献回顾

（一）胜任力及胜任力模型

关于胜任力的研究由来已久，其在管理领域的研究与应用最早可以追溯到1911年的科学管理理论，Taylor提出的"时间——动作研究"中涉及动作和时间的最佳匹配问题。Flanagan（1954）则通过分析管理者的工作，主张运用关键事件法认定其工作要素。直到1973年McClelland在《测量胜任力而非智力》中明确提出用胜任力测验替代智力和能力倾向测验，才使得胜任力的研究成为理论关注的焦点。尤其是近30年来，关于胜任力的研究越来越广泛深入。Fletcher（1992）认为胜任力是指完成工作所需的知识、技能与能力，而Fleishman，Wetrogen，Uhlman & Marshall – Mies，1995；Ledford，1995；Byham，& Moyer，1996；Mirabile，1997；Parry，1998；Green，1999）则认为还应该包括价值观、行为、动机、工作习惯等特征的集合。国内学者谢巍（2008）认为胜任力是指在工作情境中，个体为成功地完成其职务角色所必备的个性、知识、技能、能力等关键特征。关于胜任力的概念众说纷纭，但是被广泛认可的定义是由Spencer，McClelland & Spencer（1994）提出：能将某一工作（或组织、文化）中有卓越成就者与表现平平者区分开来的个人的潜在特征，它可以是动机、特质、自我形象、态度或价值观、某领域知识、认知或行为技能——任何可以被可靠测量或计数的并能显著区分优秀与一般绩效的个体特征。基于胜任力的概念，学者们又提出了胜任力模型的概念：胜任力模型是指承担某一特定的职位角色所应具备的胜任特征要素的总和，即针对该职位表现优异者要求结合起来的胜任特征结构。

（二）人力资源管理人员胜任力模型

关于人力资源管理人员胜任力模型的研究，国内外学者都做了较多的尝试。Lawson（1990）通过调查发现人力资源从业者的关键胜任力与以下技能密切相关：功能与组织领导、目标管理、商业知识、影响力管理、人力资源的技能等。Marquardt & Engel认为人力资源管理人员胜任力应从态度、技能和知识角度研究（1993）；其胜任力模型包括：人力资源管理技能、商业技能、变革技能和人际信任（Young，Brockbank & Ulrich，1994；Wilhelm，1995）。Gosline（1996）则基于工作内容提出人力资源管理人员胜任力模型包括商业联系、人力资源服务支持与问题解决以及咨询与支持变革。美国人力资源管理协会（SHRM）将领导能力、管理、职能与个人胜任力作为人力资源管理人员成功的核心胜任力。进入21世纪，关于人力资源管理人员胜任力模型的研究出现了新的观点。Lipiec（2001）认为欧洲企业人力资源管理人员必须具备八项技能：管理变革、团队管理、传统方法应用、辅导与沟通、一般管理、经营管理、国际化和跨文化管理技能及人力资源管理理念。而Way（2002）则认为这八项胜任力是良好的个人品性、团队合作、交流能力、对未来的把握能力、理解与解决问题能力、谈判的能力、决定的能力以及想象的能力。Johnsona &Kingb（2002）通过文献研究认为人力资源从业者的胜任力包括良好的品性、交流、处理关系、实际处理问题能力、基本操作技能与谈判能力。Welford（2005）研究指出，人力资源管理者必须精通以下技巧："自我意识、风度、服务定位、交流沟通、展示和促进、指导、建立合作关系、革新与创新成果。"Brockbank & Ulrich（2007）经过三次完善，建立了新的模型：可靠地实干者、行业联合、运营执行者、文化和变革管理者、人才管理者/组织设计者以及战略变革设计者六大胜任能力。

国内学者中，顾琴轩、朱牧（2001）通过调查发现，上海企业人力资源管理人员认为最重要的8项胜任力是值得信赖、解决问题、识人能力、沟通能力、人力资源专业知识、学习能力、服务意识和分析能力。陈万思、任玮与姚圣娟（2006）通过访谈和自编的胜任力量表构建了胜任特征模型：赢得支持、以身作则、有效分配、自信、激励他人、号召力、增进士气、保密性、人力资源管理专业能力、坚持、更新知识、人力资源管理信息系统应用和商业知识。郑晓明、于海波与王明娇（2010）通过问卷、访谈明确中国企业人力资源专业人员的胜任力结构包括：由个人特质、人力资源管理技能、战略性贡献及经营知识4个维度14个胜任力因素。

（三）大学生就业胜任力结构模型

这里的大学生就业胜任力结构模型是一个针对大学生就业的通用模型，区别于专门针对某一职位角色的特征，即在不同行业、不同岗位上的大学生员工所共同具有的胜任特征。简而言之就是指大学生在就业时所需要的能力、素质等共性特征。刘泽文，王裕豪（2010）所建构的大学生就业通用胜任特征模型为五维度模型共21项胜任特征，其中自我提升能力和压力应对能力是预测大学生就业胜任特征的最主要因素。贾建锋、赵希南等（2011）通过探索性因子分析和验证性因子分析方法明确了大学生就业胜任力模型包括行为胜任特征维、情感胜任特征维、元胜任特征维、知识技能维和价值、品质与特质维5个维度，共计29个要素。

（四）文献述评

通过上述对胜任力相关文献的回顾，可以看出关于胜任力及胜任力模型内涵的研究，经过几十年的探讨学者们基本上形成了统一的意见。在人力资源管理人员胜任力模型研究上观点较多，不同学者的研究情境差异导致他们的结论不同。在研究方法上他们普遍采用问卷调查、行为事件访谈、因子分析等实证分析方法确定人力资源管理人员的胜任力结构特征。在研究的对象上却层次各异，Spencer（1993）首先指出，应该根据人力资源从业者所处的层次进行胜任力的研究。一般人力资源管理从业者的胜任力特征往往侧重于一般的人际关系技能和操作技能，而经营者或者管理者胜任力特征则更倾向于运营、变革管理、战略决策等概念性技能。另外不同学者的研究结论也受到选择样本的地域、行业、工作经验等因素的影响。在大学生就业胜任力结构模型的研究上文献数量较少，虽然研究角度各异，但是研究方法和结论大同小异，胜任力特征模型各种能力和特质同义或相互重叠，对大学生就业胜任力结构模型的构成要素意见基本一致。

二、初级人力资源管理人员胜任力模型的确定

初级人力资源管理人员即面临毕业马上踏上人力资源管理相关岗位的人力资源管理毕业生。通过以上文献的分析可以看出，上述人力资源管理从业人员胜任力特征的研究样本集中于已经具备一定工作经验的人，但是通过他们的研究结论我们仍然可以归纳出一般人力资源管理人员应该具备的胜任力特征要素。另外通过上述大学毕业生就业胜任力结构模型的分析，可以获得作为人力资源管理应届毕业生应该具备的胜任特征，因此笔者结合这两方面的文献研究，通过对人力资源管理从业人员胜任力特征和大学毕业生就业胜任力结构特征的梳理和筛选，保留其中重叠频次比较高的特征要素，合并含义相同或相近的能力、特质要素，从而总结出初级人力资源管理人员的胜任力模型，然后再通过对人力资源管理从业者的访谈和问卷调查，最终确定初级人力资源管理人员的胜任力模型如下（见表1），共计5个维度，24个构成要素。需要说明的是由于计算机技能、外语语言能力、人力资源管理工作经验、一般管理知识这四项技能不是人力资源管理专业的专属技能，故未包含在上表中。

表1　初级人力资源管理人员胜任力模型

胜任力模型维度	胜任特征要素	要素数量
行为胜任特征维度	领导能力、组织协调能力、执行能力、沟通能力、时间管理能力	5
情感胜任特征维度	自我控制能力、压力管理能力、适应能力、人际交往能力、亲和力	5
元胜任特征维度	学习能力、思维能力、问题解决能力、创新能力、团队协作能力	5
价值、品质与特质维度	正直诚信、责任感、灵活性、自信、成就动机、主动性、服务意识	7
知识技能维度	人力资源管理专业知识及技能、写作能力	2

注：本表数据由笔者根据相关文献资料整理。

三、人力资源管理专业教学模式改革思路及设想

通过以上分析可以看出，人力资源管理专业毕业生的核心素质包含5个维度，24个构成要素，其中元胜任特征维度和价值、品质与特质维度的个别要素由成长经历决定，后期很难改变，比如学习能力、创新能力、灵活性、成就动机等；其他方面的能力素质完全可以通过后期的练习和实践培养。因此高校的专业教学可以集中在这几个方面进行教学模式创新的探索，全面提高人力资源管理专业毕业生的就业胜任力。教学模式一般包括教学思想、教学目标、操作程序、实现条件、教学评价五个部分，下面笔者从这几个方面展开论述。

（一）教学思想

教学模式都是在一定的教学理论或教学思想指导下建立的。笔者认为人力资源管理专业教学应该结合各门专业课程特点以非指导性教学模式为主、程序教学模式和结构主义教学模式为辅。在教学中以学生为中心，强调学生的"自我实现"，改变过去传统的向学生灌输知识和材料的"无意义学习"，教师通过非指导性谈话帮助学生创设一种适宜的学习环境，使其在学习环境中激发求知欲，教师的作用只是促进学生的变化和学习，通过采用各种教学措施和手段为学生个性的充分发展创造条件，因此教师只是学习的促进者、协作者，学生才是学习的关键，比如案例讨论、角色扮演就是积极挖掘学生的内在主动性，教师只要在必要的时候给予一定的指导和评价，主要的工作都由学生完成。但是学生的积极主动参与必须以一定的专业知识为基础，因此学生必须掌握人力资源管理的基本概念和技能，因此教师可以在前期基础知识教学阶段，把学习材料分解成有序的片段人为地设计环境刺激，通过对反应的强化和塑造，使学生频繁地做出反应，达到培养学生各方面专业胜任力的目的。

（二）教学目标

教学功能目标是教学模式构成的核心要素，它影响着教学模式的操作

程序和师生的组合方式，也是教学评价的标准和尺度。人力资源管理专业教学的目标应该包含三个维度：知识与技能目标，过程与方法目标，情感、态度与价值观目标。知识和技能是人力资源管理专业学生必须掌握并懂得应用的专业知识和实操技能，并能运用相关知识技能解决现实的人力资源管理问题，这也是专业培养的基本目标。过程与方法目标是在知识和技能目标基础上的提高，即人力资源管理专业学生通过相关理论和实践的学习，掌握人力资源管理内在的规律性，今后能触类旁通独立处理好相关工作，即教师通过做中学、学中做、反思等方式要教会学生如何从工作中学习的方法和技巧。情感、态度与价值观目标是对学习过程和结果的主观经验，主要就是通过专业课程模块和内容的学习，使学生对人力资源管理专业产生浓厚的兴趣，并形成高度的认同感，在专业课程的学习中养成基本的职业素养和职业价值观，逐渐培养其价值、品质与特质维度各方面能力，为今后从事人力资源管理管理工作打下坚实的思想基础。

（三）教学结构及操作程序

人力资源管理专业教学结构应该根据具体的教学内容和学生的知识层次水平以"主导——主体"的教学结构为主、辅之以"教师为中心""学生为中心"的教学结构。教师作为主导，在教学中应该善于创设和谐的学习情境，鼓励学生主动参与并合作学习，积极培养调动其学习兴趣。为了教学活动的顺利实施，学生对专业的基本理论和技能前期应该有一个输入的过程，这个阶段可以在课下自学或者课堂"教师为中心"的传授。因此整个教学活动的程序如图1所示。

课前教师应该明确学生应该自学的内容和材料，让学生在课前形成基本的知识和理论架构，并将学习时的疑惑做好记录。课堂上教师根据本次课程的具体内容有针对性的设计教学活动，比如招聘可以设计模拟招聘、人力资源规划可以设计沙盘模拟等使同学们参与其中，必要时教师给予专业指导，活动结束后可以采用团队的形式分享交流互相点评，教学过程中不仅学到了专业知识，同学们的元胜任特征、情感胜任特征以及行为胜任特征的各方面能力都能得到很好的锻炼和提升。课后教师要对整个教学过程进行反思，学生则通过专业及课程实习、专业技能大赛等实践教学环节反复应用操练自身的专业知识技能。

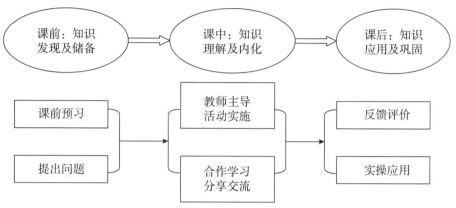

图1　人力资源管理专业教学程序设计图

（四）实现条件

人力资源管理专业教学的实现条件应该以多媒体教学为主、同时辅之以实验室教学、实践教学、专业技能大赛等实践教学支撑。人力资源管理虽然是一个实践性很强的学科，但其基本理论的学习需要借助网络教学、多媒体等技术，而且绝大多数专业课程也是通过课堂上集中授课实现，但是不同的授课内容及方式对授课条件提出了不同的要求。传统的教学方式要求桌椅有序摆放，而分组的案例讨论教学则需要圆桌会议式的座次，角色扮演及拓展训练等教学方式则需要广阔的教学场地。个别课程也会涉及课程实习，比如劳动关系管理、招聘及人员规划等课程，此时需要学院或学校层面的实习基地写作实现。其次，人力资源管理实验室建设也为实践教学水平的提升提供了很好的契机，当下人力资源管理实验室常用的软件有人员素质测评软件、企业沙盘模拟软件、薪酬管理软件等，这些软件都可以帮助学生更好的理解分析现实的人力资源管理问题。最后人力资源管理专业技能大赛比如职业生涯规划大赛、模拟招聘大赛、人力资源管理沙盘竞赛等赛事也为检验和培养人力资源管理胜任力提供了很好的机会。

（五）教学评价

教学评价方面要调整传统的全部以学生评教为主、督导评教为辅的评价机制，而应建立人力资源管理专业教学综合评价体系，主要从过程和结果两个维度进行评价。过程维度侧重学生的主观反应，让其对教学方式方法进行客观评价，该部分占比20%；结果维度主要包括三个方面：一是学生平时的课程测评成绩，其成绩的高低反映了知识技能的掌握程度，占比20%；二是学生参与各种专业技能大赛的获奖情况，该部分反映了学生专业技能知识的运用能力，占比10%；三是将实习单位或就业单位对毕业生的绩效评价作为专业教学评价的重要方面，这个评价结果反映了人力资源管理专业毕业生岗位胜任力水平的高低，也是大学四年专业培养结果的集中体现，更是验证大学四年专业教学模式优劣的唯一标准，占比50%，但实施起来有一定的困难，因为实施周期较长，且用人单位评价标准不同，关键是不一定配合。因此也可以在毕业前，由学校对毕业生组织一次全面的专业人员素质测评工作，由专门的人员测评专家对毕业生的素质能力进行评定。总之，从过程和结果两个维度多方面评价可以较全面的掌握人力资源管理学生岗位胜任力的水平。

四、总结

由此可以看出人力资源管理专业教学模式改革是一个系统性工程，而初级人力资源管理专业人员胜任力素质模型的建构为高校教学模式改革提供了新的方向和思路。通过研究和建立胜任力素质模型，其中的行为胜任特征维度、情感胜任特征维度、元胜任特征维度、知识技能维度等方面的大部分能力可以通过设计特定的教学活动进行培养和提升，而对于价值、品质与特质维度各方面的能力和品质也可以通过反复的环境刺激予以循序渐进的改善。教学模式的创新，关键是教学思想的转变，教师角色的重新定位，教学目标、教学程序、实现条件和教学评价随之进行调整。借此以提升高校人才培养模式的目的性和针对性，使培养的初级专业人才在就业市场上更有竞争力和适应能力。

【参考文献】

［1］Flanagan J.C.*The Critical Incidents Technique* ［J］.Psychological Bulletin，1954，（51）.

［2］David C. *McClelland. Testing for competency ratherthan intelligence* ［J］. American Psychologist，1973，（28）.

［3］Fletcher. S. NVQs. *standards and competence*：*Apractice guide for employers management and trainers* ［M］.London：Kogan，1992.

［4］Fleishman，E. A. *development of prototype occupational information network content model* ［M］.Utah：Utah Department of Employment Security，1995.

［5］Ledford G. E. J r. *Paying for the skill，knowledge，and competencies of knowledge workers* ［J］. Compensation and Benefits Review，1995，27（4.

［6］Blancero D. Boroski J . and Dyer L. *Key competencies for a transformed human resource organization*：*results of afield study* ［J］. Human Resource Management，1996，35（3）.

［7］Mansfield R. S. *Building competency models*：*approaches for HR professionals* ［J］.Human Resource Management，1996，35（1）.

［8］Byham W. C. Moyer R. P. *Using competencies to build a successful organization* ［M］. Washington：Development Dimensions International Inc，1996.

［9］Mirabile R. J. *Everything you wanted to know about competency modeling* ［J］. Journal of Training and Development，1997，51.

［10］Parry S. B. *Just what is a competency? and why should you care*？［J］ Training，1998，（6）.

［11］Green P. C. *Building robust competencies*：*Linking Human Resource systems to organizational strategies* ［M］. San Francisco：Jossey – Bass，1999.

［12］Spencer L. M. McClelland D. C. Spencer S.*Competency Assessment Methods*：*History and State of the Art* ［M］. Boston：Hay – McBer Research Press，1994.

［13］Marquardt M. J., Engel D. W. *Global human resource development*［M］. New Jersey: Prentice – Hall, Inc.1993.

［14］Arthur Young, Wayne Brockbank, *Dave Ulrich.Lower cost, higher value: human resource function in transformation*［J］, Human Resource Planning, 1994,（17）.

［15］Wilhelm W. R. Response to '*Reexamining professional certification in human resource management*' *by Carolyn Wiley*［J］. Human Resource Management, 1995, 34（2）.

［16］Ulrich D., Brockbank W., Yeung A. K., Lake D. G. *Human resource competencies: an empirical assessment*［J］. Human Resource Management, 1995, 34（2）.

［17］Gosline K. *A competency profile for human resource : No more Shoremakerps children*［J］. Human Resource Management, 1996, 35（1）.

［18］Jacek Lipiec. *Human resource management perspec2tive at the turn of the century*［J］. Public Personnel Management . 2001, 30（2）.

［19］Philip K. Way. HR/ IR professionals' educational needs and master's program curricula［J］. Human Resource Management Review, 2002, 12（4）.

［20］C. Douglas Johnsona, James Kingb. *Are we properly training future HR/ IR practitioners ? a review of the curricula*［J］. Human Resource Management Review, 2002, 12.

［21］T Lawson.*The Competency Initiative: Studies for Excellent for Human Resources Executives*［M］. Minneapolis, MN: Golle & Holmes Custom Education, 1990.

［22］Terry Welford. *Survivor Skills That Can Help HR Managers Survive and Thrive*［J］. Employment Relations, Autumn 2005, 32（3）.

［23］顾琴轩，朱牧.人力资源专业人员胜任力研究［J］.中国人力资源开发，2001（9）.

［24］郑晓明，于海波，王明娇.中国企业人力资源专业人员胜任力的结构与

测量［J］.中国软科学，2010（11）.

［25］谢巍.人力资源管理专业人员胜任力研究［J］.中国人力资源开发，2008（5）.

［26］陈万思，任玮，姚圣娟.中国企业人力资源管理人员胜任力模型实证研究［J］.华东经济管理，2006（12）.

［27］贾建锋，赵希南，孙世敏，赵文举.大学生就业胜任特征结构模型的实证研究［J］.高等工程教育研究，2011（6）.

［28］吴元民.大学生自我管理影响因素及技能提升探析——以福建农林大学为例，黑龙江高教研究，2015（8）.

［29］龚晶晶.翻转课堂下的人力资源管理课程教学模式探究［J］.韶关学院学报·社会科学，2015（9）.

［30］孙荣霞.基于胜任力模型的人力资源管理专业实践教学体系研究［J］.中国成人教育，2013（19）.

单位：福建农林大学管理学院

培训与开发

PEI XUN YU KAI FA

核心管理团队培养方法探究

彭　璐

核心管理团队是组织中掌握关键资源，能够参与企业重大决策，对组织的生存、发展起着至关重要作用的群体，主要包括公司领导班子和中层干部。核心管理团队的特征有：它是企业的中心节点和指导小组；各成员之间相互依赖、相互联系；有共同的目标和目的；有挑战性的氛围；成员的知识和技能相互补充；具有层次性等。培养核心管理团队的主要方法包括：加强"一把手"建设、实施干部年度绩效考核、抓好干部选拔及竞聘、开展系统化培训、干部轮岗交流、建立干部关怀机制、实施干部退出机制、后备干部队伍建设等。建立和完善核心管理团队建设长效机制的目的，在于坚持用制度管班子、管队伍、管工作、管作风，推动公司各项工作不断上新台阶。

一、引言

（一）概述

小成功靠个人，大成功靠团队。现代企业更需要加强团队建设，需要快速适应市场需求，提升工作效率，面临激烈的市场竞争环境，企业需要结合组织内不同的资源做出迅速的市场反应，只有高绩效的团队才能发挥出最高的效能。那么就提出了对企业管理团队的要求，建立一个高效的管理团队对一个企业而言是重中之重。核心管理团队是组织中掌握关键资源，对组织的生存、发展起着至关重要作用的群体。在企业组织里，如何识别并培养核心团队，是企业领导者必须认真思考的重要课题。

1. 选题背景与意义

管理界流行着这样一句话：一头狮子带领的一群羊可以打败一头羊带领的一群狮子。说明了核心管理团队的重要性。领导者必须具备把握方向和机会的能力，这对企业的发展尤为重要。2015年，泉州石化以"三严三实"论述为指导，落实"人才强企"战略，以强化作风建设和管理素养、加强班子建设以及提升干部队伍综合管理素质为重点，构建系统化干部培养建设体系，争取为泉州石化"优质经营、科学发展"提供人才保障。通过一系列加强管理团队建设活动，全面加强思想建设、业务建设、制度建设和各级领导班子建设，抓教育促工作、促发展、促建设，提高经营管理水平；建立和完善干部队伍建设长效机制，不断提高科学发展能力、服务大局能力、履行岗位职责能力。

2. 本文研究的主要内容及研究方法

本文旨在探究当前泉州石化核心管理团队现状，以及建立核心管理团队素质模型。此外，本文围绕践行"三严三实"，加强管理团队建设"主题，重点探讨泉州石化目前正在开展的管理团队建设工作，以及已规划好的、拟将逐一实现的核心管理团队建设工作。

（二）干部队伍是企业核心战略资源

企业是否能有效地利用核心管理团队，将是一个企业能否持续发展和基业长青的重要因素。因此，干部队伍是泉州石化最重要的战略资源。作为一个团队，昨天曾经一起走过，今天一起奋斗，而明天究竟要往哪里去？对于泉州石化而言，即如何发挥干部队伍作为核心战略资源的价值。如果能够解答出这个问题，并能够得到干部队伍的认同，那么也就能够收住他们的心。只要使干部队伍的"心"能够留住，那么自然而然也就能够实现企业的维稳与发展。

二、核心管理团队现状研究

（一）核心管理团队的角色定位

真正的团队，是能够为企业发展的共同目标奋斗。什么是团？一群有才能的人按一定规则组成的一个完整的封闭系统。第一层是人，第二层是组织规则，第三层是完整封闭的系统。

企业要发展，需要一个稳定、可靠的管理团队。核心管理团队是公司发展的重要力量，要提升公司的核心竞争力，就必须要有一支有胆有识、有谋有略的精英管理团队。因此，搭建一个优秀的核心团队是第一要务，一个强有力的核心团队能够有效促使企业领导力提升及核心竞争力的增强。从泉州石化发展进程来看，核心管理团队是一个动态变化的过程，他们是组织中掌握关键资源，对组织的生存、发展起着至关重要作用的群体。企业能否在激烈的竞争中生存和发展，核心管理团队起着决定性的支撑与主导作用。

（二）泉州石化核心管理团队现状分析

截至2015年10月20日，泉州石化公司领导及中层干部人数共计99人（不含中化辽宁）。来自中石化齐鲁石化14人，中化集团12人，中石化燕山石化8人，中石化青岛炼化9人，中石化长岭石化4人，中石化福建联合石化4人，中石化洛阳石化3人，中石化其他公司14人，中石油其他公司12人，其他公司19人。综合来看，当前泉州石化核心管理团队存在以下几方面特点。

1. 主流价值观正向趋同，但文化融合有待加强

与其他炼厂情况不同的是，泉州石化的干部队伍来自五湖四海，思维方式、工作理念存在较大差异。当我们从塑造企业人的角度来分析的时候，要进一步明确的一点，就是文化的融合和创新是一种管理诉求。文化融合不是简单的文化兼并和渗透。因此，泉州石化首先要解决的是文化认同问题，即共生、共创、共荣。鉴于当前现状，泉州石化干部队伍的思想有待进一步统

一，对于企业文化认同度仍需提升。

2. 秉承行业优良传统

泉州石化干部队伍大多秉承制造业从业者的诸多优良品质，吃苦耐劳，奉献意识强。工作作风优良、奉献意识强烈的干部队伍，是提升企业管理水平的根本保证。

3. 重技术、轻管理

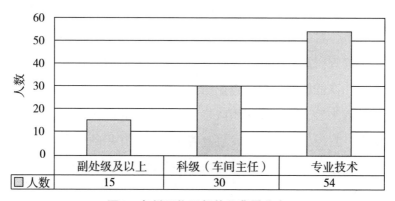

图1　泉州石化干部从业背景分布

数据统计表明，泉州石化干部队伍多数是技术出身，长年累月即形成"重技术、轻管理"的模式。不难看出，泉州石化干部队伍按照从业背景分布划分，副处级及以上为15人，科级（车间主任）为30人，专业技术为54人。可见，干部队伍中具备全面管理经验的人数并不多。加之生产型企业的固有特点，多数干部是从生产一线成长起来，技术出身的居多，久而久之，就演化成"重技术、轻管理"的模式。

4. 思想、业务素质有待提高

发现存在部分干部队伍工作因循守旧，墨守成规。学习的自觉性、积极性和主动性不强，往往是上边要求学什么就学什么，有交差了事的思想，自觉主动地抽时间静下心来学习比较少，利用工作空闲和业余时间学习也比较少。他们的思想水平、业务素质均有待进一步提升。

（三）核心管理团队素质模型探究

核心团队成员选拔的正确性、团队的稳定性、团队素质改善方向的合理性以及团队整体绩效提升目标的实现对于泉州石化的可持续发展具有特殊重大的意义，甚至事关其生死存亡。优秀的核心管理团队应当具备以下几个方面的素质。

1. 优秀的组织领导，明晰的共同目标

大到一个企业集体，小到一个职能部门，或者是一个工作小组，要想组织有力，使团队成员拥有较高的忠诚度，那么，优选一个大家都认可的团队领导人至关重要。需要选择出一个品德高、能力强、高素养的核心领导，带领团队建设和发展。

成员在团队中要扮演多种角色、做多种工作、完成多项任务，明确目标和清楚相互关系是确定工作任务的基础。共同的憧憬是团队存在的主观原因，团队有着明确共同目标，这一目标是共同憧憬在客观环境中的具体化，它随环境的变化进行相应的调整，团队成员理解和认同它。团队共同憧憬与共同目标蕴涵了个人憧憬和目标，体现了个人的意志和利益，具有强大吸引力，足以激发团队成员的工作热情。

2. 共同的事业愿景，合理的分工与合作

企业能否走得更远、更久，发展得更好归结于企业的核心管理团队是否有共同的事业愿景，拥有坚定的团队信念，组织信念，能够使团队成员排除万难，风雨同舟前行，不断学习，带领企业员工不断进步，使企业发展不断壮大。

团队成员要有各自的组织分工，要明晰自己所承担的事业责任，明确了各自的职责后，各成员应当对自己在团队中角色、任务、权利与职责要有清晰的认识，并能恰当地把握各个成员之间的相互关系。团队磨合过程中，就应投入一些精力和时间明确分工和确立各团队成员之间的相互关系。大家齐心协力，才能更好地达成组织的长远规划。

3. 互补的成员类型，高度的凝聚力

对团队建设而言，要想保证组织团队的有效有力，组织成员的组成非常关键，需要团队成员的个性互补，能力互补。一个组织，一定要有各类能力的人才组合在一起，才能更有力量。在核心管理团队中，有的人善管理，有的人懂经营，有的人善外交，有的人偏技术等等，只有因材施用，因人制宜，管理团队中才能产生大于的效果。

团队凝聚力是指团队内的团结和团队对其成员的吸引力、向心力，也是团队赖以正常运作的所有成员之间的相互吸引力。影响团队凝聚力的因素有团队的规模；团队成员的共同目标、共同利益；团队内部成员交往的频度、合作的程度；目标的压力；沟通的有效程度；团队成员需求的满足程度等。

4. 团队成员之间相互信任，保持有效沟通

信任是指团队成员彼此相信各自的正直品质、个性特点和工作能力。团队成员之间的高度信任是有效团队合作的重要前提。团队要通过公开交流、自由交换意见来推动团队成员彼此之间的信任。沟通渠道应是全方位的，既要有正式的信息沟通渠道，又要有非正式的。团队要重视信息的沟通，更要重视与成员间的情感沟通。有效的沟通需要团队内充满同情心和融洽的情感，需要成员具有良好的交际能力和情绪商数，需要开放、坦诚的沟通氛围，需要能充分发表意见、有效倾听、及时反馈。

5. 团队不断学习，塑造团队精神

人最大的敌人就是自己，一个管理团队最大的敌人也是自己。当一个团队以经验作为工作的依靠时，这个组织就有可能陷入"经验主义的"的怪圈，就有可能会陷入"僵化"，就有可能"死在自己手里"。一个组织要想保持青春活力，就必须要依靠团队成员不断的学习，需要团队创建学习型组织，保持决策的先进性、前瞻性，企业的流程才不会"僵死"。团队精神是指核心管理团队的成员为了一个共同的目标和利益而相互协作、相互激励、共同拼搏的意愿和作风。拥有团队精神，整个团队才能和谐运行、成员之间才能彼此信任。管理团队成员塑造好的团队精神，以集体的利益为出发点考

虑问题，形成一种积极、易沟通交流的团队文化。

三、核心管理团队培养措施

核心管理团队是企业的脊梁，决定着企业的核心竞争力。企业核心竞争力是由核心资源与核心能力构成，所谓核心，就是起主要作用，有广泛影响，在业务和产品方面有放射效应；居于深层次，相对持久稳定，难以被他人模仿。企业核心竞争力的形成与发展取决于核心团队的知识结构与水平、能力结构与水平、人格结构与文化。因此，核心管理团队的培养应该从以下几方面着手。

（一）加强顶层设计和系统谋划

建成"国内领先、国际一流"的现代化炼化企业，既是全体泉州石化人的奋斗愿景，也是中化集团殷切希望，对公司领导班子和干部队伍建设提出了前所未有的挑战。随着二期化工项目的推进和公司当前面临的生产经营形势，从公司全局、战略高度加强队伍建设顶层设计和系统谋划，以一流的领导班子和干部队伍建设水平支撑、引领、服务、推动公司战略和健康发展，是当前和今后一个时期必须解决的重大任务。

1. 谋划出台加强领导班子和干部队伍建设方案

根据泉州石化战略推进需要，对于重点任务，分阶段系统谋划加强领导班子和干部队伍建设方案，着力在干部能力提升和作风改进、干部绩效评价、"一把手"队伍建设、制度机制完善、结构优化、年轻干部培养选拔使用等方面取得重要突破。

2. 重点解决领导班子和干部队伍建设存在的突出问题

以2015年系统、全面的人才盘点为契机，把不断发现和解决问题作为加强领导班子和干部队伍建设的主体思路，使解决问题的过程成为提高管理水平的过程。坚持正确的方法论，切实把解决新老问题作为工作的切入点和着力点。从全局的角度出发，制定系统的问题解决方案，对浅层次的问题做到抓紧整改、提高效率；对深层次的问题做到系统思考、从长计议。7月初人才盘点结束后，作为输出成果之一，形成系统的领导班子和干部队伍建问题解决方案。

3. 充分履行各级管理者人力资源管理职责

人力资源是企业的核心资源，各级管理者是人力资源管理的中坚力量，做好人力资源工作需要各级管理者共同参与和支持。进一步完善《公司人力资源一体化管理办法》，明确各级管理者在人力资源管理方面的职责，搭建系统的管理体系，促进各级管理者担负起协助做好招聘、人员调配、绩效管理、员工培养、薪酬管理、工作分析和《岗位说明书》的编制等人力资源管理方面的职责。

（二）坚持正确的选人用人导向

公司领导班子和干部队伍建设，必须适应国内炼化行业竞争需要，遵循行业发展规律和干部工作规律，树立正确的选人用人导向，把党管干部的大原则和市场化以及公司的实际有机融合起来，形成既符合组织要求又符合市场规则，具有泉州石化特色的选人用人模式。2015年6月，泉州石化提拔任用12名干部，提拔任用过程经过系统、全面的访谈，体现了用人的谨慎和严密性。根据"选-育-用-留"的闭合循环，加强核心管理团队的建设，选人环节是基础，应当从"入口"处严把关卡，并予以极其高度的关注度。

1. 突出政治过硬、品德至上、能力优秀、业绩突出选人标准

泉州石化深刻领会中化集团"德才兼备，以德为先，关注业绩，不唯业绩"的选人理念的基础上；坚持突出政治、道德、能力、业绩并重的用人标准。政治立场正确、政治信念坚定是落实上级方针政策和战略部署的前提；坚持道德标准，要看干部思想品格和职业道德，做到以德服人；看能力标准，干部要有真本事、敢于担当，要能够解决重大难题；突出业绩标准，秉承集团绩效文化，看干部最终是否干成事，部门团队是否具有凝聚力，是否为公司创造了经济效益、为战略推进发挥了重要作用。预计9月份前要完成公司《关键岗位管理规定》修订，把坚持政治、道德、能力、业绩标准并重原则切实具体化、制度化。

2. 营造良好的选人用人环境

大力优化用人环境，对想干事、能干事、干成事的干部及时给机会予以重用，让"老黄牛"式的干部不吃亏，让不跑不要的干部受重视。选人用人必须坚持五湖四海原则，防止形成小圈子、小团体，实现全系统一盘棋和资源最优化；要摈弃论资排辈、平衡照顾、求全责备、唯票取人等老的观念和做法；要建立干部能上能下的机制，加大对价值观存在问题、精神懈怠、能力不足、业绩平平和有廉洁问题的干部调整力度，积极营造鼓励先进、鞭策落后的用人氛围。进一步创新选拔机制，按照刚刚颁布的公司《公开竞聘管理办法》，把组织考察与公开竞聘有机结合起来，拓宽用人渠道。对于二期化工项目建设和生产准备的中层干部，首先在公司层面内部择优选拔，对稀缺专业且视野内无合适人选的职位可面向社会公开招聘。

（三）以企业文化为引领，助推干部队伍建设

文化是企业的灵魂，领导干部是企业文化的引领和传播者，加强干部队伍建设要注重以营造先进的企业文化氛围为切入点。要以"创造价值，追求卓越"的企业核心价值观和炼油项目"特别能吃苦，特别能奉献，特别能战斗"的创业精神统领干部队伍思想。强化文化认同机制，将认同文化作为人员选拔任用的重要条件；完善绩效文化机制，营造追求高绩效氛围，提升绩效执行力度和管理水平；优化薪酬激励机制，有效体现多劳多得和"向有突出贡献者倾斜"的原则；建立文化传导机制，采取自上而下的方式加大对中化文化的宣传，消除思想壁垒，培养高度认同意识。从公司领导到中层干部要担负传播企业文化的职责，以身作则，逐级宣贯，营造良好的企业文化氛围。

（四）加强两级领导班子建设

加强管理团队建设应当从思想、组织、作风和制度等方面入手，加强领导班子建设，才能把干部个体优势转化为班子整体合力，才能充分发挥整体效能。

1.加强思想建设

坚持把思想建设放在首位，教育引导干部坚定政治信仰和理想信念，尤其是在当前形势下，增强与集团公司党组和公司党委保持高度一致的自觉性。严格党性锻炼，强化组织纪律观念，切实把反对自由主义、官僚主义、好人主义放在突出位置，努力建设一支有信仰、有理想、有纪律的干部队伍。

2.加强组织建设

坚持按照专业配套、年龄梯次、性格互补原则，优化完善部门领导班子配备，重点突出生产系统职能部门和各运行部干部配备；按照老中青三结合原则梯次配备领导人员，防止形成年龄断层和过于集中。对部门班子不团结、软弱涣散、群众威信低的领导班子采取果断措施予以调整。鉴于当前现状，加强公司中层干部管理的重要性不言而喻。泉州石化中层干部（89人）现状分析如下：

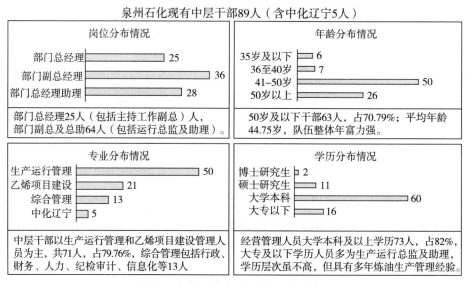

图2　泉州石化中层干部现状分析

3. 加强作风建设

大力倡导自觉向组织负责、向事业负责、向职工负责的担当精神，增强干事创业的使命感。重点解决班子成员和干部队伍中责任意识差、作风不实、推诿扯皮、推责揽权的不良现象。

4. 加强制度建设

坚持用制度管人、用制度管事，把从严管理贯穿领导班子和干部队伍建设全过程。针对目前公司管理存在的症结，研究制定从严管班子管干部的细则，建立约束激励机制，层层传递压力，尽快改变干好干坏一个样、干与不干一个样，管理失之于宽、失之于软的状况。进一步增强制度执行刚性，坚持有章必依、违章必究，坚决纠正有令不行、有禁不止，上有政策、下有对策的现象。对不按章办事，对公司重大决议和安排执行不利的领导班子和干部严厉追责，切实依靠制度解决政令不畅、效率低下的问题。

（五）建立学习型组织，加强"一把手"队伍建设

部门"一把手"队伍在公司发展中处于核心地位，是公司优质经营、科学发展的领头雁和主心骨，是整个干部队伍中的中坚力量，必须把"一把手"队伍放在优先建设的重要位置，长期抓紧抓好。

泉州石化通过建立完善一把手选聘、学习培养、日常管理、监督和评价等机制，实现建设成为一支具有现代企业管理意识、心系企业、心系员工，践行文化、勤于学习、善于沟通，严于律己、公正廉洁，团结上进、敬业创新的高素质"一把手"队伍。在坚持德才兼备、以德为先的原则下，突出"一把手"的特质要求，真正把有激情、想干事，有能力、敢担当，干成事、讲自律，有原则、守底线的干部选拔到"一把手"岗位上。随着二期化工项目建设组织机构的搭建，重点做好二期化工项目各项目部及生产准备相关部门"一把手"的选配。

1. 严格标准程序，选好配强"一把手"

要切实把"一把手"人才作为公司核心资源，以更高标准选好配强"一

把手"，严格按照公司《关键岗位管理规定》，在坚持德才兼备、以德为先的原则下，突出"一把手"特质要求，把价值观表现和综合管理能力作为选聘的首要条件，真正把有激情、想干事，有能力、敢担当，干成事、讲自律，有原则、守底线的干部选拔到"一把手"岗位上。

新提拔"一把手"原则上有两年及以上两个部门副职岗位工作经历，应具有一线工作经历，上年度干部考核评价结果为称职及以上。

此外，加大年轻干部的选聘。随着二期化工项目建设组织机构的搭建，重点做好二期化工项目各项目部及生产准备相关部门"一把手"的选配。增强前瞻思维，对有理想追求、有专业特长、有担当精神、有自律意识，素质全面、潜力较大的35-40岁之间的优秀年轻干部大胆破格重用。

最后，落实岗前培训机制。按照培训办法要求，结合"一把手"后备的培养方案，落实"一把手"聘任岗前培训制度，进一步规范"一把手"的晋升岗前培训管理。

2. 建立完善学习培养体系，提升"一把手"素质

为加强管理团队建设，打造学习型组织，泉州石化已于2015年7月3日（周五下午）、4日（周六全天、夜间）、5日（周日全天、夜间）开展催化师培训，参训人数25人，对象为部门一把手，以"三严三实"专题教育活动为载体，结合泉州石化实际情况设计了三个研究子课题，分别如下：

- 《PMTS团队高效运行》
- 《职能部门作用发挥》
- 《二期工程系统的总体策划与控制》

培训由中化管理学院推荐的培训供应商的北京百年基业管理顾问有限责任公司实施。行动学习催化师培训目的是为泉州石化培养第一批行动学习催化师队伍，掌握催化师关键技术，设计并实施行动学习项目、加强管理团队建设工作公司落实，成为推动组织进步和发展的助推剂。以行动学习的方式，通过团队决策的方式解决公司现实的业务难题，并在这过程中达到组织和个人能力同步提升。

培训在严肃活泼的氛围下进行，参训领导分为大刀队、天才队、时间队等三个队，围绕"PMT团队高效运行""职能部门作用发挥""二期工程系统的总体策划与控制"等三个课题进行学习和研讨。通过老师的指导，利用行动学习催化师的工具与方法，对以上三个问题进行了探讨和论证。培训过程中导入积分竞争机制，三个队你争我夺，比分胶着，在时间队参训领导的共同努力下，最终时间队笑到了最后，获得了胜利。

培训期间公司总经理张强总在百忙之中也到现场指导了培训。在老师的带领下，通过参训领导们两个白天和晚上辛勤努力，培训获得了圆满的成功，形成三个课题初步成果。

后续管理团队建设工作方案中将导入行动学习体验培训，用创新培训方法，探索绩效提升与组织发展的项目模式，推动行动学习在中化泉州石化有限公司落地，培养一支合格的催化师队伍。通过行动学习催化师培训，使部门一把手通过行动学习，提升干部工作执行力和推动力，进一步加强管理团队建设。

（1）开展系统化培训

制定"一把手"专项培训方案，从价值观提升、中化文化理念引导、领导力强化、科学管理工具和方法的应用到团队管理能力的增强，开展系统化培养。每年针对"一把手"集中培训不少于4次。

（2）开展内部大讲堂活动

每年从国内外经典企业中，优选3—5篇企业案例进行学习，在学习的基础上，组织部门"一把手"代表对案例进行讲评。通过讲评，交流学习借鉴先进企业的管理理念、经营模式、工作方法，提高创新意识和工作绩效。

（3）建立部门"一把手"微信群

有效利用新媒体，建立中化泉州HR经理微信群，在群内经常性发布经典管理案例，交流管理心得体会，在潜移默化中提升管理意识和能力。

3. 完善管理机制，加强"一把手"管理

通过完善管理机制，以机制作为保障，探索新思路，加强"一把手"管理，主要包括以下方面。

（1）进一步完善管理制度

按照规范严格、有利落实的原则，定期对公司《关键岗位管理规定》和《部门人力资源一体化管理实施办法》进行修订，完善有关"一把手"管理内容，确保各项管理制度始终切合工作实际、适应企业发展需要。

（2）探索新思路

以提升管理水平、适应公司战略发展为目标要求，在部门"一把手"的选拔渠道、选拔形式、交流调整、长效激励等方面进行探索研究新思路、新办法，逐步推行差额提名考察、公开竞聘、绩效评价等制度和措施，进一步完善"一把手"管理体系。

（3）切实加强对"一把手"的监督约束

研究监督"一把手"的措施，形成靠制度管权管事管人的刚性机制。突出权力运作阳光化、制度化、程序化，"一把手"不得利用职务上的便利为本人或特定关系人谋取利益。落实党员干部廉洁自律有关规定，推行敏感岗位定期交流机制，严格个人事项申报制度，加强对"一把手"的监督约束。推行部门民主议事决策机制，涉及职责调整、岗位晋升、绩效评价、评先评优等事关员工切身利益的事项，部门要召开专题会议集体讨论决策。

（4）推行定期谈心机制

公司主管领导要定期与部门"一把手"谈心，结合绩效反馈、廉洁诫免提醒、工作交流等内容，交流思想，监督指导，帮促提升。

4. 完善考核评价体系，发挥激励鞭策作用

泉州石化在加强干部考核评价体系方面，做了大量基础工作。通过绩效考核，实现奖优罚劣，发挥激励鞭策作用。

（1）进一步完善"一把手"综合考核评价机制

继续深化"一把手"个人绩效与组织绩效相结合、月度绩效与年度综合考核相结合、的考核方式，完善一把手个人绩效考核内容，包括行为价值观、部门职责履行情况、任务指标完成情况、廉洁自律情况、人力资源第一经理职责（带队伍）落实情况等。

（2）推行"一把手"年度述职

结合年度战略规划修订和干部综合考核，每年组织部门"一把手"年度述职，各部门"一把手"围绕本部门年度任务完成情况、下一步工作思路、重点工作及保障措施等进行述职。由公司领导班子成员、平级干部和下属代表对述职情况进行测评，测评结果作为"一把手"年度考核评价依据之一，促使"一把手"重视提高自身的素质。

（3）奖优罚劣

落实责任追究和优胜劣汰机制，对年度综合考核不合格或实践证明不适应岗位工作、在位多年不思进取吃老本、贪图安逸享清福或存在其他问题的"一把手"，果断进行调整。

（六）加强后备干部队伍建设

着眼泉州石化今后5-10年的发展需要，努力建设一支来源广泛、数量充足、结构合理、素质优良的后备干部队伍。协助集团公司做好公司班子成员后备干部的遴选和培养，落实具体培养措施。

2015年上半年利用人才盘点之机，进一步梳理完善后备干部队伍。分层次做好后备人才梯队建设，尤其对重点核心岗位的后备重点予以关注和培养。在人员轮岗调配过程中，要充分考虑对后备干部的培养和锻炼。

（七）加强年轻干部的培养和选拔

根据石化行业干部成长周期相对较长的规律，下一步需要加大35岁左右优秀年轻干部的提拔任用。在干部选拔任用中，要构建具有时代特点的干部考评模式，探索建立多维度衡量干部的任用依据体系，切实提高干部考核考察工作的质量。

重点加强炼化青年英才队伍建设，形成人才梯队。下一步在乙烯项目建设和生产团队组建过程中，要合理调整干部年龄梯次结构，注重年轻干部的选拔任用。按照老中青三结合原则梯次配备领导人员，防止形成年龄断层和集中平台。

为落实人才强企战略，秉承"青年强则中化强"的理念，培养和造就一支优秀青年人才队伍，为企业战略发展提供强有力的后备人才保证，根据集团公司人才梯队建设有关要求，结合企业实际，泉州石化已开展第二期"炼化青年英才"选拔工作。

此次"炼化青年英才"选拔直接面向各部门一把手，发出第二期"炼化青年英才"选拔的通知。泉州石化当前35岁以下青年员工总数为713人（其中，包括刚入司的应届毕业生213人）。各部门严格控制比例，按照5%左右的比例，由各部门一把手慎重推荐。截至2015年8月10日，人力资源部根据收到的反馈结果，整理出第二期"炼化青年英才"推荐名单。

目前，各部门推荐人数总共为31人。这31人中，综合管理部门推荐6人，生产系统相关部门推荐19人，乙烯（工程系统）推荐3人，研发中心推荐1人，中化辽宁推荐2人。

（八）开展系统化培训，提升干部队伍素质

将工作推动力、持续创新力、团队管理能力、自我提升力作为中层干部核心能力建设的重要内容，开展系统化干部培训，探索一条加强干部队伍全面建设的新途径。

1. 大规模开展干部能力培训

充分依托中化管理学院、外部管理咨询机构等资源，重点在管理咨询、领导力提升、经验总结交流等方面进行系统培训，打造拥有先进管理理念，熟悉市场经济发展规律和适应公司发展干部队伍。开发满足不同需求的个性化培训模块，如：领导干部通用管理能力培训、新任经理培训、非职务影响力培训、领导力提升与突破培训等，不断提升领导班子和干部引领企业持续科学健康发展的水平。未来将分层次制定干部能力提升培训方案，并定期组织开展系统培训。

2. 开展内部大讲堂和学习交流活动

开设内部大讲堂，公司领导结合分管工作和专业特长，分别对广大中层

干部进行授课交流；结合对先进管理案例的学习，由部门总经理进行专题管理经验交流和探讨。组织不同群体赴集团兄弟单位或有管理借鉴意义的外部单位进行考察学习，借鉴先进管理理念。合理统筹安排，2015年将内部讲堂作为常态化交流机制，定期组织开展，并适时组织外出学习交流。

（九）探索建立干部科学评价激励机制

对干部进行科学客观评价，是落实中化集团"创造价值，追求卓越"的价值理念和"出资人认可，职工群众认可，市场认可"用人理念的基础，是实现对干部激励与约束并重，量才而用、用人所长的关键。

1. 构建科学的干部考核评价体系

考核指标体系突出重点，实现量化：在总结以往实践经验基础上，着力构建旨在考评领导班子和干部创业激情、开放包容、战略思维、客户导向、凝聚团队、整合资源、达成目标等七项核心能力的标准体系。充分吸收传统考核方法的合理因素，借鉴现代人力资源评价手段，综合运用信息技术，突出量化考核，实现干部考评从"经验+感觉"主观模式向"事实+数据"科学模式的转型。考核考察与业绩评价实现融合，组织考核和选人用人有效相结合：加强考核考察的针对性和统筹性，区分考核考察的各自功能，依据公司《关键岗位管理规定》，建立和落实全面考核、年度考核和日常绩效等配套细则，建立几类考核结果相互关联、相互印证的综合评价体系。切实发挥业务部门在业绩考核中的主导作用，探索人事部门与业务部门合力考核考察领导班子和干部机制。增强考核考察的开放性和竞争性，坚持把组织考察作为选人用人的主要方式，把竞争性选拔作为选人用人的必要补充。要提高组织考察的权威性、严肃性和公信度；提高竞争性选拔的公开性、民主性和透明度。2015年逐步探索推行"绩效考核和综合考核相结合的干部考评机制"。

2. 建立以绩效为导向的激励机制

构建以市场化为目标、差异化为核心的薪酬分配体系，加强绩效评价结果与绩效奖金关联度，把创造效益、创造价值、降本增效、增收节支作为决定绩效奖金高低的重要杠杆。着力优化薪酬结构，提高绩效部分分配比重，强化效益贡献激励，积极探索中长期激励方案，逐步形成干部收入能高能低、能增能减、有效激励的合理分配机制。

（十）建立核心管理团队专项沟通机制

根据公司"三严三实"专题教育工作的要求，结合集团公司人力资源部关于进一步加强泉州石化管理团队培养及建设的要求，针对当前乙烯项目快速推进的现状，人力资源管理所涉及的招聘（三年1600人的招聘量）、人员培训（生产准备）、内部人力资源整合（一、二期队伍融合）等各项工作面临的严峻挑战，为加强与管理团队的沟通，全面提升人力资源管理，人力资源部开展了一系列工作。

主要包括：开展现场值班工作，适时了解一线员工动态；夯实基础，进一步加强了劳动纪律管理；有效发挥部门总经理作为人力资源第一经理的作用，深化人力资源"一体化"管理水平。

最值得一提的是，人力资源部为搭建起与公司中层的沟通桥梁，特编制的《管理团队建设专题周报》，周报的发布频率为每周一期。《管理团队建设专题周报》和《人力资源现场值班日志》《人力资源周例会会议纪要》《劳动纪律检查情况通报》《人力资源重点工作简报》一同发送全体中层干部。

对于中层干部的周报，周报的信息不只起到建立信任的作用，更重要的是沟通目标达成结果的工具。

本期导读：

➤ 第二期"炼化青年英才"推荐环节顺利结束

➤ 落实集团关于开展党的纪律教育的通知精神，扎实推进三严三实专题教育第二次学习研讨工作

➤ 管理分享——《抗拒时间》

图3 《加强管理团队建设工作简报》

综上所述，泉州石化人力资源部将从以上十个方面加强核心管理团队培养，为我司核心管理团队建设打下扎实基础。

四、结论

管理团队建设是一个复杂的课题，本文在分析研究现状的基础上，结合具体工作实践，尝试将泉州石化核心管理团队建设的实践作为研究对象。论文围绕如何将管理理念与管理实践相融合，主要工作和创新之处可以归纳为以下几个方面：泉州石化核心管理团队建设的实践分析。首先对公司核心管理团队进行了角色定位。接下来对核心管理团队现状进行介绍，用列表的形式对管理人员的基本信息进行展示。在分析现状的基础上，对泉州石化核心管理团队的特点进行归纳，笔者认为存在的主要特点包括：主流价值观正向趋同、但文化融合有待加强；秉承行业优良传统；重技术、轻管理；思想和业务素质有待进一步提升。

对于要实现的目标，构建核心管理团队素质模型，笔者主要从五方面考虑：优秀的组织领导，明晰的共同目标；共同的事业愿景，合理的分工安排；互补的成员类型；高度的凝聚力；团队成员之间的相互信任，保持有效的沟通；团队不断学习，塑造团队精神。

针对上述目标笔者提出了十个策略来加强公司核心管理团队的建设，包括管理团队的素质建设、建立有效的沟通机制、建立团队培训学习机制、管理团队的用人之道等。因为时间的关系，论文还有许多需要完善的地方。

本文只是将泉州石化的核心管理团队建设实践作为案例，这有一定的局限性。今后，笔者将结合实际工作，对多家公司的核心管理团队建设实践进行统计分析，以期能构建更为适用的量化模型，为同质国有企业的发展做出一定的贡献。

【参考文献】

［1］朱华桂.组织管理中的团队战略［J］.社会科学家，2003.3.

［2］程正方.现代管理心理学［M］.北京：北京师范大学出版社，2003.

［3］斯蒂芬·罗宾斯.组织行为学［M］.北京，中国人民大学出版社，1997.

［4］尼克·海伊斯.协作制胜——成功的团队管理［M］.大连：东北财经大学出版社，1998.2.

［5］Jonathan Birchall，David Ibison. *Financial Times.* London（UK）：Oct1.2005.

［6］李咏梅.卷烟工业企业培育核心竞争力探讨［J］.上海市经济管理干部学院学报，2005，3（3）.

［7］李建华.浅析企业团队建设中存在的问题及对策［J］.山西科技，2009.

［8］胡岩.中小企业核心团队构建研究［J］.中国科技信息，2009.

［9］罗永胜.核心团队建设的探讨［J］.山西财经大学学报，2010.

［10］Singh Manmohan. Plan *panel worried over lack of core team*，Business line. Chennai：Jun3.2004.

单位：中化泉州石化有限公司

把ISO10015标准引入
企业培训管理工作

王如平

我院实行"一套人马、两块牌子"运作，合署办公，称"福建省电力有限公司泉州电力技能研究院（福建电力职业技术学院）"。目前，我院既承担着学历教育的任务，也承担着企业职后培训的任务。为了更好地解决企业员工培训中存在的问题，进一步增强教育培训的针对性和实效性，推动培训教学和后勤服务水平的持续提升，我院把ISO10015培训质量标准的原则和工作流程引入到企业培训管理工作中，取得较好成效。

一、实施背景

（一）单位的基本情况和行业特点

我院坐落于"东亚文化之都"——泉州，其前身是创办于1984年的全国重点中专学校——泉州电力学校。2003年经福建省政府批准，我院升格为公办高等职业院校，由国网福建省电力有限公司举办，业务由省电力公司和省教育厅共同指导。我院现有2个校区2个实训基地，校园面积近500亩，建筑面积约15万平方米，素有"花园式校园"美誉，曾被授予"省级绿色单位""平安校园"等称号，连续七届蝉联福建省"文明学校"荣誉。

近年来，我院坚持质量立校，依托行业优势，走产学研结合发展之路，大力推进专业建设和深化校企合作。学院现有2个中央财政支持的高等职业学校提升专业服务产业发展能力专业，2个中央财政支持的生产性实训基地，4

个省级示范专业，2个省级示范性实训基地，3个省级精品专业，11门省级精品课程，设置有发电厂及电力系统、供用电技术、高压输配电线路施工运行与维护、机电一体化、电气自动化技术、电子信息工程技术、市场营销等29个专业，面向全国16个省（市、区）招生。充分发挥企业办学优势，国网福建省电力有限公司在学院投入近1亿元资金建设了与生产标准一致，甚至部分超前的输配电、变电检修、继电保护等一批优质实训基地，用于职工培训和学生实训实践，使学生在校内能直接接触生产一线的先进设备设施。同时建立了129家校外实训基地，为学生在校期间技能锻炼提供了坚实基础。学院现有全日制学生2000多人，国网福建省电力有限公司系统员工年培训量近70000人/天。

"十二五"时期，我院发展面临着不少挑战：一是办学转型的压力。随着高等教育入学适龄人口普遍锐减，国家对高等教育发展规模实行更加严格的宏观调控，增长幅度仅为每年1.4%，我院学历招生工作将面临很大压力；二是服务行业企业发展的压力。2011年8月福建省电力有限公司党政联席会研究决定，对电力技术学院的功能定位和管理模式进行调整，要求我院必须提升服务行业企业的能力，承担省公司系统技能人员教育培训任务，为企业发展提供人才支撑和智力支持。而我院长期只是从事学历教育工作，而对于从事企业培训工作则缺乏经验，基础薄弱，服务电力行业的能力、服务地方经济尚需进一步提高。为此，学院提出了"学历教育与职工培训"两翼齐飞的发展战略，进一步办精学历教育，努力办好职后培训，争取打造一所集高素质技术技能型人才培养、电力行业教育培训、行业先进生产技能实训和技能鉴定等功能于一体的具有鲜明行业特色的高等职业教育学府。

作为国家电网公司系统下属的一个培训中心，我院培训工作必须服务国家电网公司的发展目标和发展战略。近年来，国家电网公司提出了建设世界一流电网、建设国际一流企业的发展目标（即"两个一流"），并提出了建设电网坚强、资产优良、服务优质、业绩优秀现代公司的发展战略（即"一强三优"）和转变公司发展方式、转变电网发展方式的战略途径（即"两个转变"）。目前，国家电网公司已进入世界500强前列，排名第七位。随着企业发展和规模扩大，不断提升企业人力资源开发效益，充分发挥企业人力资源整体优势，已经成为现代企业提升效率和赢利能力、增强企业核心竞争力的必然选择。在这种形势下，我院必须找准自身定位，积极创造条件，提升培训管理质量和水平，为行业企业发展提供智力支持和人才保障。

（二）实施的主要出发点或目的

随着我国加入WTO，竞争已不分国界，全球经济的竞争归根结底是人的竞争，人是企业生产要素中最为核心、最需重视的要素。同时，随着国家电网公司推行"三集五大"体系建设和深化"五位一体"改革，对人力资源集约化提出了更高要求。如何培训人力资源的现实能力？如何开发人力资源的潜在能力？如何规范培训流程，以达到降低人力资源培训与开发的成本，提高人力资源培训的有效性？这些都是企业管理者面临的共同课题。总之，如何使培训成为企业一项高效的有效投资已成企业最高管理者关注的焦点。为此，我们尝试把ISO10015培训质量标准引入到电力企业培训管理中，努力提高企业人力资源开发水平。

ISO10015是由国际标准化组织于1999年发布的，专门用于规范具有培训人力资源职能的组织的国际标准。它是ISO9000族质量管理体系标准的一个专业化标准，是ISO9000族标准中唯一针对提高组织的灵魂'人'的培训质量的国际标准。现已被我国等同采用，转化为国家标准：GB／T19025－2001质量管理培训指南。该标准于2001年9月在我国公布实施，目前在国内还是处于不断被组织认识和接受的阶段，但非常多的企业已表现出极大的关注热情，一些大型企业已按照ISO10015国际培训标准建立了培训管理体系，取得较好成效。

实施ISO10015培训质量标准体系就是为了指导和促进企业正确实施培训需求分析、设计策划培训、提供培训、培训结果评价、培训体系的持续改进与优化，从而使培训工作成为促进企业可持续发展的有力支撑。同时，在世界经济全球化条件下，实施ISO10015培训质量标准体系能够使企业的培训工作与"国际培训规则"保持一致，并符合国际培训规则。

二、调查及分析

为了深入了解我院培训工作存在的问题和不足，不断提升我院培训管理质量和水平，以更好地服务行业企业开发人力资源、提升员工素质的需要，我们在实施ISO10015 培训质量标准体系之前，认真组织开展对相关行业企业培训工作的调研，掌握第一手资料。

（一）调查内容及方法、工具

1. 调查内容

一是培训需求的把握是否准确。即培训项目和内容能否适合员工提升业务能力和技能水平的需要，能否满足企业提升人力资源开发的需要？

二是培训内容的确定是否科学。即培训内容或项目是否从员工和企业的具体实际出发，是否具有针对性和实用性？

三是培训过程的管理是否规范。即培训教学是否规范，培训方式是否能满足学员的需要，对后勤服务是否满意？

四是培训转化的效果是否满意。即学员学以致用的情况，能否把培训所学知识、技能运用到实际工作中，运用的程度如何？

五是对培训发展的意见和建议。即了解学员和企业相关管理人员对深化企业培训工作改革的建议，提高企业培训管理质量和水平。

2. 调查方法

一是召开座谈会。召开学员和相关人员参加的座谈会，了解他们对培训工作的意见或建议，并进行归纳汇总整理。

二是问卷调查法。以标准化的问卷形式列出一组问题，要求调查对象就问题进行打分或做是非选择，经过数据统计后获得相关信息。

三是参观考察法。观察法是通过到企业工作现场，观察员工的工作表现，发现问题，获取相关信息数据。

四是访谈法。通过与被访谈人进行面对面的交谈来获取培训需求信息。

既可以与企业管理层面谈，以了解组织对人员的期望；也可以与有关部门的负责人面谈，以便从专业和工作角度分析培训需求和培训效果。

五是绩效分析法。培训的最终目的是改进工作绩效，减少或消除实际绩效与期望绩效之间的差距。因此，对个人或团队的绩效进行考核可以作为分析培训需求和培训效果的一种方法。

3.调查工具

一是设计《企业培训需求调查表》。主要了解学员和企业对培训目标、培训内容或项目的意见和建议。

二是设计《企业培训情况访谈提纲》。主要制定对企业各级各类人员进行访谈需要了解的情况和问题，做到有的放矢。

三是设计《企业培训满意度调查问卷》。主要了解学员和企业管理人员对培训工作组织、教材、课程、培训方式的评价情况。

四是设计《企业培训转化效果评估调查问卷》。主要了解学员对培训学习所掌握知识和技能的应用情况。

（二）主要问题及分析

1.培训需求把握不精准

培训需求分析是制定培训计划、设计培训方案、培训活动实施和培训效果评估的基础。准确把握培训需求，这是做好企业培训工作的重要前提。培训工作是否能受企业欢迎、认可，关键是看能否真正满足他们的培训需要。通过调查我们了解到，我院的培训工作与企业培训需求的契合度不高，一方面不能较好地满足企业员工提升能力和素质的需要，另一方面也不能适应企业发展的组织需要。这导致了学员对培训学习不感兴趣，缺乏动力，也影响到企业培训的积极性和主动性。

2.培训内容缺乏针对性

企业培训必须立足企业生产实际，按照"缺什么，补什么"的原则，设计合理科学的培训内容。由于受传统学历教育模式的影响，我们的培训内容往往注重知识的体系性、完整性，而忽视了针对性、实用性。此外，培训项目开发往往没有瞄准国内外前沿技术的发展，缺乏前瞻性。由于培训内容与企业生产实际脱节，这导致了企业对培训工作往往采取应付了事的态度，也助长了"培训专业户"现象的出现。

3. 培训方式缺乏互动性

企业培训教学方式主要应采用即时性、互动性教学，以提高学员的参与意识和积极性，也为学员提供恰当而充分的应用提升和能力发展的机会。通过调研我们了解到，我们的培训方式比较单一，培训教师与学员之间的交流、互动较少；理论教学与技能教学相互脱节，不能有机地融为一体，使理论教学不能发挥对实践操作的指导作用。这导致不能有效地发挥学员在培训教学中的主体作用和教师的主导作用。

4. 培训应用转化效果不理想

实现培训应用转化是企业开展培训工作的根本目的所在，也是检验培训工作成效的根本标准。如果学无所用，那企业培训工作就失去了其意义和价值。我们通过开展培训评估发现，培训应用转化效果还不够理想，不能充分发挥培训对实际工作的指导和促进作用。一方面，学员通过培训学习后，不懂得如何把所学知识和技能运用到具体工作实践中，存在"培训时激动，培训后感动，工作中不动"的现象；另一方面，企业对学员培训内容和掌握的技能缺乏了解，不能根据员工的所长合理安排岗位，做到扬长避短，因而难以有效地发挥人力资源开发的效益。

以上问题的存在，直接影响了企业培训的成效和吸引力，为此我院必须按照ISO10015培训质量标准体系，对培训管理工作进行流程再梳理、再创造、再完善。

三、实施的思路与对策

（一）总体思路

为了解决我院培训工作存在的问题，健全培训管理体系，推动培训管理工作创新，提升我院服务行业企业发展的能力，通过把ISO10015培训质量标准的原则和流程贯彻于"培训需求调查、培训项目设计与策划、培训项目组织实施、培训效果考核评估"的培训服务全流程中，对培训主办方、委培方、学员和培训教师等客户的意见做出及时响应，认真剖析问题、解决问题，形成完整的工作闭环，提升培训工作的针对性、规范性和有效性。

实施ISO10015培训质量标准的主要目标在于：

1. 提升培训过程的规范性

ISO10015标准规范的对象是培训的过程，强调任何培训均应按照相同的方法来区分为五个阶段，即：确定培训需求、设计和策划培训、提供培训、评价培训结果，而在上述五个阶段的实施过程中，监视培训过程是否按事先策划的方案执行存在于每个阶段中。在这些培训阶段中应规定相应的职责、资源、使用确定的方法，在规定的时间里完成。

2. 提升培训过程的有效性

ISO10015是ISO9000族国际标准中唯一对组织中的人力资源培训进行规范的标准，而不是针对其他传统的产品。组织中人力资源开发的功能对企业的生存发展至关重要，培训作为人力资源开发的重要手段，从后台开始走向前台。通过实施ISO10015培训质量标准，使培训为企业实现人力资本增值和企业的发展目标做出重大贡献。

3. 促进培训过程的持续改进

ISO10015标准规定了培训的五个阶段，其中核心是监视和改进，它的作用是讲求持续改进过程的业绩结果，使偏离策划方案的培训质量缺陷能及时被发现并予以纠正，使培训对组织改进目标更为有效，使培训过程中的投资从长远的观点获得更丰厚的回报，强调培训对于组织持续改进的贡献，从而使组织在市场经济中更具有竞争力。

4. 促进员工岗位胜任能力的持续提升

企业竞争归根结底是人力资源的竞争。企业培训的最终目标是提升员工的岗位胜任能力。ISO10015标准能与人力资源管理中的招聘、职位描述、能力设置、绩效考核、能力评审等产生非常紧密的接口。在这一长效培训机制的保障下，员工的能力差距不断地被识别和弥补，而员工的能力储备不断地被刷新，产生一个螺旋式上升良好机制，从而不断增强企业的核心竞争力。

（二）具体对策和做法

围绕提升培训工作的针对性、规范性和有效性的目标，以制度为导向，建立健全"评价（调查）、分析、反馈、整改、验收"的"五步骤"闭环运作机制。以问题为导向，加强基础管理，转变工作作风，实现持续改进。以服务为导向，提升系统评价、监控培训服务的整体效果，加强对培训服务全流程中关键环节的有效管控，主动靠前服务，通过自我发现问题，减少学员投诉，不断提升管理水平和培训成效。以需求为导向，通过跟踪考评，举一反三，不断提高培训主办方和承办方的培训能力。

1. 梳理流程，健全评价体系。

以学员为中心，对培训服务全流程的"四个环节"进行全面梳理，找出与外部学员和内部相关部门的交互点。按照质量管控的"五步骤"，围绕培训的课程体系、管理体系、师资队伍和后勤服务四大模块，建立定性和定量的系统性评价、分析体系，完善内部整改处理流程、对外反馈告知流程等，进一步健全完善培训管理评价体系，形成工作闭环。

2. 协同配合，全流程跟踪学员意见。

一是加强培训需求调查。培训管理部门在编制年度培训计划时，要先广泛征求省公司机关各部门、基层单位和广大员工意见和建议，最大限度地满足培训需求。专业培训部门要充分利用走访、慰问和下现场学习的机会，或通过聘请兼职培训师授课、参与各类培训成果开发、评审，组织学员座谈等机会，充分了解客户的需求。

二是加强具体培训项目的策划。项目责任人提前与省公司主办部门充分沟通，通过调查问卷、访谈、参观考察等各种方式，进一步了解委培单位和参培学员的需求、意见和建议，不断完善培训课程体系，按照"实际、管用"的原则，使培训内容或项目安排能较好地贴近企业生产现场需求，确保培训内容的针对性和实效性。

三是及时认真做好相关意见的整改落实工作。在培训项目组织实施阶段，主要通过项目责任人收集、反馈学员意见，告知培训管理处、专业培训部门、后勤服务中心和技术支持部门，由相关部门及时进行整改落实。相关部门也可直接针对学员提出的培训内容、培训方式、后勤服务等方面的需求，快速响应，随时整改。

四是充分应用培训效果评估信息。培训管理部门作为培训管理的职能部门，在培训结束后，主要通过公司教育培训系统，及时收集、整理、分析学员的反馈意见和建议（一级评估）；在重点培训项目结束后3个月，跟踪反馈学员直接主管的评价意见（三级评估）；不定期组织学员座谈会等，进一步沟通需求和改进意见。

3. 系统分析，提出改进建议。

为了全面落实和解决培训调研、过程反馈、监督检查、系统测评等工作中发现的有关问题，我们从培训内容实用性、课程设置合理性、培训方式有效性、培训师资配置、班级管理水平、生活服务质量等"六个维度"，围绕培训工作"四大模块"，系统性地汇总、分析学员提出的各类意见和建议，深入剖析、追根溯源、寻求对策，并按照问题的种类和轻重缓急，分别告知有关责任部门并提出改进建议。

为了便于整改落实，明确责任分工，我们将学员意见分为课程内容、项目组织、授课质量和后勤服务四大类。在每个项目结束后15天内，将每类意见分别向主办者、项目责任人所在部门、专兼职培训师及其所在部门、后勤服务和技术支持部门进行反馈。根据学员考核结果，分析学员对课程内容的掌握程度（二级评估）。每季度定期对发现的问题进行分类整理，定性、定量分析，提取有价值的改进意见，为改善软硬件环境、优化内部流程、完善培训方案、提高授课质量、增强培训设施功能等，提供相关参考和借鉴。

4. 加强过程管控，做好整改、验收和反馈。

一是由培训管理部门跟踪、分析公司教育培训系统和兼职教师课时管理系统等相关信息，告知学员意见，跟踪整改情况，提出考核和表扬建议等。

根据不同部门的职责，采用不同的反馈形式。向省公司主办部室的反馈形式为"学员意见告知单"；向培训相关部门的反馈形式为"学员意见告知单"；按月对学员在培训期间的表现情况向委培单位反馈，反馈形式为"学员培训表现情况反馈单"。

二是意见如需整改的，要求相关责任部门限期（一般在10个工作日内，延期须书面申请）完成，并将整改结果反馈至培训管理处。由培训管理部门对学员提出重要意见的整改结果，向其本人及所在单位进行反馈通报。对于反馈已整改的问题，建立档案，进行过程追踪，以保证整改成效。自查情况不属实的，视同已整改。

三是相关部门根据所反映问题的重要性、紧迫性，进行分级别、差异化处理。专业培训处应充分吸收学员意见，不断完善培训课程体系、加强师资队伍建设、优化实训设施功能。培训管理处应加强策划阶段的沟通和实施阶段的学员服务工作，在培训班结束后，及时上传培训成绩，向委培单位反馈等。后勤服务和技术支持部门应想方设法，改善软硬件条件，尽可能满足学员的合理需求，并做好解释工作。培训管理处要加强过程管控，进一步优化管理流程和评价体系，协调解决具体问题。

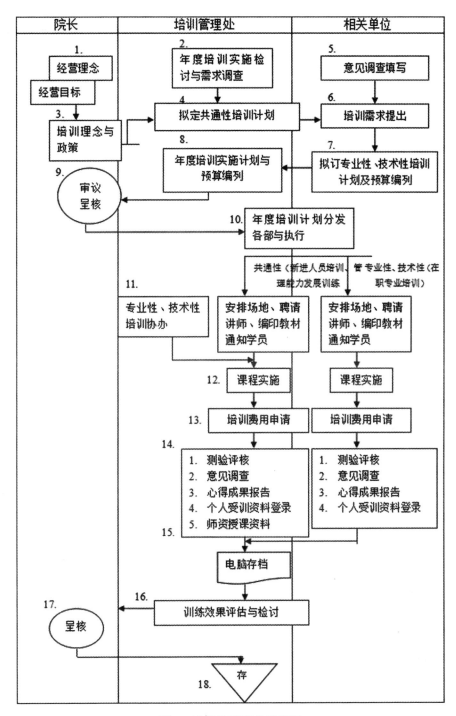

图1 培训体系运作流程图

四、实施效果

ISO10015标准具有广泛的适用性和实用性，通过实施ISO10015标准，我院的技能培训管理工作取得明显成效，主要有以下方面：

（一）提高了培训的规范化、科学化水平

我院通过贯彻实施ISO10015培训质量标准，进一步梳理培训工作流程，针对送培单位和学员的反馈意见，及时做出响应并不断改进，进一步提升了"培训需求调查""项目设计与策划""项目组织实施"和"培训效果考核评估"等环节的工作水平，电力技能培训的规范化、科学化水平有了明显提高，推动了培训管理工作的良性循环。

（二）提高了培训的针对性和实效性

我院认真贯彻实施了ISO10015标准，通过认真组织培训需求调查，使企业的培训工作和人力资源管理的实际相结合，识别出现有人员当前的能力、现有能力与能力要求之间的差距，以使与企业的发展战略、目标相适应。通过开展有效培训，弥补了企业员工现有能力差距，既为企业既降低培训成本，又为企业培训了一大批能力达到岗位要求的人员，提升了企业人岗匹配水平。

（三）提高了培训工作的满意度

我院实施了ISO10015培训质量标准，培训质量和满意度有了较大提升。2014年培训计划和归档及时率达均达到100%，年度累计综合服务满意率98.92%、培训质量满意率99.57%、客户服务满意率98.27%，人均成本控制率100%。2015年我院培训满意度进一步提升，顺利完成省公司布置的培训办班任务和各项培训项目开发任务，全年培训量达76625人天，实训设备利用率高。

（四）形成了培训工作的管理闭环

PDCA（Plan-Do-Check-Action的简称）循环是品质管理循环，针对品质工作按规划、执行、查核与行动来进行活动，以确保可靠度目标之达成，并进而促使品质持续改善。我院适应深化企业人力资源管理改革要求，在培训管理中积极引入了ISO10015培训质量标准体系，遵循了PDCA循环要求，形成比较完整的管理闭环，促进我院培训管理工作进入了良性循环。

（五）提升了企业人力资源开发水平

我院立足于企业发展战略，深化企业培训管理创新，将培训的目标与企业发展的目标紧密结合，并围绕企业发展不断创新及拓展培训内容，并根据企业发展战略，不断探索新的培训形式，将企业员工培训与人力资源开发紧密结合，拓展培训的深度和内涵；进一步与激励挂钩，搭建起学习型团队的构架，促进员工与企业共同发展。

总之，通过实施ISO10015标准体系，我院培训管理工作上了一个新台阶，为行业企业人力资源开发提供了有力支撑，为企业的培训服务能力进一步增强。今后，我院将瞄准国内外培训管理发展的前沿，与时俱进，开拓创新，不断提升我院培训质量和管理水平。

单位：国网福建省电力有限公司技能培训中心

柒牌集团买手人才培养实践

陈炳辉

一、柒牌集团买手人才培养项目背景

中国服装行业近年来受中国经济增速有所放缓及互联网思维的影响，纷纷做出相应的战略调整。自2012年以来，服装行业出现分化，男装品牌处于深度调整状态。为应对行业整体性景气指数下滑及外部环境变迁，主要男装品牌在战略、研发、渠道、供应链等各方面进行变革，重塑或加强自身核心竞争优势，寻找度过困境的路径。柒牌也正是在这样的大背景下，对品牌、研发、供应链、零售等方面做出重大变革。

2013年，根据公司批发转零售的战略要求，为把公司从靠经验选货与订货快速转变成数据科学选货与订货模式，真正助推公司由订货制转化成订货加现货制，实现决胜终端的战略使命，此时打造一支有凝聚力、有战斗力、有执行力的高绩效买手团队显示出其战略上的重要意义。在"以客户为中心"的指导下，要求公司在选货时更加精准，这对原有选货与订货模式提出重大挑战。2012年底，柒牌大学在理解公司的战略并调研各级人员之后，具有前瞻性地启动了"柒牌集团买手人才培养项目"。在这个阶段，项目主要针对总部和分公司商品经理等未来买手候选人进行买手素养、流行趋势、商品管理、选货基本方法的学习，为未来成立买手团队打下重要知识与方法基础。2013年8月，柒牌买手团队正式成立。柒牌大学也正式针对买手团队实施了一系列的跨年度规划与培养实践。

二、柒牌集团买手人才培养项目成果

柒牌集团买手人才培养项目采用"1=N+1+1"的方式进行设计，采用学习方式组合创新应用。在多年的学习实践过程中，由柒牌大学推行"学习方式组合创新应用（"1=N+1+1"），即1次学习=1次培训+1次分享+1次研讨+1次考察+1次行动……+1个结果+1次教学与分享"的方法，强调针对1个主题，通过"721"方法论紧密逻辑关系，以提升业绩为导向，层层深入地带领学员从了解、理解到实践应用，并产出结果。在强调学以致用基础上，进一步强调学员通过教别人来更进一步达到学习的最佳效果！该方法在加盟核心业务层人才培养项目及买手人才培养项目中，得到有效实践，并分别取得31家重点门店8.09%零售额同比增长，以及39.9%的春夏装选货命中率同比提升。如图1所示。

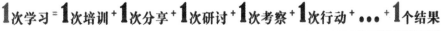

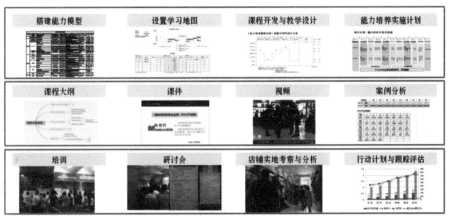

图1　学习方式组合创新应用（"1=N+1+1"）

基于此背景，柒牌大学承接组织发展战略，致力于打造一支有凝聚力、有战斗力的、有执行力的高绩效买手团队，协助业务中心建立男装行业领先的买手模式，提高选货命中率、售罄率，降低库存水平，提升整体业务业绩表现水平，从而为以商品为核心的零售战略转型奠定重要基础。

通过2014年实施的4次学习活动，产出了82份零售企划方案以及27个省份的组货方案，并且最终帮助2015春夏选货会买手命中率提升到70.5%，实现了同比39.9%的增长。如图2所示。

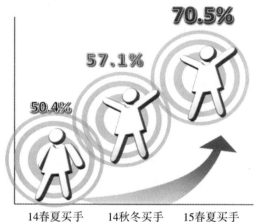

图2　买手选货命中率目标

三、柒牌集团买手人才培养项目实施阶段

在公司战略转型需求规划的引领下，柒牌大学联合销售管理中心成立了"柒牌集团买手人才培养项目"。项目成立后，项目组进行了深入访谈、调研、分析与验证，针对不同阶段买手所要具备和需培养能力进行划分与归类，最终确定了买手发展需求及培养实施阶段。

（一）柒牌集团买手人才培养项目分为四个阶段

根据公司发展战略目标及买手团队能力现状，以及考虑到互联网对传统业务的冲击与影响，柒牌大学与业务部门一起研讨出买手团队的发展定位，并采用迭代式项目管理方法，将买手团队项目分成四个阶段，项目周期为2013–2018年，每年根据经营重点及具体业务挑战，对能力主题进行及时更新。如图3所示。

1. 2013–2015年：定位于市场买手，关键业务指标为命中率及售罄率；

2. 2015–2016年：定位于销售买手，关键业务指标为售罄率及销售额；

3. 2016-2017年：定位于销售研发买手，关键业务指标为品类利润及销售利润；

4. 2017-2018年：定位于全价值链买手，关键业务指标扩大为各项盈利指标。

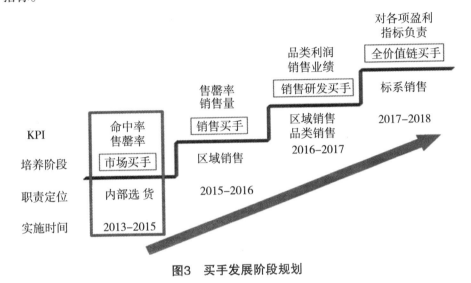

图3 买手发展阶段规划

（二）柒牌集团买手人才培养项目覆盖"选、育、用、留"四大模块

为了更好地确保买手团队人员的培养与成长，柒牌大学联合业务部门、人力资源管理中心，共同搭建了买手"选、育、用、留"模块，以系统性地规划买手人才的发展体系。如表1所示。

1. 选：包括整理档案、理解需求、实施测评、搭建胜任力模型、实施跟踪；

2. 育：包括制定培养方案、制定IDP、实施培养计划；

3. 用：包括选货组货、组建专家小组、建立分享平台、最佳实践分享、筹建专家小组、实施群策群力；

4. 留：包括评估业绩、实施奖励、淘汰人员、吸收新人、跟踪评估、课程升级、讲师升级。

表1 柒牌买手"选、育、用、留"与业务部门分工

分工	选	育	用	留
销售管理中心	1. 提供档案 2. 选择人员 3. 组织人员 4. 提供数据	1. 讨论培养方案 2. 组织协调 3. 实施跟踪	1. 选货组货 2. 组织协调 3. 组建专家小组 4. 选择关键主题	1. 评估业绩 2. 实施奖励 3. 淘汰人员 4. 吸收新人
营销学院	1. 整理档案 2. 理解需求 3. 实施测评 4. 搭建胜任力模型 5. 实施跟踪	1. 制定培养方案 2. 制定IDP 3. 实施培养计划	1. 最佳实践分享 2. 建立分享平台 3. 筹建专家小组 4. 实施群策群力	1. 跟踪评估 2. 课程升级 3. 讲师升级

柒牌集团买手人才培养项目要解决的实际业务核心为：提升买手选货命中率。由于选货在"品牌、企划、研发、选、组、订、上、卖"八大环节中处于中间最关键的环节，起着承上启下的关键作用，研发出好产品，需要有时尚眼光及市场敏锐度的买手来结合消费者与研发之间的关联。因此，其选货命中率高低直接影响着最终产品的售罄率，甚至是零售额目标。

柒牌集团买手人才培养项目设计时，以业务绩效改善为出发，以终为始开展项目设计，重点利用了绩效改善技术。

柒牌大学在绩效改善中的定位是：授人以渔，提供的是意识、思维、方法、技能和工具方面的帮助。最终业绩成果须通过业务部门来实施，即从"渔"到"鱼"过程。在这个过程中，柒牌大学协同业务部门一起提供专业辅导。如图4所示。

渔 ——→ 钩 ——→ 鱼

图4 柒牌大学在绩效改善中的定位

柒牌大学通过十二个步骤将绩效改善技术应用于学习当中，即：制定集团发展战略→制定事业部战略→理解各中心OGSM→确定关键成功要素→确定关键能力模块→能力测评→整合学习规划方案→学习方式组合创新→协作实施学习计划→联合实施跟踪辅导→业务部门评估结果→衔接下一阶段学习。

在绩效改善中，第一个关键点最为重要，即保证做正确的事情，同时要获得高层领导的支持。在选择从哪个业务模块入手，最关键、有效的方式就是进行沟通，了解业务部门意愿的强烈程度，如果是意愿非常强烈的，进行全力支持。在柒牌集团买手人才培养项目中，柒牌大学与公司最高层及管理层紧密协作，在理解公司战略与年度经营重点的基础上，确定买手年度工作提升目的、目标、策略与关键衡量指标。

第二个关键点是需求调研。需求调研是一个不断验证和修正假设的过程，也是初步建立信任关系的过程。假设思考就是从信息非常少的时候，就开始不断思考问题的整体框架以及解决思路。假设思考在整个绩效改善的学习项目中，显得非常重要，要求我们理解业务总监的业务需求，甚至在学习与成长领域要站在比他们更高的高度和远度，从全局的角度来思考。在柒牌买手人才培养项目规划中，我们根据对过去一年整体业务发展状况及对买手工作结果及过程的分析，结合下一年度买手工作重点，对具体业务挑战及关键能力需求进行初步的假设，并与业务总监及营销副总裁进行沟通确认。

第三个关键点是业务逻辑与学习规划之间的密联度。在买手人才培养项目中，我们从业务部门的目的、目标、策略与计划的基础上，共同确定买手模式的关键成功要素，并与关键业务能力进行一一匹配。作为一名金牌买手应具备时尚洞察力、市场嗅觉力、统筹规划力、情绪管理力等关键能力。柒牌大学在此基础上，进一步拆解出更细的关键子能力，一一对应于能力主题，并通过每次学习前的深入访谈调研，确定关键的意识、思维、方法、技能与工具，以确保学习对业绩过程与结果指标带来更直接的帮助。

第四个关键点是学习方式的组合创新应用。根据公司现有买手团队能力情况，制定出买手项目综合学习模式规划。在专业能力培养上，结合公司战略需求从"选、组、订、上、卖"五个维度进行专业系统的学习，在学习方式规划方面，根据"721"学习法则，将学习分为三个阶段，即：基础阶段、提升阶段、升华阶段。

到此阶段，整个买手人才培养项目从理解战略与策略，梳理关键业务挑战与匹配关键能力和学习方式，使整个项目规划架构与项目目标逐渐清晰，接下来进入项目实施阶段。

（三）柒牌集团买手人才培养项目实施过程

1. 制定买手综合管理制度

项目实施前期项目组制定了相应的《买手综合管理机制》，同时根据买手分级标准制定出相应的激励机制及晋升淘汰机制。在具体的激励评选上从选货命中率，售罄率、选组订货专业能力得分等维度进行评选。我们根据买手的选货命中率结果、发展潜力进行综合评估，将买手从初级买手到钻石级买手分成6级。

2. 制定项目实施流程

柒牌大学根据学习项目规划与实施流程，将项目分为四大阶段实施。

（1）第一阶段，主要是搭建卓越导向的胜任力模型、制作素质与能力培养地图；

（2）第二阶段，主要是设计能力测评问卷、实施测评、形成测评报告、解读测评与沟通、制定能力改善方案，从而形成学习实施计划；

（3）第三阶段，主要是制定项目整体学习方案、分析讲师与课程匹配度、开发课程包、集中面授、开展实践活动、实施E-learning学习、完成读书报告、实施最佳实践分享与群策群力，并形成行动学习计划；

（4）第四阶段，主要是实施综合考核、实施行动改善计划、评估行动学习成果、制作能力提升报告与最终成果汇报。如图5所示。

项目实施流程

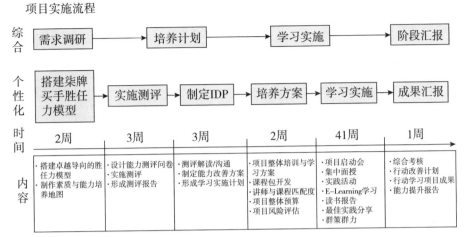

图5　项目实施主要流程

3. 搭建市场买手能力模型

经过深入访谈、现场调研之后，柒牌大学与业务中心结合业务导向的能力模型建设方法与胜任力模型建设方法优点，共同制定出市场买手能力模型，并与外部专家对第一阶段的买手模型进行评估，最终确定了柒牌市场销售的能力模型，并对所有买手进行能力测评。如表2所示。

表2　市场买手能力模型部分

序号	工作职责	工作任务	工作步骤	对应专业能力
1	理解品牌定位	理解品牌在消费者心中形象	1. 理解品牌广告给受众传播的理念	品牌知识
			2. 定期收集顾客对品牌的印象	
			3. 提供品牌推广宣传建议	
		理解各标系目标消费者定位	1. 理解公司目标消费者基本特征（年龄、性别、职业、收入、穿衣风格等）	消费者洞察品牌定位
			2. 理解公司各标系目标消费者购买心理与行为特征	
		理解对应产品体系	1. 了解公司产品的定位、价格段、时尚度、个性化程度	产品主题产品FAB
			2. 匹配消费者穿衣类型	
		理解目标区域市场	1. 理解区域市场共性、个性需求	市场需求分析
			2. 匹配产品特性与区域市场个性需求	

序号	工作职责	工作任务	工作步骤	对应专业能力
2	预测流行趋势	理解国际国内流行趋势（多渠道）	1.通过实地考察、时尚报刊杂志、发布会视频了解国际流行趋势	捕捉流行趋势
			2.实地考察、各大品牌商圈及展会的国内流行趋势	
		解读国内流行趋势	1.总结市场考察、展会流行趋势报告	解读流行趋势
			2.提出品牌与国内流行趋势融合点	
		预测区域流行趋势	1.捕捉区域市场消费者时尚流行趋势	运用流行趋势
			2.应用趋势报告，总结出区域个性化流行趋势需求	

柒牌大学买手能力模型及每一个具体能力主题特点及业务需要，匹配主要学习形式，从而使每一次的学习活动都对买手的关键能力提升有直接帮助。

4.具体学习活动实施

在买手人才培养规划的指导下，柒牌大学与业务中心联合开展每一期学习活动。

在每次学习学习活动之前，我们需要制定详细周密的项目主题的培养方案，其中具体主题的需求调研是最关键环节。因此，我们针对每个主题都会考虑绩效与区域差别，选择10-20名有代表性的买手，进行问卷调研与面对面访谈结合的方式，对该主题下的具体业务挑战进行深入剖析，找到关键的知识点、方法与工具。

（1）2014年度第一期学习活动的准备

① 实施需求调研：本次学习活动，我们访谈了参加2014春夏选货会/订货会的20名买手，分别来自东南西北四个大区，其中10名优秀买手，调研后汇总成培训需求和对选货会订货会的建议。

② 甄选外部讲师：经过项目组讨论确定选定讲师的标准和要求，并经过层层筛选，从18位外部讲师中选定了王老师。

③ 确定课程方案：经过与讲师多轮沟通，分别就柒牌品牌定位、买手定位、授课课程大纲、课程重难点解析、课程设计表、课程工具表单、柒牌店铺走访等多方面内容进行全方位沟通确认。

④ 确定实施内容：第一期实施内容主要包括：看货准备、看货企划范本制作、选货货品整体性对比、组货工具讲解及现场负责组货搭配演练。

（2）第二期主要针对买手订货能力实施学习活动

① 实施需求调研：与业务部门详细了解选货会流程，确定本次选货会总体需求；

② 确定主题与重点：联合业务部门总监与讲师进行四轮沟通，共修改三次课件，分别就第二期学习目的、授课思路、课程重点、学习形式进行全面的确认。

③ 做好研讨准备：柒牌大学联合业务中心组织买手进行研讨，对选货与组货会模式及流程进行分析，总结提炼出相关改进计划。并与讲师进行多次沟通，共同确认女装行业标杆企业与考察交流计划。如图6所示。

图6　研讨结果示例

④ 确定实施内容：包含市场区域共性款选择标准和比例、主推款/主推色/主推版型/主推搭配选择标准。如图7所示。

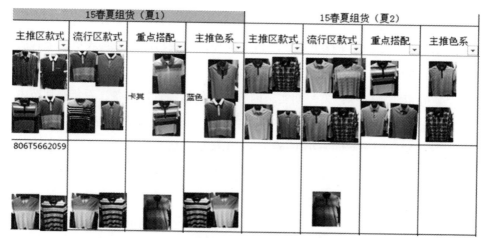

图7　选货工具示例

⑤开展学习活动制定行动学习计划：产出82份零售企划方案。

（3）第三期主要针对买手的上货和卖货能力进行培养

①实施需求调研：确定关键能力所对应的业务挑战，以及重点知识、方法与技能。

②确定实施内容：组货方法与工具的应用。要求能够运用组货方法与工具输出各省准确有效的组货方案。

③开展学习活动制定行动学习计划：产出27个省份市场的《2015春夏买手组货方案》。

（4）第四期主要进行现场实践与讲师点评，产出实际选组货成果

根据学员前期掌握的组货方法及工具，运用组货方法与工具输出各省准确有效的组货方案，同时结合现场演练以帮助各分公司实现组合成一盘适销的货品。

实施效果：

此前项目规划时，由于SKU过多，公司选货命中率为25%，项目第一阶段设定目标为命中率提升到40%，项目第二阶段设定目标为命中率提升到60%，第三阶段目标为70%，最终希望达成命中率80%的目标。根据项目目标，柒牌大学联合业务中心共同制定了绩效改善项目规划。

所有学习方式，针对同一个主题，解决同一个关键业务难题，提升关键

业务指标。买手团队成立后，为了解决提升买手选货命中率问题，柒牌大学与业务中心制定出具体的培养方案。根据公司选货命中率低的现状，分析出导致命中率低的核心问题进行集中培养。

培养过程中采用集中培训进行知识点、方法论、工具包学习。在课堂理论知识的学习后，进行现场"选货、组货"实操，老师根据实际组货情况进行现场点评，理论与实操的结合有利于学员更好地把所学用到实际工作中，同时通过现场的组货演练及指导可以帮助学员们更好地对理论知识进行消化与理解，更好的将所学方法与工具运用到实际工作中更好地提升选货命中率。

四、柒牌集团买手人才培养项目应用总结

我们从柒牌买手人才培养项目的实践中发现，企业大学在进行项目规划时，应该从长远角度进行规划，确保企业大学的学习与发展项目与公司战略及业务策略紧密结合，并分析当前业务与团队能力状态，从协助改善业务绩效的角度出发，使学习活动对关键业务挑战起直接帮助作用，从而有效地协助业绩过程与结果指标的改善。从该项目实践中，我们认为一个优秀的项目设计应用具备以下四个特点：

1. 前瞻性

学习项目规划应具有前瞻性。如该项目中，在公司尚未成立买手团队时，已经预见到买手对于未来发展的重要性，并影响公司决策层支持项目开展。2012年底开始进行规划，2013年8月柒牌买手团队正式成立，并从"选、育、用、留"四个模块设计系统性的培养计划与方案，第一阶段至2015年底结束，历时两年多时间。

2. 务实性

以务实为项目设计基本出发点，学以致用。项目内容及培养方式与业务进行紧密关联，以协助改善绩效为导向，并选取业务中关键业务挑战实施学习计划，真正为业务部门带来实际价值。如该项目中，最终帮助买手团队提升选货命中率39.9%。

图8 柒牌大学致力成为可信赖的学习与发展伙伴

3.创新性

与时俱进，实施突破。项目实施过程中，为了更好地确保学习成果，柒牌大学结合"721"原则，实施"学习方式组合创新运用"，即："1=1+1+1+1+1+1+1+…+1+1"，其核心点在于所有学习方式紧密围绕一个主题，将主题涉及的意识、思维、方法、技能、工具等通过由浅到深，由理论到实践的方式，层层强化深入，让学员从了解、理解，到实际应用并创新升级。如图一所示。

4.客观性

企业大学不参与学习项目最终成果统计，以确保其客观性，但企业大学应与业务部门共同制定业务提升目标与标准。最终由业务部门进行收集、统计、汇总。同时，柒牌大学还利用柯氏四级评估对项目进行全方位的评估。

在项目评估方面，柒牌大学着重于将柯氏四级评估扎实地做到位。培训项目实施后，为了更好地检验学习效果采用"柯氏四级"评估进行项目学习效果评估，评估后建立证据链来呈现四级评估结果。在项目实际实施过程中，我们要求业务过程指标与业务结果指标的实际量化结果由业务部门去统计，柒牌大学人员不参与收集和统计的过程，以保证其统计结果的客观性。

但在此之前，柒牌大学会与业务部门共同确定统计的口径及相关标准，以确保所统计的业务结果是与学习实践活动期间相对应的。

以上步骤主要借鉴柯氏业务合作伙伴关系模型（KBPM），如图9所示。

柯氏业务合作伙伴关系模型（KBPM）

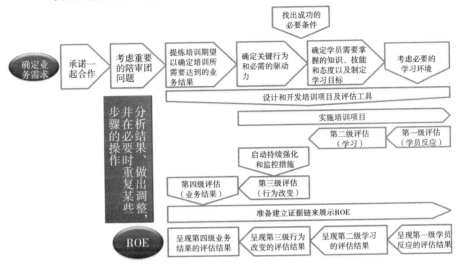

图9　柯氏四级评估模型

五、柒牌集团买手人才培养项目评估实践

经过前期的需求分析及方案制定后，每次项目实施均采用以业务结果为导向的评估方式。

1. 一级评估：在学习过程中和学习结束后对学员进行满意度评估，采用面谈、问卷的形式，针对学习体验的评估满意度达88.5%。

2. 二级评估：在进行满意度评估的同时，对学员进行知识技能测试，采用实操演练、考试的形式。4个主题学习活动的平均满意度为92.3%。

3. 三级评估：每次学习后，均选取与学习主题相关的关键业务难题进行研讨与解决，采用行动学习，持续跟踪、辅导等方式。如通过学习提升店效与商品管理主题之后，提炼出具体的方法论与工具包，应用于实际的店铺管理与商品管理实践当中，由学员直接上级及业务中心领导每月进行跟踪辅导。

4. 四级评估：在设定的业务评估期限内，对训前与业务领导达成共识的关键业务过程指标与关键业务结果指标进行定期跟踪。

项目结果：通过2014年实施的4次学习活动，产出了82份零售企划方案以及27个省份的组货方案，并且最终帮助2015春夏选货会买手命中率提升到70.5%，实现了同比39.9%的增长。

（备注：柒牌集团买手人才培养项目自2013年初成立，第一阶段至2015年底结束，此实践案例主要以2014年和2015年实施情况为主。）

单位：柒牌大学

W公司培训工作满意度的改善策略

邹小宁

本文着重分析某国有大型施工企业三级子公司在培训工作中存在的问题，通过培训满意度调查、领导访谈等调研，对培训实施中存在的问题进行摸底与分析，归纳判断产生这些问题的根本原因，并依据企业现实需要，提出深化培训调研机制、建立三维立体培训体系机制、建立业务线参与培训及考评机制、建立对基层单位培训工作考评机制、对公司范围内培训工作创先评优奖励机制，为企业培训工作提供支持。

一、背景介绍

建筑施工企业是中国数量较多，从业人员较多，营业规模较大的一类。其中，国有大型施工企业更具有代表性，并且对整个建筑行业有着重大的影响。国有大型建筑施工企业的培训工作也存在着比较相似背景，因此具备很多共同特性；分析这类企业中的具体某个企业培训工作，可以成为行业内培训工作的典型性个案研究。

W公司是一家大型国有企业下属的三级子公司，从业人员400多人，本科以上学历人员占比80%以上，主要业务为建筑施工，成立于2004年。公司成立伊始，在上级单位的指导和兄弟单位的帮助下，开始着手员工培训和梯队人才培养工作，经过10多年的不断努力和提升，企业培训工作已经形成了一套比较完备的体系。

W公司拥有的培训科目分类如下：

①按培训主办方来分，W公司当前拥有的培训有：

送培方式	主办单位	送培方式	主办单位
外训	外部培训机构、咨询公司	内训	二级总部
外训	政府相关机构	内训	公司培训中心
外训	行业协会	内训	司属各单位、部门
内训	集团总部	内训	视频资料

②按培训内容分类，W公司当前拥有的培训有：

序号	类别	释义	备注
1	理论学习	政策研究、宏观经济、管理理论、企业文化等	
2	管理能力	人力资源、财务、合同管理、法律、市场营销、客户管理等内容	
3	技术技能	施工工法、技术标准、技术方案、技术理论、技术实操等，及涉及质量、安全、环境、职业健康等相关内容	
4	职业资格	岗位证书、执业资格证书等相关内容	
5	技能鉴定	国家授权的技能鉴定工种相关内容	
6	学历提升	学历教育	
7	特种作业	特种作业取证及复审	

W公司虽然为三级子公司，但根据企业发展需要，制定了在总部战略框架范围内的企业战略规划，并与之配套形成了企业自己的人才培养战略及中长期培训规划，并建立相应的培训体系。

表1　W公司培训体系建设及现状情况表

序号	内容	现状	备注
1	培训需求调研	问卷、访谈	
2	内部讲师队伍	认证5人，未认证17人	
3	课程库	35门课程	
4	培训评估	二级评估体系	现场、训后
5	后期跟进	半年度调研、年度调研	

续表

序号	内容	现状	备注
6	中长期规划	3年计划	
7	年度规划	年度培训计划	
8	制度手册	有相关管理规定	
9	培训软件系统	无	

当前，公司处于业务转型期，企业正在从传统的水工行业逐步转向地铁、市政、路桥、围海造地等行业，多元化的发展也对企业培训工作提出了更高的要求。

二、存在的问题

W公司虽然经过10余年的发展，培训体系已经建立，但企业培训工作也存在着比较突出的问题。具体如下：

（1）员工培训满意度不高，总体满意度在80%以下，个别群体培训满意度低于50%。

W公司每年年中会对公司范围内全体员工进行满意度调查，2015年调查结果统计如下：

表2　W公司培训满意度调查问卷统计表

项目名称		有效问卷总数	满意	比率	备注
一、所属单位					
1	本部	29	16	55.17%	
2	基层1	23	12	52.17%	
3	基层2	29	22	75.86%	
4	基层3	20	14	70.00%	
5	基层4	24	19	79.17%	
6	基层5	71	53	74.65%	
7	基层6	10	1	10.00%	

续表

项目名称		有效问卷总数	满意	比率	备注
8	基层7	8	5	62.50%	
二、岗位类别					
基层领导班子		16	5	31.25%	
基层一般员工		169	121	71.60%	
三、工作年限					
1	未满1年	46	36	78.26%	
2	1–3年	40	27	67.50%	
3	3–5年	28	17	60.71%	
4	5年以上	100	82	82.00%	
四、年龄区间					
1	25岁以下	40	28	70.00%	
2	25–30岁	82	55	67.07%	
3	30–35岁	36	27	75.00%	
4	35–45岁	40	35	87.50%	
5	45岁以上	16	8	50.00%	
五、本岗位工作年限区间					
1	未满一年	52	36	69.23%	
2	1–2年	56	37	66.07%	
3	2–4年	29	20	68.97%	
63	4年以上	77	63	81.81%	

（2）培训工作对企业的服务支持度不高。

经过对企业领导的访谈，企业领导总体上认为，虽然培训已定位到了公司新业务的需要，但当前培训工作在对新业务的支持度缺不高，地铁、市政、路桥类的技术类培训力度不够。

三、培训满意度调查分析

根据满意度调查结果，可以看出：

（1）各基层单位培训的满意度参差不齐，公司本部、基层单位2满意度低于60%，基层单位4满意度较高，接近80%。

该项指标反映出，部分基层单位员工分享到的培训资源较多，部分单位分享到的资源较少，培训资源分布不均衡，使得员工在培训满意度上面，呈现出较大的差别。

经过对基层单位培训工作的检查发现，部分单位在培训工作中投入较多，能够在一定层面上满足员工的培训需求；部分单位虽然在培训工作中也投入了不少，但是因为需求调研不清晰，造成培训项目与需求匹配度较低，员工满意度也受到影响；还有部分单位在培训工作中投入较少，对公司培训工作的支持度较低。

（2）基层单位领导对培训的满意度较低。

经过调研发现，基层单位领导班子对于培训工作的期望较高，公司有50%的人员处于新业务领域，公司所能够提供的新业务领域的培训资源相对较少，不能够快速对新业务的管理、技术给予学习支持，因此，领导班子满意度较低。

另外，基层领导班子本身的工学矛盾较为突出，根据当前培训战略规划，W公司的主要培训任务是提升中层管理人员的管理业务能力，该类培训安排较多，中层领导能够参与的时间较为紧迫，虽然培训提供了很多，但是参与率却不高。

（3）工作未满1年的员工和工作5年以上的员工，满意度较高。

公司对于新进员工的关注度较高，安排了为期9天的岗前培训、为期一年的导师带徒培养，因此，新进员工满意度较高；另外，公司当前培训工作也主要偏向于5年以上职务较高的人员，而工作2-5年的员工给予的关注度较低，因此培训满意度较低。

（4）35-45岁的人员、本岗位工作4年以上的人员满意度较高，其他类人员满意度较低，45岁以上人员的满意度最低。

根据W公司上一个培训期间的规划来看，W公司的重点培训工作为加强中层干部及管理骨干的培养，因此大量的培训主要集中在中层管理人员和年资较长的管理骨干，而对于新进员工及年龄较大且职位较低的员工缺乏关注度，造成该类人员培训满意度较低。

四、培训工作对新业务的服务支持分析

2015年W公司的重点培训工作之一是对企业新业务的培训支持，主要做了以下几个方面的工作。

1.公司培训中心开展的新业务培训项目

序号	项目	类别	参培人数
1	地铁矿山施工技术	地铁施工技术	25人
2	地铁车站主体结构施工关键技术	地铁施工技术	40人
3	监控量测技术	地铁测量技术	21人
4	满堂红模板支架体系	地铁施工技术	24人
5	爆破施工技术	地铁施工技术	30人
6	市政地下管廊结构施工关键技术	市政施工技术	32人
7	矩形截面钢管空心混凝土结构施工关键技术	市政施工技术	18人
8	公路工程施工技术	公路施工技术	15人
9	海外工程管理	海外工程	30人
10	房屋建筑工程施工技术	房屋施工技术	23人

年度新业务板块培训共安排10个场次，占公司总培训规模的20%，占技术类培训规模的51%；年度新业务参培258人次，占公司总培训规模的27.15%，占技术类培训总人次的49.51%。年度新业务从业人员参培覆盖率90%。

2. 司属各单位自行开办的新业务培训项目分析

单位	项目性质	总人数	开班次数	参培人次	培训覆盖率	备注
基层1	地铁	71	20	400	98%	
基层2	地铁	32	6	134	72%	
基层3	市政	35	5	98	57%	
基层4	公路	18	1	15	83%	
基层5	房建	16	1	16	100%	

年度新业务基层单位开办培训33个场次，占基层单位总场次的58.92%；年度新业务基层单位培训663人次，占基层单位总培训人次的27.3%。

3. 公司两级培训对新业务支持的总体情况

从以上数据可以看出，公司培训中心年度新业务板块培训在培训工作范围内比重较为合理，但与企业当前强烈的技术培训需求匹配度不高，需要适当加大比重。

司属各单位在年度新业务学习中也开展了不少培训，但总体质量参差不齐。司属各业务部门在培训工作中的积极性不足，需要调动起各个业务部门共同承担各项培训任务，最大限度满足新业务培训的要求。

五、基于以上分析的归因判断

W公司已建立了完善的培训体系，并按照公司人才战略的部署实施各项工作任务，在战略的框架内完成了企业培训的目标，但造成当前培训困境的主要原因可以归纳为以下几点：

（1）企业培训需求调研不够深入，培训针对性不强。

（2）培训规划中，人才梯队建设培训项目设置有缺陷，培训资源分配不尽合理；

（3）各业务部门在培训中所起到的作用有限，没有充分发挥业务线人才培养的功能。

（4）上级对下级单位的管控不到位，且缺乏合理的考核体系，缺乏有效的激励机制与奖惩机制。

六、提出的解决策略

（1）改进培训需求调研的方式方法，建立与岗位胜任能力、绩效考核体系相关的培训机制，合理安排培训课程。

改善当前简单的问卷调查及基层单位摸底上报的培训需求调研的方式。采用问卷调查、领导访谈、基层领导访谈、基层员工座谈"四位一体"的方式，深入到一线基层，与广大员工充分交流，了解基层最本质的需要。

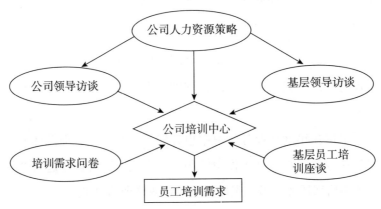

图1　W公司培训需求调研模型

了解基层单位员工年度绩效考核情况，对比岗位胜任能力与岗位绩效考评指标，了解员工岗位工作短板，绘制"员工培养地图"。

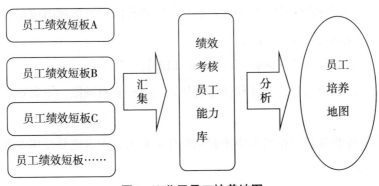

图2　W公司员工培养地图

以两个深入调研为依据，加强培训需求调研的深度，分析公司战略及人才培养规划的要求，建立更加行之有效的两级培训体系。

（2）建立三维立体培训网络体系，增强人才培养梯队建设，合理分配培训资源。

公司当前的培训规划，以重点培训为主要目标，针对性较强，但体系性较弱，通常顾此失彼，满足一方面的同时不能有效兼顾到其他方面，因此，应该建立一个三维立体的培训网络体系。从W公司当前已建立的培训体系及公司的发展阶段来看，已经具备了从多个维度开展有效的培训的能力，且公司规模已经上升到一定层级需要在多个维度来充实培训体系，因此，根据公司的业务分散的特性，适合建立三维立体的培训网络体系。

具体操作方法：首先，对公司现有人员各业务序列进行分类分析，根据建筑公司人员分散的特点，分条（纵向业务线划分）、分块（横向职业能力层次划分）、分片（按照地域集中程度划分）将全部人员动态的归属到每一个类别当中；其次，根据每一个类别人员的岗位培训要求，类属特征，设置符合战略规划的培训课程。

表3　W公司三维立体培训体系模型

	维度1	维度2	维度3	维度4	维度5
分条	综合管理	合约财务	投资营销	工程技术	……
分块	1-3年期	4-6年期	中层管理者	高层管理者	……
分片	福州片区	厦门片区	汕头片区	海外	……

（3）拓宽培训渠道、建立业务线参与培训的机制，设置合理的考核要素。

首先，加强业务部门培养人才意识，明确人才培养是本部门、业务线（职系）的本职工作之一，要求其积极参与到培训工作中来，要求各部门、业务线负责人，每个季度必须对本部门、业务线开展培训，并在适当的课题中开展自主授课。

其次，积极将从外部获取的有用信息、知识、课程有效传递到本部门、业务线工作中。各部门、业务线的负责人，有非常多机会参与政府主管部门、行业协会、相关单位组织举办的培训会、交流会、专家研讨会等学习中，各部门、业务线应当将这些资源充分利用起来，要求凡是参与到外部学习的人员，必须将相关信息整理，对本部门、业务线开展培训、学习活动。

再次，积极倡导本部门、业务线的OJT培训，将培训转化为日常工作。

最后，建立合理的培训考核机制，并将培训考核指标纳入到年度绩效合约当中，对部门工作予以考核。根据W公司业务的分类，建立业务线培训考核指标体系如下：

表4　业务线培训工作考评指标体系

评比因素	内容	标准	权重	备注
培训达标情况	总人数、总培训场次、人均培训次数、培训覆盖率、有效课时数	1. 有效场次，是跟1、办班形式：针对本业务线专门开设的技能类的培训班，每个10分；跟随会议、活动、文件学习等形式，每个5分；针对非本业务线，每个3分；封顶50分。 2. 参培人次：低于业务线总人数，不得分；高于业务线总人数加10分；高于总数2倍，加20分；高于3倍加30分。封顶30分。 3. 有效课时数：4–6个课时，加10分，7–12个课时，加20分；超过13个课时，加30分；封顶30分。针对本业务线的长时间活动算3个课时；培训半天算3个课时，全天算6个课时，晚间算2个课时。	60	
公司主办培训参与积极性		公司评判	40	
扣分项	缺席、旷课、违纪	缺席，一人扣3分，旷课一人扣5分，违纪一人扣8分，封顶20分		

表5　业务线考核体系

部门	编号	业务线	负责人	业务线培训考核指标（达标）	备注
综合管理部	1601	综合管理业务线		1.制度学习>2次，不低于6个学时； 2.核心人才业务技能及管理思维培训至少有5人参加培训； 3.上级单位通知的培训到位率100%； 4.公司组织的集体培训，到位率90%。	
财务管理部	1602	财务管理业务线		1.制度学习>4次，不低于9个学时； 2.核心人才业务技能及管理思维培训至少有5人参加培训； 3.上级单位通知的培训到位率100%； 4.公司组织的集体培训，到位率90%； 5.岗位证书继续教育达标率100%。	

部门	编号	业务线	负责人	业务线培训考核指标（达标）	备注
人力资源部	1603	人力资源业务线		1. 制度学习>2次，不低于6个学时； 2. 核心人才业务技能及管理思维培训至少有5人参加培训； 3. 上级单位通知的培训到位率100%； 4. 公司组织的集体培训，到位率90%。	
	1604	团干业务线		1. 制度学习>4次，不低于12个学时； 2. 上级单位通知的培训到位率100%； 3. 公司组织的集体培训，到位率90%。	
	1605	党组织业务线		1. 制度学习>4次，不低于12个学时； 2. 上级单位通知的培训到位率100%； 3. 公司组织的集体培训，到位率90%。	
质量管理部	1606	质量管理业务线		1. 制度、规范、流程等学习>4次，不低于12个学时； 2. 核心人才业务技能及管理思维培训至少有5人参加培训； 3. 上级单位通知的培训到位率100%； 4. 公司组织的集体培训，到位率90%； 5. 岗位证书继续教育达标率100%。	
	1607	试验检测业务线		1. 岗位知识学习>2次，不低于6个学时； 2. 核心人才业务技能及管理思维培训至少有5人参加培训； 3. 上级单位通知的培训到位率100%； 4. 公司组织的集体培训，到位率90%； 5. 岗位证书继续教育达标率100%。	
安全管理部	1608	安全管理业务线		1. 制度、规范、流程等学习>4次，不低于12个学时； 2. 核心人才业务技能及管理思维培训至少有5人参加培训； 3. 上级单位通知的培训到位率100%； 4. 公司组织的集体培训，到位率90%； 5. 岗位证书继续教育达标率100%； 6. 非本岗位人员安全教育达到安全制度规定要求	
工程管理部	1609	施工管理业务线		1. 制度、规范、流程等学习>4次，不低于12个学时； 2. 核心人才业务技能及管理思维培训至少有20人参加培训； 3. 上级单位通知的培训到位率100%； 4. 公司组织的集体培训，到位率90%； 5. 岗位证书继续教育达标率100%。	
	1610	测量技术业务线		1. 岗位知识学习>1次，不低于3个学时； 2. 上级单位通知的培训到位率100%； 3. 公司组织的集体培训，到位率90%； 4. 岗位证书继续教育达标率100%。	

续表

部门	编号	业务线	负责人	业务线培训考核指标（达标）	备注
	1611	船机管理业务线		1. 岗位知识学习>1次，不低于3个学时； 2. 上级单位通知的培训到位率100%； 3. 公司组织的集体培训，到位率90%； 4. 岗位证书继续教育达标率100%。	
采购部	1612	物资管理业务线		1. 制度、规范、流程等学习>2次，不低于6个学时； 2. 核心人才业务技能及管理思维培训至少有5人参加培训； 3. 上级单位通知的培训到位率100%； 4. 公司组织的集体培训，到位率90%；	
成本管理部	1613	合约管理业务线		1. 制度、规范、流程等学习>2次，不低于6个学时； 2. 核心人才业务技能及管理思维培训至少有5人参加培训； 3. 上级单位通知的培训到位率100%； 4. 公司组织的集体培训，到位率90%； 5. 岗位证书继续教育达标率100%。	
工艺技术部	1614	工艺技术业务线		1. 制度、规范、流程等学习>4次，不低于12个学时； 2. 核心人才业务技能及管理思维培训至少有20人参加培训； 3. 上级单位通知的培训到位率100%； 4. 公司组织的集体培训，到位率90%； 5. 岗位证书继续教育达标率100%。	
	1615	科研业务线		1. 科研业务技能培训至少有5人参加培训，累计不低于30学时； 2. 上级单位通知的培训到位率100%； 3. 公司组织的集体培训，到位率90%；	
市场部	1616	市场经营业务线		1. 岗位知识学习或交流>1次，不低于3个学时； 2. 上级单位通知的培训到位率100%； 3. 公司组织的集体培训，到位率90%； 4. 岗位证书继续教育达标率100%。	
	1617	投资管理业务线		1. 岗位知识学习不低于24学时； 2. 上级单位通知的培训到位率100%； 3. 公司组织的集体培训，到位率90%；	

（4）建立本部培训中心对基层单位培训工作的考核机制。

首先，应根据年度培训工作安排，在送培训到基层活动开展的同时，对基层培训工作进行不定时的业务检查，考评其日常工作的扎实程度。

其次，应根据年度培训工作考评细则，要求项目部提供季度培训工作报表，掌握其日常培训工作的开展情况，并给予必要的辅导。

最后，应根据年度培训工作考评细则，对基层单位培训工作进行年度考核，并将考核结果纳入到基层单位经济责任制考核人才培养模块当中。

评比因素	内容	标准	权重	备注
培训达标情况	总人数、总培训场次、人均培训次数、培训覆盖率、有效课时数	1. 有效场次，是跟项目部确认后取得的数据。 2. 场次达标要求：年均人数规模超过50人的，须开办培训10场，且达到35课时；年均人数超过35人，须开办培训8场，且达到30课时；年均人数超过15人的，须开办培训6场，且达到25课时；年均人数低于14人的，须开办培训3场，且培训覆盖率达100%。	30	
培训满意度	满意度调研	满意度调研统计	25	
本部考核	根据培训组织情况进行考核	根据培训组织情况进行考核	45	
扣分项	缺席、旷课、违纪	缺席，一人扣3分，旷课一人扣5分，违纪一人扣8分，封顶20分		

（5）建立培训工作激励机制。

培训工作是一项复杂且涉及面较广的工作，要做好培训工作，就必须付出较多的精力和时间，然而当前各企业存在的通病是：对于培训工作的成果难以考评，因此对于培训工作也未给予较好的激励机制。从W公司当前的情况来看，培训工作激励主要从物质激励和精神激励两个层面开展。

首先，应该开展"创先评优"工作，对在年度培训工作中表现突出的部门、业务线、基层单位、工作者、内训师予以奖励，让广大员工看到在培训工作中大有可为，可以有展示自己的才华的平台，可以有展现自己的组织管理能力的平台，并且在辛勤的工作付出后能够有丰厚的回报，以此来充分调动广大员工对培训工作的积极性和支持度，必将改善培训工作氛围和环境。培训工作奖励机制，结合培训工作年度考核及部门、业务线培训工作年度考核、基层单位培训工作年度考核开展，通过以上几个考核维度中得分最高的几类，为获奖得主。具体奖项设置如下：

表6　培训工作奖励设置清单

序号	奖项	奖励对象	获奖要求	数量	金额	总金额
1	培训业务优秀工作者	培训业务工作者	根据培训业务工作情况	10	2000	20000
2	优秀内训师	内训师	根据内训师授课情况	3	2000	6000
3	优秀课程	年度开发课程	根据课程开发情况	3	3000	9000
4	培训工作优秀单位	项目部部门	根据项目部实施培训情况、公司考核得分、员工满意度	6	8000	48000
合计						83000

其次，培训工作激励机制还应辅以精神激励，主要为颁发荣誉证书、开展道德讲堂、邀请家属参加公司年会、给予内部教师称号等。

七、改善策略对于培训满意度的提高

（一）改进策略初显成效

1. 获得广大员工广泛认可

W公司2016年度培训规划的制定过程中，培训需求调研机制及三维立体培训网络体系的设计，对培训工作满意度提升表现出积极意义。根据W公司2016年度工作会时，培训工作计划调研报告显示，80%的基层单位领导对年度培训计划安排的支持度明显提高。

年份	同意通过人次	占比	提出修改意见人次	占比	备注
2013	32	58.18%	11	20.00%	
2014	38	69.09%	12	21.82%	
2015	37	67.27%	9	16.36%	
2016	47	85.45%	5	9.09%	

2. 司属单位争相落实相应政策

通过以上机制的改进，2015年年底，参照以上考核要素，对2015年度各单位、部门的培训工作情况予以考核评估，评选了优秀培训单位及优秀工作者，并颁发了证书，通过管理机制来促进和诱导培训工作走上正轨。

2016年初，各单位已根据公司培训中心要求，建立了各业务线、各部门、各单位的培训计划，并有部分部门已经开始抢先实施了多场业务线内部的培训。

（二）改进策略的后续优势

1. 可以丰富培训资源

通过以上策略的实施，可以实现更为广泛的培训资源的调度和利用。人都有学习的本能，都通过一定途径掌握着一部分的学习资源，因此，通过激励机制将各种资源调动出来，可以有效丰富培训资源。

2. 可以培育企业学习文化

通过以上策略的实施，可以有效调动广大员工积极参与到培训工作中来。通过诱导，可以逐步将培训工作变成一种本能的意识，进而将在工作中培训变为工作习惯，进而将培训习惯转变成一种工作惯例，从而形成公司普适的培训文化。

3. 可以创新培训渠道

通过以上策略的实施，可以充分调动业务线的积极性，从而将整体的培训工作碎片化、非正式化，并分散到工作的各个环节当中，增强培训的时效性、灵活性，逐步形成多元化的培训模式。

4. 可以促进员工绩效水平提升

通过各种有效的机制，逐步将"选、用、育、留、展"的功能嫁接到各业务部门，可以增强人力资源政策的有效性，将企业人力资源蕴含的力量充分发挥出来。以上机制的实施，可以加速实现用人部门的培训职责，并配合绩效管理中相应环节，可以有效提升员工绩效能力和绩效水平。

总而言之，一套培训管理的机制，能够提升企业培训工作的有效性，能够让企业获得更大收益，能够让员工增强能力、提升绩效，就一定能够提升员工的满意度，就一定是一套好的管理机制。

八、结束语

灵活、动态是开展培训工作的最核心要素，天时、地利、人和是开展培训工作的最重要条件。培训工作是一项不断推陈出新的工作，需要我们每一位培训工作者不断思考；一成不变的培训工作必将是一潭死水，必然遭到所有人员的不满；培训工作也需要旧貌新颜，如何将老药发挥新的作用，就需要多思考、多投入、多学习、多开发，寻找新的契机，才能将培训工作开展的如鱼得水，得到领导、同事的认可。

【参考文献】

［1］中国就业培训技术指导中心.企业人力资源管理师［M］.中国劳动社会保障出版社，2014.

［2］厦门市行为科学学会.人力资源管理最佳实践案例［M］.人民日报出版社，2015.

［3］费宁.带好团队：部门主管的人力资源管理手册［M］.人民日报出版社，2014.

［4］Stephen P. Robbins，Mary coulter.管理学［M］.中国人民大学出版社，2012.

单位：中交四航局

华兴公司员工职业生涯规划方案设计

陈建武

一、案例背景

福建省华兴工贸有限公司创办于1999年，是一家以生产和销售纺织用品为主的，工贸一体化的民营企业。公司发展迅速，大批产品销往欧洲及东南亚市场，出口数量逐年增加。为提升产品竞争力，公司实行科学管理，规范作业流程，引进德国、瑞士、日本等国先进的生产和检测设备，并按照ISO9000质量体系进行管理。然而，公司目前面临的瓶颈是，由于公司所处的地理位置较为偏僻，很难吸引到优秀的人才，部分员工甚至无法胜任岗位的工作要求，导致产品的瑕疵率、订单的延误率居高不下。不仅如此，大部分员工安于现状，缺乏学习意识和学习能力，技术人员的专业水平和管理人员的管理能力都无法得到明显的提升，公司各级人员的大部分时间耗费在无休止的会议和解决现场问题上，而疏于统筹与规划。人员素质问题已经成为妨碍公司发展的最大隐忧。

受总经理的委托，笔者以管理顾问的角色协助华兴公司解决员工的素质问题，希望通过为员工进行职业生涯规划，制定和执行员工个人学习计划，来提升员工素质，使之符合公司不断发展的需要。

通过对华兴公司人员现状的分析，笔者认为该公司员工不仅需要在现有能力上符合目前岗位的要求，还需要不断提升能力以符合公司发展以及未来的岗位对员工能力所提出的新的要求。因此，笔者提出通过构建公司的职业发展通道和各类职位的素质模型，使员工了解自己的未来发展方向和每个发展阶段对自己提出的能力要求。在此基础上，通过测评与辅导，使员工在获得正确的自我认知的前提下，明确自己的职业发展目标和具体的发展计划，并根据未来职位的能力要求制定自己的学习计划。同时，公司基于员工个人的学习计划制定年度培训与开发计划，为员工提供各种学习资源，使员工的学习需要可以得到满足。在方案设计的最后阶段，公司可以根据各类职位的素质要求对员工的能力水平进行评价，并根据评价结果对员工进行职业的晋升和职业生涯规划的调整。具体的设计思路如图1所示。

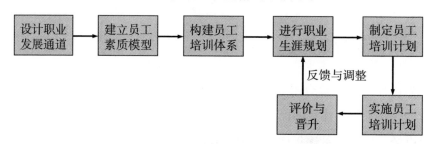

图1　基于胜任力的职业生涯规划设计思路

二、员工职业生涯规划的前期工作

公司在进行员工职业生涯规划之前需要明确员工职业发展通道，确定各类职位与每个职位等级的能力要求，并根据每个职位对任职者的能力要求设计公司的培训体系，使员工知道自己可以往哪里走、需要具体哪些能力，以及应该如何学习，这些工作包括：设计职业发展通道、建立员工素质模型和构建员工培训与开发体系。

（一）设计职业发展通道

设计职业发展通道实际上对华兴公司目前职位体系的一种调整。与大部分企业的职位体系相同的是，华兴公司目前的职位体系是一种典型的"管理优先"的单通道等级结构，专业技术人员除了跻身管理层之外，无法获得专业技术职务上的晋升，公司的组织架构呈现"金字塔型"的特点，管理人员则处在塔顶。这种组织结构特点限制了员工往专业技术方向发展，影响了员工技术水平的提升。

为了使专业技术人员既可以选择往管理通道发展，又可以在技术通道上得到晋升，笔者提出了"双通道"的职位体系，即管理系列职位和专业序列职位，每个序列都有自己的晋升路线；其中专业序列又分为工程师通道和技师通道，它们的分工在于，工程师负责流程与标准的设计、作业的计划，技师负责操作与执行。具体设计方案如图2所示。

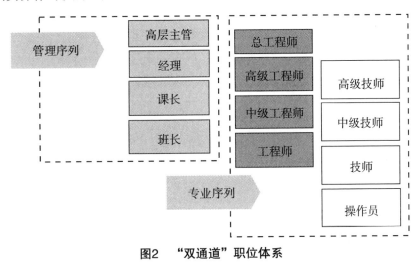

图2　"双通道"职位体系

在横向职位的设计上，笔者打破了职位的部门界限，提出了"职种"的概念，将公司内工作性质和能力要求相似的职位归为同一个职种，这样，华兴公司的全部职位可以分为十三个职种，其中管理系列一个职种，专业序列十二个职种。图二显示的是管理系列和专业系列中生产类职种的职业发展通道。

（二）建立员工素质模型

员工素质模型是指员工为完成工作和达成目标所应具备的一系列素质要求，这些要素包括行为标准、知识和技能等。了解员工胜任工作所要求行为标准、知识与专业技能是公司进行职业生涯规划和培训与开发的前提与依据。不同的职种以及同一职种不同职位等级的能力要求是不同，因此需要分别建立不同的素质模型。图3是建立员工素质模型的步骤。

表1 华兴公司职业发展通道（部分）

职等	职位												
18	总经理												
17	副总经理	总工程师											
16													
15	各部门经理		高级生产计划工程师		高级染整技术工程师				高级工程师		高级设备工程师		高级品管工程师
14													
13	各部门副经理												
12		高级生产计划员	中级生产计划工程师	高级染色技术员	中级染色技术工程师	中级后整技术工程师	高级后整技术员	高级生产技师	中级生产工程师	高级维修技师	中级设备工程师	高级品检技师	中级品管工程师
11	各部门课长												
10													
9	各部门副课长	中级生产计划员	生产计划工程师	中级染色技术员	染色技术工程师	后整技术工程师	中级后整技术员	中级生产技师	生产工程师	中级维修技师	设备工程师	中级品检技师	品管工程师
8													
7	各部门班长												
6													
5	各部门副班长	生产计划员		染色技术员			后整技术员	生产技师		维修技师		品检技师	
4													
3													
2		辅助工、统计员						操作员		维修员		品检员、入库员、批色员	
1													
职种	管理系列	生产计划		生产技术				生产作业		设备维护		品质检验	
		专业系列											

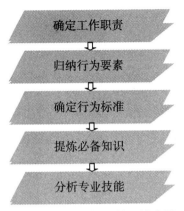

图3　员工素质模型的设计步骤

建立素质模型的第一步是确定每个职位的工作职责，即任职者应该做什么。在确认各职位的工作内容时，不仅要罗列他们现在正在完成的工作，还应包含那些职位应该完成而现任者现在没有做的事情。在工作职责的基础上，需要进一步对工作内容进行分类归纳，形成行为要素，并确定每项行为要素的行为标准，即任职者应该如何完成工作。不同的职位有着不同的行为要素和行为标准，如生产技师与生产工程师的行为要素是不同的。最后，根据每个职位对任职者的行为要求，提炼职位必备的通用知识与专业知识，确定职位要求的专业技能，即形成员工素质模型（员工素质模型范例如附件所示）。

（三）构建培训与开发体系

培训体系是根据各个职位的能力要求而设计的以提升员工知识与技能为目标的一套系统的解决方案，其中核心的内容是培训项目的设计。根据培训内容的不同，笔者将培训项目分为管理培训、专业培训、通用培训和新进员工培训四类（如图4所示），每类培训都有若干个具体的培训项目，对应着不同职位的不同素质要求。每个培训项目明确规定了培训目标、培训对象、培训方式、培训内容和师资来源。

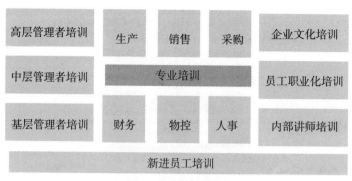

图4 员工培训体系

为了保障培训与开发活动的顺利开展，笔者为公司还制定一系列的培训管理制度，包括培训工作的职责与分工、培训管理流程、外派培训的管理、新员工培训办法、培训管理办法、培训效果评估与成果转化方法、职位晋升办法、专业岗位资格鉴定办法与培训资料管理办法。特别地，笔者还设计了内部讲师管理体系，让具有实际岗位的工作经验，专业技能丰富，也更加熟悉企业的发展和运营状况的资深员工充当讲师，他们更了解公司目前存在的问题，因此可以更有针对性进行相应课程的开发。相应地，内部讲师也有自己的发展通道，每个级别的内部讲师都可以获得不同的培训，使他们在课程开发、授课技巧、课堂掌控，甚至是教练技术等方面的能力都可以得到不断的提升。内部讲师也可以借由自己能力的提升而承担更重要的任务，也获得更多的回报。

三、职业生涯规划的实施过程

对华兴公司而言，员工的职业生涯外化员工在公司内一系列职位的晋升与调整，内化为员工综合素质与胜任能力的不断提升。因此，员工职业生涯规划实际上是使员工在对自己的能力与兴趣，以及公司的职业发展通道有着正确认知的前提下，帮助员工确定自己的职业生涯目标和行动计划，并为员工的学习与成长提升相应的资源。

华兴公司共有51位管理人员和骨干员工参与本项目，下面以采购课课长陈灵素为例，具体介绍职业生涯规划的实施过程。

（一）收纳面谈

在收纳面谈时，笔者先向陈课长介绍了项目的背景、公司的职业发展通道和员工开发计划，详细说明了本次面谈的目的和笔者所提供的服务内容。初次接触时，陈课长并没有很强的抵触心理，她甚至希望能够通过职业规划使自己对未来有更好的把握，但是她对自己的规划是否能够得到公司的支持并没有太大的信心。

与员工主动寻求职业生涯规划不同的是，由企业主导的员工职业生涯规划往往遭遇员工的不配合。这种想法源于员工对公司职业生涯规划活动的不理解，或是认识自己无法从中受益。因此，笔者与陈课长分享了自己对职业规划的认知，指出职业规划是公司的事情，更是员工个人的事情，每个人都要对自己的未来负责；如果她愿意的话，公司可以为她提供学习资源。

在获得陈课长的认同之后，她介绍了自己的学习背景和工作经历，并对自己目前工作中的优势与劣势进行了评价：

陈灵素，女，已婚。2005年7月毕业于莆田某中专学校的财务电算专业，2006年5月加入华兴工贸公司，服务于公司财务课。2008年调任采购课，负责与供应商联系，根据采购计划完成纺织用品采购。2011年后历任采购课班长、课长助理等职务，2015年9月晋升为采购课长。

陈课长认为自己独立性较强，对工作专注执着，对事业能做到尽职尽责。在工作中处事较为果断，有较强的说服力。但是她觉得自己不够灵活，自认为不擅长管理，缺乏沟通能力，不会处理各种人际关系和矛盾。对挫折的承受力差，较缺乏挑战精神。

在对陈课长有了初步了解的情况下，我们进一步探讨了她在工作中希望解决的问题和在职业规划上存在的困惑，并梳理成以下五点：

（1）无法清楚地认识自己，对自己的能力、兴趣和工作需求缺乏全面的了解；

（2）没有清晰的职业定位，对自己未来的发展感到迷茫；

（3）不知道如何提升自己，发现自己的能力已经停滞不前了；

（4）无法处理好工作中的人际关系，难以有效地领导下属开展工作；

（5）公司的业务流程很不规范，工作中异常事件的处理浪费了她大量的时间。

在陈课长五项需要解决的问题中，自己认知、角色定位与能力的提升属于职业规划的内容，人际关系处理能力和领导能力也属于需要提升的能力范畴，同时可能涉及职业定位。因此，在与陈课长沟通后，我们把此次咨询的目标确定为通过职业生涯规划的制定与实施来协助她解决前四项问题。第五项问题涉及公司业务流程的改进，不在本项目的服务范围，暂不作处理。

在确定咨询目标之后，笔者向陈课长介绍了本次咨询的基本思路：首先通过沟通，并借助一些正式的测评工作帮助她进行自我探索；再根据自己认知结果，结合公司的职业发展通道，确定自己的职业目标，设计自己在公司内的职业发展规划；最后，通过制定学习计划来提升自己职业发展所需要的能力。陈课长表示对这样的咨询思路可以接受，笔者随即安排她进行了心理测评。

（二）自我探索

本次项目的心理测评采用了《北森朗途职业规划》和《北森智维通用人才选拔系统》，用于了解来询者的人格和动力类型，并能对来询者的思维风格、人际交往、个性成熟度、性格特征等方面有较全面客观的了解。在第二次面谈时，笔者首先与陈课长分享了她的测评结果。以下是她各项测试的结果：

1. MBTI人格

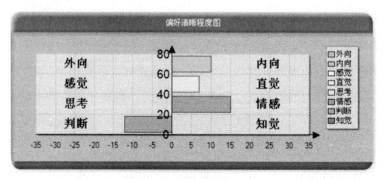

图5　MBTI人格测验结果

图5显示陈课长的人格类型为博爱型，各项分值分别为：内向10分，直觉7分，情感15分，判断12分。

2. 动力指数

表2　动力指数测验结果

影响愿望	63 分	注：人群指数的数值范围为1–100%，用于表明来询者在人群中的站位，75以上为高分，25以下为低分
成功愿望	53 分	
挫折承受	11 分	
人际交往	34 分	

表2显示陈课长的动力类型为主宰型、安定型。其中安定型的特征尤为明显，这一类型的来询者会尽量避免做没有把握的事情、避免造成无法控制的局面，寻求安全感，在遇到障碍时退而求其次。

3. 个性特征

分量表	百分位	标准分	1	2	3	4	5	6	7	8	9	10
				低				中			高	
责任心	62	5.61										
进取心	43	4.7										
自我控制	11	2.35										
自信心	4	1.11										
创造性	94	8.23										
洞察力	87	7.42										
灵活性	14	3										
独立性	37	4.29										
支配愿望	98	9.29										
社交能力	33	4.14										
宽容性	48	4.99										
敏感性	95	8.39										
称许性	31	4.09										

图6　个性特征测验结果

图6显示陈课长能够克尽职守，完成本职工作，能够按时完成预定的任务，对自己的职责有比较明确的认识。但遇到困难容易退却，耐性和韧性不足；对周围的人和事比较敏感，情感丰富且比较脆弱；做事比较规范和刻板，缺乏变通性，对新的环境和事物适应较慢。

对于上述的测评结果，陈课长认为基本上符合自己的特点。在进一步沟通时，陈课长谈到因为职务的关系，她需要为多个下属分配工作任务，并且监督他们完成。但是在与下属沟通时她常常感到力不从心；下属的工作品质经常无法达到她的预期，很多事情还需要她亲力亲为；有时她宁愿自己亲自去完成某项任务也不愿不把工作交代给下属完成；对她而言，处理业务上的事件显然要比领导下属更为擅长。在交谈中，她特别提到一件事情，不久前有位下属因为工作疏忽延误了一批原料的进货，她责令该员工在部门例会上作检讨，该员工在读检讨书时竟失声痛哭，令她不知所措。不久后该员工即提出辞职，她意识到是自己的管理方式有问题，但不知道应该如何处理。通过交流，笔者感到陈课长对业务非常精通，能够很好地处理采购中所遇到的各类问题，但在领导和人际沟通上并不擅长，管理工作可能是她的软肋。

于是笔者请陈课长描述她理想中的一天工作应该是什么？思考片刻后，她回答说她希望自己上班时能够根据业务订单，编制采购计划与预算，同时对供应商进行全面评价，选择合适的供应商。作为例行工作，她会与仓库管理员沟通，了解材料到位情况和库存中的通用材料的库存量，对低于公司最低库存量的材料品种，她会及时采购补充；进货时她会对产品质量进行监督。当然作为她工作的重要内容之一，在一天的工作中，她希望能安排一定的时间来与供应商沟通，与供应商保持良好的合作关系。可以看到，陈课长更希望处理的是业务上和技术上的工作，而完全没有提到如何分派工作和管理下属，这与她目前的工作岗位职责要求是不相对称的。

为了进一步了解陈课长的能力倾向，笔者邀请她一起完成职业技能分类卡片，用来识别她最熟悉和最愿意使用的工作技能类型。结果发现，陈课长在职业技能工作单的"非常愿意使用/比较愿意使用"与"非常熟悉"栏目中，所选择的卡片主要包括：推进、执行、质询、评价、估计、收集信息、处理数字、分析和计划、组织等，而在"最好不使用"和"不胜任"栏目中，出现督导、临场指挥、教导、培训、指导、调集和激励等与管理工作相关的词语。

在完成练习后，笔者请陈课长分析自己在哪些领域表现出较强的能力，而且自己愿意在这个领域使用她的才能，并且提示她可以考虑是否有从事其他职种工件的可能。陈课长表示经过谈话和一系列的测试和练习，她对自己的能力和职业兴趣有了更清晰的认识，以她自己的学习背景和工作经历，她觉得自己更适合从事采购工作。回想自己被晋升为主管职务，正是因为以前她能够很好地胜任采购工作。但是现在管理工作给她带来很大的困扰，她还无法摆脱原先的工作模式，仍然在亲自处理很多业务上事情，而对于管理和激励下属则令她头痛不已，有时她甚至想，工作交代给她下属完成还比不上她自己亲自完成来得更有效率。她觉得自己可能真的不胜任管理工作，工作中的很多烦恼也是源自于此。如果能够选择的话，她希望自己能够不再担任主管职务，继续从事采购工作。

陈课长对自己的总结与她所表现出来的个性特征是相符的。在笔者为华兴公司所设计的职业发展通道中，员工可以根据自己的能力特点，选择走管理通道和技术通道，每一个通道都有自己的晋升路线。当然随着职务或职称的晋升，员工需要担负更大的责任，也要求自己的能力得到不断的提升。最后，笔者告诉陈课长，公司可以为她提供更适合她的发展路线；如果她要选择走技术路线的话，希望她能明白，专业职务也有晋升的通路，也需要不断提升自己的能力，并为公司担负更大的责任。陈课长表示自己需要慎重思考，并尽快能对自己有个答复。

在结束此次对话时，笔者向陈课长提供一份职业规划表，希望她回去之后能为自己确定职业目标，设计一份职业发展计划，并且制定自己的学习计划。

（三）职业规划

五天之后，笔者安排了与陈课长的第三次面谈。此次面谈的主要目标是根据陈课长为自己选择的职业目标，检讨生涯发展计划的合理性，共同制定学习计划。

面谈开始时，陈课长向笔者提供了她的职业规划表。不出所料的是，她对自己在华兴公司的职业定位是成为精通采购物资专业技术知识和采购技能的资深采购工程师。这是一个专业系列职位，需要任职人员具备专门的业务知识和技术水平方能担任。这是一个很大的转变，会对自己的未来有很大的影响，笔者提醒她慎重考虑。陈课长表示她经过慎重思考，决定重新调整自己的职业发展方向，希望以后的工作能充分发挥自己的技术特长，避免自己在管理上的劣势。陈课长还表示她会就自己的职业规划与她的上司进行沟通，争取能够得到上司的支持。笔者再次向她确认是否考虑过选择其他职种的可能，她表示对于这个问题她也认真考虑过，不过她认为自己已经从事多年的采购工作，对采购业务非常熟悉，不愿意轻易改变职种。

随后，我们讨论了她的职业发展计划。在职业规划表中，陈课长希望在2020年时成为采购工程师，到2025年时成为高级采购工程师。笔者取出公司的职位体系表和采购系列的员工素质模型，请她参照公司职业发展通道和各职等岗位的胜任素质要求，确认自己目前可以胜任哪个职等的专业系列职位，即自己的职业发展起跑线在哪里。对于这个问题陈课长已经有所准备，她认为自己目前可以胜任采购工程师的工作，而且实际上，她现在的大部分工作内容就是在采购工程师的职责范围之内。笔者接着问她对照中级采购工程师的胜任素质要求，她认为自己需要多久的时间方能胜任。陈课长深思片刻后，认为自己在三年之内可以达到要求。笔者追问她在多久之内可以做到高级采购工程师，陈课长没有明确回答，只是回答说也许需要再给她5年的时间。笔者向她建议，她可以以采购工程师为起点，并以上述职时间界限进行职业规划，在成功担任中级采购工程师之时再检讨自己职业规划的合理性，必要时再作调整，陈课长表示认同。在确定阶段性目标之后，笔者要求陈课长对自己的规划再作梳理，明确自己在每个阶段需要提升的能力，并把它们填写在职业规划表上。

最后，笔者希望她把关注的重点转向当前，考虑为了胜任当前的工作和未来工作的素质要求，自己在接下来的一年中，需要提升哪些方面的能力，并为自己制定年度学习计划。参照岗位的素质模型，陈课长提出了相应的学习计划（如表3所示）。

表3　年度学习计划

2016.1~2016.3	成本分析、采购技术
2016.3~2016.4	采购谈判与议价技巧、采购技术与价格管理
2016.5~2016.7	合同执行力、质量检验的质量监督
2016.8~2016.10	合同管理、流程管理、谈判能力
2016.11~2016.12	供应商开发能力、教练能力

陈课长的学习计划主要涉及采购专业知识与技能，与她的岗位职责和职业规划目标也是相符的。笔者认为这样的规划可以解决她的问题，因此笔者决定结束此次的职业咨询。告别前，笔者希望她能够执行自己的学习计划，公司也会向她提供必要的支持。同时提醒她，如果有必要的话，她可以随时检讨和调整自己的职业规划，笔者也很乐于向她提供帮助。

在本次项目中，采用相同的咨询流程和咨询方法，笔者为华兴公司的51位员工提供了职业生涯规划咨询服务。

四、职业生涯规划的后续工作

职业生涯规划的确定并不意味着他们职业的成功，关键还在于规划能否得到实施。职业生涯规划的实施需要员工与公司双方的共同努力。对于公司来说，它所需要做的是为员工提供必要的学习资源。在后续的工作中，笔者以来询者的个人学习计划为基础制定了公司的员工培训与开发计划。

根据培训性质的不同，笔者把培训项目分为部门培训和公司培训，前者主要包括以岗位培训为主的专业技能类培训项目，由相关部门负责实施，人力资源部负责监督；后者主要包括以员工职业化、管理技能等为主题的脱岗培训，由人力资源部主导和实施。此外，在充分考虑公司当前阶段重点推进的工作任务的基础，笔者特别确定了公司每个季度的重点培训项目，如2015

年第四季度的库存管理和今年第一季度的过程品质管控。

为了确保培训计划的顺利实施，笔者在华兴公司开展了内部讲师学习营活动，通过发掘和提升公司内部讲师的能力，为培训项目提供相应的师资资源。此外，笔者还致力于构建公司的培训激励与管理制度，建立课程资源库，完善公司的培训硬件和网上学习资源等工作，以鼓励主动去学习，并且在想学习的可以获得公司相应的支援。希望借由公司学习资源的整合和员工个人的努力，能够不断提升员工的能力，在实现个人职业目标的同时帮助企业实现它的经营目标。

作为项目的阶段性目标，在本次项目中，公司将组织中层管理人员和资深技术人员对参与项目的员工进行能力评估，并根据评估结果对员工进行职等晋升（涉及职务晋升还要考虑职位空缺情况）。员工也需要对自己的职业规划进行重新检讨和调整。

五、职业生涯规划总结

此次项目是笔者以职业顾问的角色协助企业员工进行职业发展规划，并通过企业学习资源的整合帮助员工提升职业能力。从参与人员反馈的情况看，大部分的参与人员都认为职业规划活动使他们更加明确自己的发展方向，知道自己以后应该做什么，应该学习什么；他们也从公司的培训项目中获益匪浅。

总结笔者在此次项目中的心得体会，有以下几点经验：

1. 笔者通过全面深入的调研与分析，在华兴公司现有的组织架构下，设计了符合企业特点的职业发展通道，设置了职业发展的各个阶梯，并通过建立员工素质模型明确了各个职等的能力要求，为员工的职业发展规划提供了很好的依据。

2. 在协助员工进行职业生涯规划时，首先需要获得来询者的信任。特别是作为企业的外部人员，在提供咨询服务时常常会遇到员工的排斥与猜疑，因此在咨询过程中化解他们的疑虑是咨询成功的关键所在。站在与来询者平等的地位更有助于信任关系的建立，在咨询过程中笔者一直让来询者理解笔者不是来给他们任务的，而与他们一起来解决问题的。

3. 在沟通时笔者大部分的时间扮演着聆听者的角色，笔者相信来询者有能力解决自己的问题。笔者希望透过不断的提问来协助来询者自己分析问题，自己得出结论。当然，如果笔者认为来询者对自己的职业发展有非理性认知的话，笔者会与他分享个人的看法。

4. 在咨询时适当地运用测评工具是非常有必要的。在此次项目中，笔者发现大部分的参与人员都对测评结果表示接受，这也是受益于测评工具本身的科学性。测评结果可以帮助来询者更好地了解自己，当然作为职业规划师，在向来询者提供测评结果时，有必要向他提示测评结论可能存在偏差，结果仅供来询者参考。

5. 在为来询者提供服务时，职业规划本身比规划的执行显然要容易多，很多时候困扰人们的不是没有规划而是规划得不到执行。因此，在此次项目中，笔者通过制定公司的培训计划，整合学习资源，为参与人员提供各类学习的机会。

作为职业规划师，在助人之前，首先应当不断提升自己专业技能，熟悉各种理论模型和测评工具，并在咨询过程中灵活运用它们。迄今笔者从事了十余年的人力资源管理工作，期间职位交替，积累较为丰富的职场经验，这有助于笔者更好地完成咨询活动。在辅导过程中，笔者希望与来询者通过沟通，运用笔者在职业生涯规划领域所掌握的知识与技能和自己的职业经历，帮助来询者更好地把握自己的职业生涯。这是一项意义重大的工作，同时笔者也倍感自己的责任与压力。不恰当的引导可能会使来询者形成错误的结论，浪费他们的时间。因此，作为一名优秀的职业规划师，也需要在工作过程中充分利用自己的优势，不断学习，通过大量的实践，积累各类案例，与同行的分享经验，使自己获得不断的进步。同时在助人中与来询者共同成长。

附件　员工素质模型范例

职位名称	采购工程师	职位等级	7～9级
职种类别	物料采购	所属部门	物控部

行为标准	
采购渠道拓展	负责建立物资采购的供应体系，多方面开拓供应渠道 负责对供应商进行全面评价，对不合格的供应商提出处理方案 与供应商保持良好的合作关系
供应商信息收集	负责收集、分析、汇总供应商信息， 负责走访的供货商信息表的填写，定期发回公司，以便公司对供应商信息的更新 定期整理、分析供应商信息，提交给部门经理，并提出相应的意见 根据判断，提出对供应商应采取的对策，对采购任务的顺利完成奠定基础
品质跟踪	负责监督供应商生产过程品质问题，以保证供应商提供的产品保质保量 监控供应商生产情况，如果供应商有明显延期想象要及时上报，以进行合理处理
招标管理	负责公司招标信息的发布，接受招标报名尽量使参加招标的厂商的数量达到要求 审查投标人资格，确定投标人名单后发售投标文件

知识要求		7级	8级	9级
通用知识	熟悉公司的文化与公司发展历史 熟悉公司各类经济业务 了解企业核准权限规定	2	3	3
	熟悉采购课组织结构、采购制度与采购流程 熟悉企业保密规定 熟悉公司合同管理制度	2	2	3
专业知识	熟悉采购业务主要流程及相关业务流程 具备公司主要产品及物料知识，了解其制造工艺，方法及设备等内容	2	2	3
	熟悉质量管理的主要概念和内容 了解与采购业务相关的财务成本核算知识	2	3	3

技能要求		7级	8级	9级
市场信息分析能力	对市场信息的收集方式、方法有一定的了解 根据上级的要求，能够收集供应商产品的相关信息、数据等 能够对收集到的市场信息进行初步筛选与整合	2	2	3

	技能要求	7级	8级	9级
采购渠道规划能力	对渠道建设的常识、渠道规划以及相关知识有所了解 对企业当前的渠道政策和渠道成员的采购能力比较熟悉，并能够用于渠道建设的实际工作当中 能够通过自己对渠道的了解，为上级领导的渠道规划工作提供建设性意见	2	3	3
质量控制能力	能够按照质量标准开展工作，始终关注质量指标的达成情况 能够就发现的质量问题及时汇报，并提出整改意见	3	3	4
考察评估能力	能够联合相关人员考察并监督供应商的制造过程 能够严格按照流程规定和要求对供应商的全面评审，监督供应商的改进	2	2	2

【参考文献】

［1］齐善鸿.现代管理新原理与操作系统［M］.广东旅游出版社，1999.

［2］周文霞.新经济时代人力资源工作手册［M］.中国大地出版社，2001.

［3］安鸿章.企业人力资源管理人员（下）［M］.中国劳动社会保障出版社，2002.

［4］张廷文.绩效考核的艺术［J］.人力资源·HR经理人，2006.1（下半月）.

［5］赵日磊.绩效管理——要我做，还是我要做［J］.人力资源，2006.4(上半月).

［6］贺炳红.绩效沟通的三重境界［J］.人力资源，2006.5(上半月).

［7］宋炜.全员皆动抓绩效,HR不再孤单［J］.人力资源 HR经理人，2006.8.

［8］佚名.绩效考核和绩效管理的区别.http://www.longke.net /2006/0125/.

［9］金赢唐.企业KPI绩效管理：从理论到实战［N］.http://www.chinahrd.net/2008/0402/.

［10］佚名.人力资源若干问题释疑［N］.http://www.kangji.com.cn/data/2005/1217/.

［11］王明华.广州花园酒店管理模式探索与发展［M］，中国旅游出版社，2001.

［12］梭伦.现代宾馆酒店人力资源管理［M］.中国纺织出版社，2001.

［13］张润刚.人力资源管理规程［M］.经济科学出版，2002.

［14］李春华.以人为本构建酒店业核心竞争力［J］.北京工商大学学报，2002.2.

［15］曾武英.如何组建高绩效团队［J］.中小企业现代化，2006.1.

［16］王海平.外方管理酒店中人力资源管理分析［N］.决策资源网，2006.11.

［17］曾艳.浅谈酒店企业绩效考核操作［J］.合作经济与科技，2004.13.

［18］全怀周.技术驱动绩效_全面绩效管理e-HR解决方案［J］.人力资源 HR经理人，2006.3.

［19］付焘.李惠.镜鉴唐代考课制度［J］.人力资源，2006.10.

［20］王丹.直面绩效管理的挑战——德州仪器的实践与探索［J］.人力资源 HR经理人，2006.2.

［21］刘兴阳.绩效导向 人才为本——新浪的人力资源管理［J］.人力资源 HR经理人，2006.2.

单位：莆田学院

开展职业规划，实现员工与企业共成长
—— A卷烟厂职业生涯规划项目实施案例

林坤展

本文从企业管理和员工自我管理两个角度出发，探讨企业如何为员工搭建职业发展平台，员工如何规划、实施职业生涯规划，从而实现员工在企业不断成熟与发展，企业在员工的共同努力下逐渐发展与壮大，实现企业与员工利益的双赢，同时通过职业生涯规划体系将薪酬、教育培训、岗位竞聘、绩效、晋升等体系的功能和流程进行有机衔接，打造人才供应链、实现人才梯队，成为一个既面向全员又突出重点的人才管理系统。

一、A卷烟厂项目实施的背景

A卷烟厂是经过易地技术改造而成立，总投资约24亿元，年生产能力60万箱卷烟的，拥有职工1200人。经过技改后的A卷烟厂坚持技术上高起点，工艺流程上高标准，秉承"绿色、节能、人文"的建设理念，采用科学的工艺生产布局，全面覆盖的管控设备、先进适用的生产装备，努力满足合作生产工艺要求。

A卷烟厂在新成立时就聘请全博咨询进行过人力资源管理核心机制建设，并取得成功，基本形成以战略和经营目标为导向的现代人力资源管理体系。

随着我国经济发展进入了新常态，行业改革发展也面临着新的形势，面对着内外部竞争的压力和转变发展方式，A卷烟厂如何顺应行业改革与发展的要求，打造一支"结构优化、布局合理、素质优良"的职业化员工队伍，成为摆在A卷烟厂全体职工面前的重大课题。特别是A卷烟厂技改后，设备技术升级、工艺标准提升后人员结构矛盾日益突出。新厂成立后，厂领导班子更是确定了"争优秀，创典范"的发展目标，队伍建设成了重中之重，即在原人力资源管理体系的基础上通过有效的职业生涯规划与管理，有效整合现有人力资源管理体系中的各种资源和机制，通过对员工职业发展进行指引和帮助，将员工的个人职业发展目标与企业发展目标相结合，促进员工和企业"持续、协调、共同"的发展。于是A卷烟厂携手全博咨询启动了职业生涯规划项目，同时本次项目启动具有以下三方面的必要性。

（一）构建员工职业生涯规划体系是对人力资源管理工作提出的新要求

随着知识经济的到来，人力资源工作重心将由管理转型到服务，直面现代企业知识型员工的多元化需求服务。企业站在员工未来发展需求的角度，通过提供职业生涯规划和人力资源服务，来吸引、保留、激励和开发企业发展所需的各层次人才，实现企业、员工共同发展的"双赢"。

（二）构建员工职业生涯规划体系是人力资源开发和利用的客观要求

一个组织如果把员工放在不合适的工作岗位，使其没有成长和发展的机会，那么他们最终表现为业绩差或者消极怠岗等，所以，帮助员工规划好、管理好他们的职业生涯，是组织的最大利益所在。

（三）构建员工职业生涯规划体系是员工个人取得职业生涯发展成功的必要条件

员工有清晰的职业定位，可以在个人专业发展和资源利用方面的选择更加具有自主性，结合未来组织所需要的知识和技能，有步骤地实现企业对工作业绩的期待和职业生涯目标。

二、A卷烟厂的问题诊断与分析

早在第一期项目的全面调研诊断，仝博顾问组就指出A卷烟厂存在人才高度不匹配的问题，A卷烟厂虽然经过岗位竞聘的方式给予解决，但随着岗位职责的进一步落实，绩效管理体系的有效运行，人岗不匹配、人员结构矛盾日益突出。为了更准确、全面的把握A卷烟厂存在的问题，仝博顾问组仍进行细致、全面的项目诊断，透过资料分析、问卷调查、深度访谈等方式，并经过系统梳理和分析，向客户提交了《诊断分析报告》，充分阐述了仝博顾问组对A卷烟厂存在的问题的判断和改革思路，得到客户中高层人员的极大认同。

通过诊断，拨开云雾见日月，仝博顾问组认真找出各个问题背后的原因之所在：

（一）人才匮乏

通过资料分析，A卷烟厂目前还没有一套行之有效的人才培育的制度和流程，使企业陷入缺乏人才储备、缺乏人才梯队的局面，使得企业只得依赖于现有的人才，导致人才过度使用，缺乏知识更新及技能提高的恶性循环之中，最终体现在人岗的不匹配，人才匮乏，岗位职责得不到有效落实上（如下图所示）。根据访谈结果来看，A卷烟厂目前非常缺乏能够适应现代企业管理的管理人才，缺乏学科带头人、科研领军的技术人才，缺乏能适应现代卷烟装备的高技能人才。所以A卷烟厂人才匮乏是由于内部缺乏人才储备、缺乏人才梯队建设的结果，但归根结底，核心还在于缺乏内部人才梯队的建设。

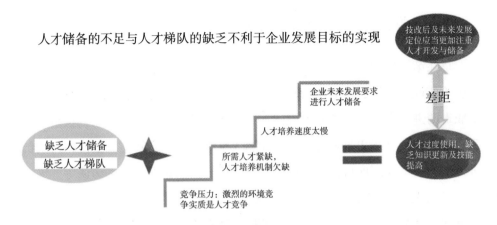

人才储备的不足与人才梯队的缺乏不利于企业发展目标的实现

（二）人才问题制约企业的发展

人才的匮乏使得A卷烟厂不能有效面对竞争的要求，直接影响A卷烟厂未来的发展及战略目标的实现，因此，建立适合A卷烟厂的从人才的挖掘、开发、培养、应用一整套的完整体系，以打造一支"结构优化、布局合理、素质优良"的职业化员工队伍，已然成为A卷烟厂未来发展规划和战略目标实现的核心问题。从问卷调查结果来看，员工未来预期不明，激励不足和缺乏骨干人才梯队成为制约公司发展的主要因素（如下图所示）。

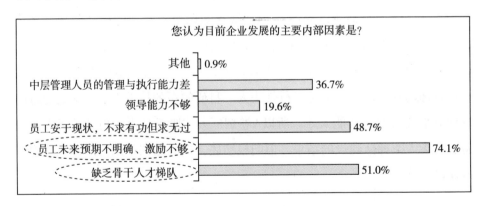

因此，企业的竞争就是人才的竞争，如何培养可持续发展的员工、如何激发员工的潜力，已成为企业成功与否的关键要素。人才是企业核心竞争力的重要组成部分，直接关系到企业能否有效面对竞争的要求，最终能否实现可持续发展及战略目标，这时职业生涯规划将起到举足轻重的作用。

（三）人员结构矛盾

A卷烟厂面临年龄结构趋于老化的问题，由于历史原因近五年A卷烟厂缺乏新鲜血液的补充和人才引进，面临人才断层的危险（如下图所示），同时高学历、高技术、高技能人才严重短缺。根据A卷烟厂提供的资料统计，本科及以上学历人员仅占30.4%，高级职称只有1人，中级职称仅占员工的4.2%，高级技师0人，技师仅占员工的1.67%。

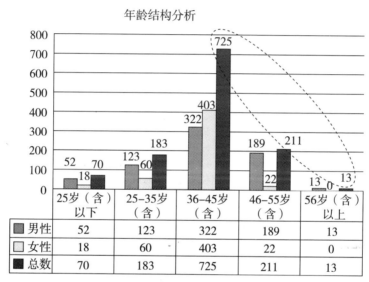

年龄结构分析

	25岁（含）以下	25－35岁（含）	36－45岁（含）	46－55岁（含）	56岁（含）以上
男性	52	123	322	189	13
女性	18	60	403	22	0
总数	70	183	725	211	13

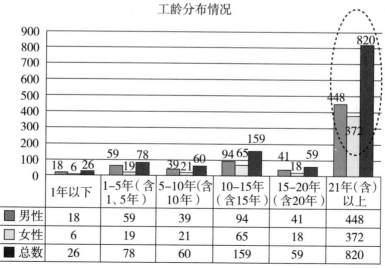

工龄分布情况

	1年以下	1－5年（含1、5年）	5－10年（含10年）	10－15年（含15年）	15－20年（含20年）	21年（含）以上
男性	18	59	39	94	41	448
女性	6	19	21	65	18	372
总数	26	78	60	159	59	820

（四）职业生涯规划体系不完善

经过综合分析与评估，全博顾问组从"理念认知、晋升通道、资格标准、认证评估和体系运用"五个方面对A卷烟厂的职业生涯规划体系作综合评价（如下表所示）：

评价模块	完善程度评价	存在的主要问题
理念认知		○ 管理层普遍认为人才培养是人力资源部门的事，重视度与投入严重不足； ○ 员工普遍对职业发展非常关注，但对职业生涯规划的认知不足，方法严重欠缺。
晋升通道		○ 岗位分类不细致，归类较笼统，不能满足系统设置岗位发展通道的需要； ○ 岗位发现通道单一，目前只有行政通道，存在"一腿长，两腿短"的职业发展通道，造成千军万马过独木桥现象； ○ 缺乏系统性、全面性岗位发展通道设计，员工在岗位间的纵向通道上晋升空间很小，且容易见顶，员工看不到晋升希望，同时没有跨类别跨序列横向发展的机制，不少员工存在"得过且过"想法以及欠缺职业发展规划。
资格标准		○ A卷烟厂目前有针对各岗位做简单的学历、专业、工作经验等基本要求，但各岗位类别中各职级还没有明确的任职资格标准，人员聘任缺乏评估标准，不利于人才发展和员工能力提升。
认证评估		○ A卷烟厂年度有评先评优活动，但没有具体的评选标准、流程、标准和成文的评选制度，且评选结果仅限于奖金、荣誉激励，未起到促进员工能力提升、促进组织优化人才结构的作用。 ○ A卷烟厂根据需要也聘了个别专业技术类中级和生产操作类的技师，但没有具体的评聘流程、标准和成文的聘任制度，没有建立"能上能下"的机制，聘任缺乏动态管理，一定程度上影响员工积极性。
体系应用		○ A卷烟厂目前未建立职业化人才的培养机制。 ○ 薪酬与绩效管理体系虽较完善，但与职业发展体系联动机制还不健全。 ○ 未开展员工职业规划辅导，员工职业发展方向和目标，以及资源支持。

（五）员工渴望职业生涯规划

从员工对项目的认知的调查中，有高达94.7%的人认为应该改，从中也看出各级管理者和员工对职业生涯规划的渴望（如下图所示）。

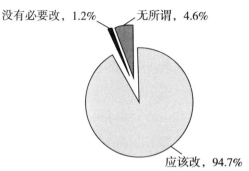

您对本次【职业生涯规划项目】的看法是?

（六）缺乏职业发展平台

从以下调查数据中可知，员工感觉企业缺乏职业发展平台（如下图所示）。

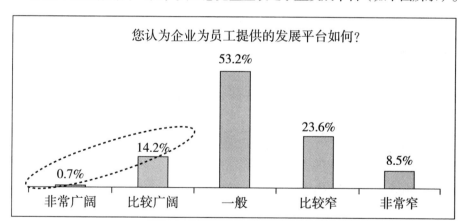

总之，从企业层面来说，由于职业生涯规划体系的不完善和历史原因产生的人员结构不合理等原因导致企业人才培育不力，人才匮乏，进而制约企业的长远发展。从员工层面来说，员工渴望职业生涯规划但又缺乏职业发展平台的支持。因此，本次项目不仅要从企业层面开展职业生涯规划体系建设，还要从员工层面开展职业生涯规划，最终实现员工与企业共成长。

三、A卷烟厂的系统解决方案

实现员工与企业共同成长，这是一个深刻且意义深远的课题。美国的管理学大师彼得·德鲁克认为：再高明的制度，如果没有具有职业道德的员工和管理者的遵守，制度很快就会瓦解；再高效的组织，如果没有有效率的员工和管理者的支撑，组织效率也不可能得到实现。毛主席也曾精辟地概括过一句名言：政治路线确定之后，干部就是决定的因素。

员工是企业之本，企业是员工之根，焦不离孟，孟不离焦。所以，企业是躯壳，员工是灵魂。没有灵魂的躯壳，只会走向腐烂；没有躯壳的灵魂，也只能随风飘荡。经过反复理论研究和多年的咨询实践经验的总结，仝博顾问组创新性为A卷烟厂提出了"员工与企业共同发展的123匹配模型"（如下图所示），以求系统解决A卷烟厂目前存在的问题，并实现员工与企业共同成长的目标。

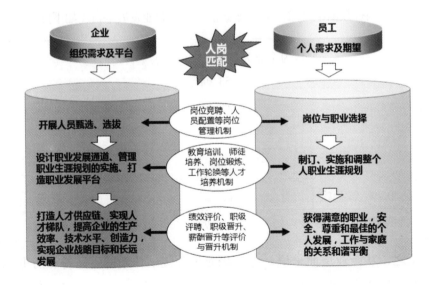

所谓"123"是1个核心、2个维度、三个步骤。

（一）一个核心

即人岗匹配，这是实现企业与员工共同发展的核心和基础。在人岗匹配理论的指引下，实施人员配置，使得"事得其人、人尽其才"。如果人岗匹配得好，则个人的特征与职业环境协调一致，工作绩效和职业成功的可能性就大为提高。反之则工作绩效和职业成功的可能性就很低。因此，对于组织和员工个人来说，进行恰当的人岗匹配具有非常重要的意义。

（二）二个维度

即是企业维度和员工维度。企业维度主要为构建职业生源规划体系，员工维度主要为开展职业规划，同时在这2个维度实现有机联结时还需整合其他人力资源管理体系与机制，如岗位管理机制、人才培养机制、评价与晋升机制。

（三）三个步骤

如何实现人岗匹配呢？根据匹配模型企业维度和员工维度分别有三个步骤。

第一步，企业根据自身的要求及发展机会，分析并确定人才需求，开展人才的甄选、选拔，使得事得其人。员工根据个人的需求和发展期望进行岗位与职业选择，使得人尽其才。

第二步，企业设计职业发展通道，管理职业生涯规划的实施，为员工打造职业发展平台。员工借助企业职业发展平台，开展职业规划测评，制订、实施和调整个人职业生涯规划。

第三步，企业通过职业生涯规划体系和其他人力资源管理体系，打造人才供应链、实现人才梯队，提高企业的生产效率、技术水平、创造力，实现企业战略目标和长远发展。员工通来职业生涯规划，获得满意的职业，安全、尊重和最佳的个人发展，工作与家庭的关系和谐平衡。

总之，职业生涯规划为员工提供发展动力的同时，有效平衡企业发展与员工发展，实现企业发展目标与员工发展目标的高度统一。通过员工的个人发展与组织需求的高度结合，达到组织与员工共同发展的双赢局面。

四、A卷烟厂项目实施过程

在项目系统解决方案的指引下，全博顾问组结合A卷烟厂的现状，分别从企业管理维度、与其他人力资源体系连接和员工自我管理的维度进行系统构建。

（一）企业管理维度

1. 设计岗位发展通道

为避免"千军万马过独木桥"，在A卷烟厂现行岗位分类和宽带薪酬等级划分的基础上，引入 "双轨制"岗位发展通道，为员工提供纵向晋升、横向发展的职业发展路径。通过纵向、横向的发展，丰富员工职业发展的通道，使员工获得更多的发展机会。其中，纵向通道体现为职务的晋升、薪酬福利水平和地位的提高，而横向通道作为纵向通道的辅助与补充，为满足员工个人兴趣、爱好和特长而设计。

（1）纵向发展（如下图所示）

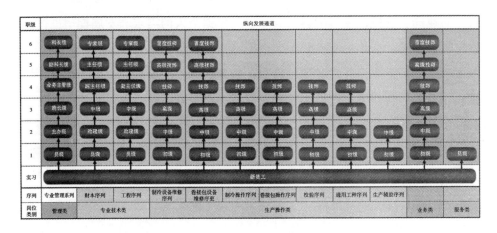

（2）横向发展

A卷烟厂为员工提供跨类别/序列拓展的平台和机会。跨序列如下图所示：

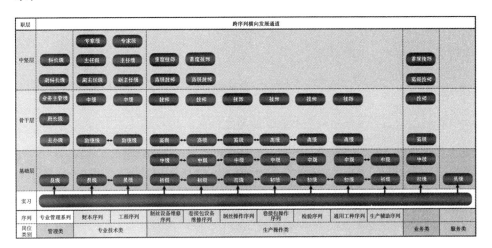

跨类别如下图所示：

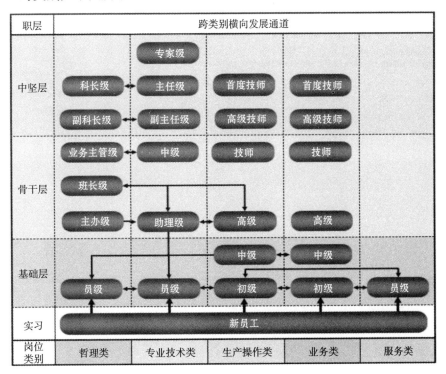

2. 确定任职资格等级标准

设计完职业发展通道后，仝博顾问组根据职业发展通道的一般条件和标准，充分研究各类人员的发展轨迹后，从知识要求、技能、专业经验、职称/职业资格要求、绩效和职数六部分组织A卷烟厂项目组提炼出5类24序列各个职级的等级标准（如下图）。

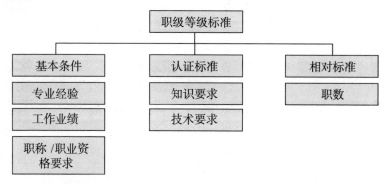

其中，基本条件作为职级认证的准入条件，认证标准作为评价是否达到标准的依据，相对标准作为职级认证的限定条件。

具体成果示例（如下表）

专业技术类

职级	知识要求	技能要求	专业经验	职称/资业资格要求	工作业绩	职数
助理级	1. 熟练掌握岗位任职必要的专业技术知识。 2. 熟练掌握Office办公软件应用知识、网络应用知识和常用专业软件的使用知识。 3. 基本掌握企业发展史、企业文化、本厂主要专业技术发展流程、技术发展规划等企业知识。 4. 了解《国家烟草专卖法》等行业基础知识。 5. 了解与岗位工作相关的技术发展动态、技术规范、工作要求、工作标准。 6. 熟练掌握与岗位工作相关的国家法律法规和地方法律法规等环境知识。	1. 熟练掌握工作必要的技能，能够运用现有的程序和方法解决一般性问题，这种问题需要一定的分析和工作经验。 2. 无需指导，具有独立开展工作的能力。 3. 能够主动关注身边发生的新技术和新方法，与现有事物进行比较，发现其中的差异所在。思考新技术或新问题对自己工作可能产生的影响。 4. 能自封自良据部门工作计划和出现的问题，决定收集信息的目的以及其他具体要求。亲自调研，到现场观察、询问相关人员，收集有用的第一手信息。 5. 具备简单的因果分析能力，遇到简单问题时，能将可能分解为简单有关联的若干部分，直接简单、确定简单的单项选择因果关系（单因单果）。并做出简单的单项选择（是或否、接受或拒绝等）。能考虑事件发生的原因，简单根据已有的经验或知识对当前所面临的问题做出正确判断。 6. 能够运用专业知识与经验解决问题，帮助他人。学习运用基本的专业知识，保持职业与知识的同步发展。 7. 具有主动核查的行为，注重对自己的工作执行情况进行正确检查，以核实提供的资料、信息的真实性与准确性。	大专毕业工作4年以上，或本科毕业工作2年以上，或硕士研究生及以上毕业工作1年，或在员级岗位工作2年以上	具有与岗位密切相关的初级及以上专业技术资格	年度绩效考核结果为称职及以上	不做控制

续表

专业技术类

职级	知识要求	技能要求	专业经验	职称/资业资格	工作业绩	职数
中级	1. 精通某一专业领域的专业技术知识。 2. 熟练掌握Office办公软件应用知识，网络应用知识和常用专业软件的使用知识。 3. 熟练掌握本厂主要专业技术流程，技术发展规划等企业知识。 4. 了解《国家烟草专卖法》等行业基础知识。 5. 基本掌握相关岗位的技术发展动态，工作标准。 6. 熟练掌握与岗位工作相关的国家法律法规和地方法律法规等环境知识。	1. 具有较强工作技能，能够运用现有的程序和方法解决复杂问题，这种问题需要较强的分析能力和一定创新。 2. 能够为助理级人员进行技术指导。 3. 能够不断对现有事物提出技术改善自己的见解和思维方式。对本职工作的改善或指导工作。 4. 主动接触其他领域可能尝试的渠道或对象，获得具体的观点，背景资料及经验等各种相关的信息。 5. 具备较为复杂的多因果的分析能力，遇到问题能将问题分解成相互关联的若干部分，认识到简单因果关系（一因多果，多因一果）并能做出初步的选择判断，说明做出判断的理由。 6. 了解专业领域的最新发展情况并思考怎样运用，学习并与他人分享专业知识与经验。 7. 在工作中养成多方验证的习惯，对提供资料或信息前，能够主动通过多种途径，对其真实性，准确性进行交叉验证。	大专毕业工作6年以上，或本科毕业工作4年以上，或硕士研究生毕业2年以上，或在助理级岗位工作2年以上。	具有与岗位密切相关的中级专业技术资格。	年度绩效考核结果为创新参与创新项目≥1个；能独立开展的课题≥1个	每个职能领域控制在任职人数的20%以内

3. 建立职业生涯管理机制

（1）确定职业生涯管理4大原则；

（2）明确员工、直线主管、人力资源科、厂领导在职业生涯规划中的职责分工，建立职业辅导员机制；

（3）确定职级认证的组织及程序；

（4）建立员工、部门、企业三层级的评估与反馈机制。

（二）与其他人力资源管理体系有机连接

1. 与薪酬有机衔接

在第一期项目中全博顾问组已为A卷烟厂建立起以"岗位、工作技能与业绩提升"为依据的四维薪酬激励模式，具体为"职级晋升、岗等晋升、薪档晋升和绩效考核系数晋升"四个维度。但由于岗位通道未真正构建起来，"职级晋升"始终没办法很好实现，通过职业生涯规划体系真正实现了纵向的"职级晋升"（如下图所示）。

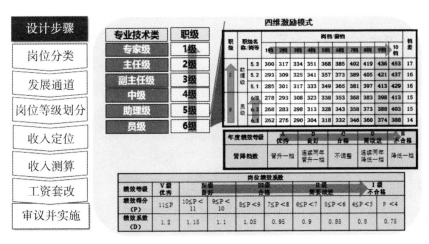

2. 与培训体系有机衔接

在A卷烟厂现行的培训体系基础上，从"制度层面、资源层面、运用层面和员工能力提升与职业发展"四个层面构建"基于职业生涯规划"的培训体系，为员工职业发展提供培训支持（如下图）。

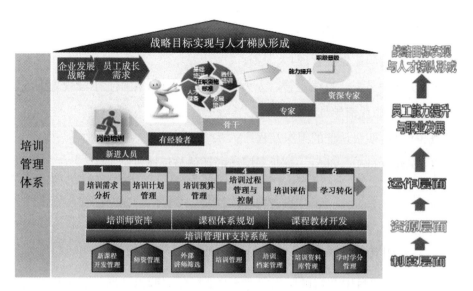

为了能为员工提供更为针对性的培训，A卷烟厂还完成基于岗位通道的课程体系规划，即为每个岗位序列的每个职级都全面设置有基础培训课程、胜任培训课程、发展培训课程3类，形成各个岗位序列的学习地图（如下图所示）。

人力资源管理序列学习路径

3. 与其他人力资源管理体系的接口机制建设

（1）在职业测评基础上，建立以任职资格标准为依据的岗位竞聘与人员配置机制。

（2）在基于"职业生涯规划"的培训体系构建的同时，有效整合师徒培养、岗位锻炼、工作轮换等人才培养机制。

（3）将绩效评价结果运用于职级评价与认证，同时将任职资格等级标准要求作员工业绩评价和行为评价的内容。

（4）在岗位发展通道和评估体系基础上，建立人才接替模型，推动企业的人才梯队建设。

（5）以任职资格等级标准和年度职级评价结果为基础，结合企业战略需要，开展深度的人力资源规划。

（三）员工自我管理维度

为了有效推动职业生涯规划体系运行，全博顾问组配合A卷烟厂编写并发布了《员工职业生涯规划指南》、《员工职业生涯管理主管操作手册》，还指导A卷烟厂以关键专业人才和工作1–5年的大学生群体为试点，组织458人完成了职业倾向测试、性格测试和能力评估等，并运用"五步法"进行职业生涯规划（如下图）。

所有参与测评的人都订立了一份完整的职业生涯规划书，包含：自我分析（知己）、职业分析（知彼）、职业规划（包含选择的职业、目标、职业路径和职业策略）、行动计划（详细实施计划）和规划的评估与调整。

同时，每人都配备的职业辅导员以随时帮助员工实施职业生涯规划。

"凡事预则立，不预则废。"经过职业生涯规后，很多员工实现的意想不到的变化。

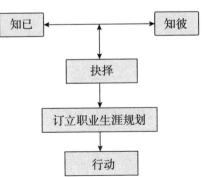

五、A卷烟厂项目实施成效

项目运行3年后，仝博顾问组与A卷烟厂对项目进行分析总结，主要成效如下：

（一）从员工视角出发，调动员工工作积极性

通过员工职业生涯规划项目，一是帮助员工了解个人的职业倾向、性格特性、能力素质和企业的岗位发展通道、职业发展路径，明晰自己现在所处的位置；二是帮助员工结合企业需求和个人的职业志向、自身能力状况，定位自己下一步的职业发展目标；三是帮助员工在组织框架以及相应的资源支持下，开展学习和训练，获取知识，提升能力，改善业绩，达到目标职位所要求的标准，最终实现职业发展目标。

（二）从公司视角出发，构建人才管理体系

职业生涯规划体系打通岗位发展通道，牵引员工不断学习和成长；建立任职资格标准，开展任职资格评估和任职资格运用，规范员工的培养和选拔。从而构建一套行之有效的"员工职业发展体系"。

职业生涯规划体系通过整合其他人力资源管理体系，进一步改善企业的培训体系的针对性和成效，进一步完善薪酬体系的激励机制，形成从"人员选拔配置、培育发展、晋升运用、到激励留人"的完善的人才管理机制，从而企业的发展构建合理的人才梯队，保证企业人力资源的持续发展和稳定，为企业的可持续发展提供不竭的人力资源支持。

（三）员工的职业能力得到有效提升

通过编制员工职业发展规划，将个人职业能力提升计划纳入企业培训项目，培训与培养全面展开，取得显著成效。员工通过自我学习、参加培训、岗位实践、工作轮换等机制提高工作能力，加快实现职业发展目标。同时企业提高了人力资源的质量，完善了人才的结构（从3年来的人才结构对比数据

中可明显得出结论），最终达到企业和个人的共同发展。

（四）强化"以人为本"的理念

企业实施员工职业生涯规划，为员工提供机遇、搭建平台，营造人才培养、公开平等、择优选拔的用人环境，充分体现企业以人为本的管理理念。

六、结语

如何实施职业生涯规划？如何打造企业人才供应链？如何完善企业人才管理？A卷烟厂职业生涯规划项目的成功实践，无疑为烟草行业企业在打造职业化团队或进行人才梯队建设方面具有极强的借鉴意义。

A卷烟厂项目虽然取得了初步成效，但是仍需在科学理论的基础上，不断探索中前进。

单位：厦门同博企业管理咨询有限公司

绩效管理

H&R

JI XIAO GUAN LI

基于老厂新机制下的绩效管理体系构建

王忠清　陈　强　徐　旺

大唐南京发电厂（简称：南京电厂）始建于1910年，是中国第一家官办发电厂。现隶属于中国大唐集团公司，是其旗下历史最悠久的火力发电企业。2009年南京电厂启动"上大压小"异地搬迁，一期工程建设二台660MW超超临界燃煤发电机组。2010年8月、2010年12月两台机组相继投运。2011年，南京电厂一期2×660MW新建工程被中国大唐集团公司命名为首个火电"示范电厂工程"荣誉称号，2013年荣获中国建设工程鲁班奖。南京电厂连续四年荣获集团公司先进单位、一流企业、文明单位称号，2015年5月通过电力企业AAAA级"标准化良好行为企业"确认。

在创集团安全生产"金牌"机组的同时，南京电厂在管理创新上探索出一条新路，成为集团公司老电厂机制体制创新的领跑者。引入竞争机制，增强交流机制，倡导用人机制，理顺分配机制。"岗位是南电的""岗位没有贵贱""同岗争先，做最优秀的自己"都是企业的用人信条。南京电厂按照"上不封顶、下不保底"的原则，实施在岗人员的全面绩效考核，企业通过"绩效"的杠杆撬动了每一名职工的思想和行为。

一、基于老厂新机制下的绩效管理体系构建背景

（一）新型绩效管理是人力资源管理体系的发展和延伸

绩效管理工作作为人力资源管理的重要环节，可以增强单位各部门的运行效率，提高员工的工作质量，推动组织的良性发展。通过实施新型绩效管

理体系构建，可以促进企业人力资源的开发和利用，提高企业现代化管理水平，激发各级人员的工作积极性和创造性，科学、动态地衡量各部门的工作业绩，实现工作任务与部门绩效奖金挂钩，使各部门人员了解自己部门的业绩与取得报酬、待遇的关系，获得努力改善工作的动力，从而促进公司总体目标的实现，最终使单位和员工共同受益。

（二）新型绩效管理是集团公司绩效管理明确要求

集团公司系统推行全员业绩考核工作既是落实国资委的文件要求，又是提升集团公司管理水平，认真对标挖潜、实现对标一流、努力对标创造，实现"出精品、出人才、出效益"的内在要求。集团公司先后印发了《关于加强全面责任管理、全员业绩考核工作指导意见》和《全面责任管理、全员业绩考核工作实施方案》，强调了实施"两全"工作的重要意义，明确了"两全"工作的主要任务是建立健全两个体系、两个机制和一个信息化平台。集团公司积极推进"全面责任管理、全员业绩考核"工作，借力"绩效管理"体系，坚定不移地举科学发展之旗，走创先争优之路。着力争科学发展之先，创一流业绩与和谐企业之优，彰显集团公司"负责任、有实力、可信赖"的企业形象。

（三）新型绩效管理是提高老型火电基层企业活力的重要手段

南京电厂实施"三定"工作以来，依据集团全员业绩考核的工作要求，研究制定了相应的全员绩效考核办法和部门员工绩效考核办法。但同时也暴露出考核机制中存在的一些问题：一是目标责任体系和考核评价体系仍需完善、强化。具体分项考核标准，诸如：安全、文明、运行、维护等方面仍不够具体和量化，因此考核责任界限有存在模糊地地方。而考核评价体系停留在部门级，而且各部门办法各一，标准各一，纵横之间存在较大差异，缺少一个全面的、规范的考核评价体系。二是没有实现"双挂"激励机制。在薪酬挂钩中，个人收入同全厂及部门绩效挂钩不明显。考核指标与全厂或部门的绩效目标存在差距，职工收益与全厂或部门绩效的紧密感不强，使得职工缺乏为全厂或部门实现目标而努力工作的使命感。

新型绩效管理体系可以改变员工缺乏责任感，工作敷衍了事；同岗位员工收入差距小，工作积极性低；岗位变动重视资历，忽略工作业绩；主管与员工缺少沟通，员工不清楚工作目标等制约企业发展停滞不前管理积弊。

二、基于老厂新机制下的绩效管理体系构建内涵和主要做法

绩效管理体系是一项重要的人力资源管理职能，是保证实现企业目标的有效管理和控制手段。员工绩效管理是从企业经营目标出发，采用系统的、规范的程序和方法对企业员工在日常工作中所显示出来的工作能力、工作态度和工作成绩等进行以事实为依据的评价。通过实施考评管理制度，将考核结果与员工的薪酬待遇、岗位调整、培训开发、职业生涯规划等有机结合起来，是激励员工不断改进工作绩效，建立能上能下、能进能出的用人机制，实现人才优化配置，促进人力资源开发、管理与合理使用，实现员工和企业共同发展。主要做法：

（一）绩效管理体系构建的基本原则

1. 平稳过渡的原则。绩效考核项目的实施，在保证提升企业绩效的同时，减少因绩效考核实施引起的不平稳现象。

2. 重在落实的原则。考核的目的在于落实责任，促进工作，绩效考核的实施旨在促进我厂各项工作的落实力度。

3. 明确公开的原则。绩效考核任务要让所有部门知道，要让各部门明了绩效低的原因，找到解决问题的办法，使各部门能够在我厂管理过程中明确定位，在今后的工作减少攀比，及时改正，提升部门整体绩效。

4. 系统性原则。基于关键业绩指标的绩效管理从战略决策层到执行层，根据不同部门的工作性质与实现电厂目标的关联，由厂级到部门，由部门到个人，形成一个完善的系统。

（二）绩效管理体系构建的组织机构和职责分工

1. 组织机构

厂部成立绩效管理委员会，绩效管理委员会成员由厂领导组成。厂长任绩效管理委员会主任，党委书记任绩效管理委员会副主任。

厂部设立绩效管理工作小组，成员包括副厂长、各部门（公司）主任（经理）。由副厂长（经营）任组长，人资部主任任副组长。

厂部设立绩效管理监督小组，成员包括纪委书记兼工会主席、厂办公室主任、思政部主任、监审部主任、工会副主席。由纪委书记兼工会主席任组长，监审部主任任副组长。

2. 职责分工

人力资源部是厂部绩效管理的归口部门，负责全厂绩效管理办法的制订，指导、督促各部门（公司）有效开展绩效管理工作；负责监督管理各级指标的设置及其考核标准的设定，对指标考核结果进行审核；负责管理、完善本厂绩效管理体系；负责绩效奖金的考核兑现和发放，处理员工的绩效申诉等。

各部门主任是绩效管理的实施执行者，负责制定、审核部门内部员工的任务，分解部门承担的各项指标，对部门员工绩效完成情况进行评价，建立和完善本部门的绩效指标库，与部门员工开展绩效沟通，根据本部门情况设立部门的兼职绩效管理人员，负责管理本部门的绩效考评具体事务。

工会、监察审计部负责全厂绩效管理的实施监督。

员工是绩效管理的参与者，参与本人绩效指标、任务的制定，并按要求完成任务和指标，提出绩效改进意见，协助完善绩效管理体系。

（三）建立"三级"指标体系，"三线"对标精准考核

1. 厂级指标

按照"对标一流、同类可比"的原则选取指标，分别设置基准线、目

标线、创新线。并根据集团公司、分公司对其利润、生产经营指标、工作目标等要求，研究确定厂级基本目标，然后对厂级基本目标进行分解后形成厂级指标。目前，厂级指标包括发电量、供电煤耗、油耗、综合水耗、标煤单价、入厂入炉热值差、供热量、标煤单价、电热费回收周期完成率等指标。厂领导及各部门根据对厂级指标承担责任的大小设置有不同的考核权重，职能部门对标测算厂级指标的"基准线、目标线、创新线"三线考核标准，考核原则以目标线为节点，完成值低于目标线给予相应考核，低于基准线追加额外考核；完成值高于目标线给予相应奖励，超过创新线给予额外奖励。

2. 部门级指标

厂部将各项影响企业管理、生产、经营的关键性指标分解到各个部门，形成部门级指标。这些指标根据各部门工作特点设置，能反映部门总体工作，例如发电部的"主汽压力""主汽温度"等部门级指标，燃料部的"标煤单价""热值差"等部门级指标。部门级指标设置有三线考核标准，其三线考核标准的制定原则及考核方式与厂级指标类似。被考核部门指标的数据提供和考核是由其他横向部门来完成的，因此形成了一种部门间的360度监督评价机制，也充分保证了部门级指标考核结果的公正性。部门所属员工根据其对相关部门级指标承担责任的大小设置有不同的分配权重，对部门级指标的考核会根据预先设置好的分配权重自动落实到相应员工。

3. 员工级指标

即厂部下达到部门的KPI指标与部门内部可控性指标，通过再向下分解形成的员工级指标，并根据员工对部门指标承担责任的大小设置不同的权重，对标设置"三线"考核标准进行绩效考核，做到每位员工"人人身上有责任、个个肩上担指标"。

4. "三线"考核

我厂根据企业实际情况，通过与计划比、与区域比、与先进比，科学设定指标的"三线"考核标准，其中"三线"考核标准中的基准线以员工正常工作能完成为制定原则，目标线以员工努力工作或以区域标准能完成为制定原则，创新线以员工加倍努力或创新工作方法能完成为制定原则。通过科学合理的设置指标"三线"考核标准，达到了提高员工工作积极性，促进企业发展的目的。

这种指标共同承担、责任层层落实、过程闭环可控、结果有效监督的"三级""三线"指标考核体系，充分体现了"责权利"相统一的要求。同时，针对企业特定时期的"短板"指标，综合考虑企业经营管理水平、技术创新能力及风险管控能力等因素，设置符合企业实际的KPI指标，建立了员工工作业绩同激励约束机制相结合的考核评价体系，真正将企业正在做的中心工作与员工责任的落实进行了挂接。

（四）设立任务考核体系，解决难以量化考核难题

任务考核体系实现了对员工常态工作和临时工作的考核，解决了员工尤其是管理类员工常态工作难以量化无法考核的难题，是管理人员绩效考核的主要方式。我厂依托安全生产管控平台，任务考核分为"定期任务""临时任务"和"重点工作任务"三部分。

1. 定期任务

将员工岗位说明书中的"日、周、月、季、年"常态工作项目采集到任务系统中，形成了员工的定期任务。每项定期任务都根据其重要程度设置有一定的等级档次，当任务完成后，员工需要填写任务的完成情况并提交到部门领导处，部门领导对任务完成的质量、效率以及态度等进行综合评定。

2. 临时任务

对临时性工作通过手工下发临时任务的方式进行考核，部门领导可以通过任务模块生成临时任务并下发到指定执行人，每条临时任务都可以根据其重要程度设置不同等级，任务执行人完成任务后将任务完成结果提交到任务下发人，任务下发人会对任务的完成结果进行评定。

3. 重点工作任务

厂领导或职能部门对相关部门下达的重点工作安排形成了重点工作任务，重点工作任务的得分将直接落实到部门领导，通过重点工作任务子模块可以加强部门的执行力，强化厂内的执行力建设。

任务考核体系中的任务定义功能可以定义任务的等级、发放人、执行人、任务的工期、计划开始周期等一系列内容，因此任务考核体系具有定义灵活、功能强大等特点。另外，任务考核模块具备自动提醒功能，当员工用自己的工号登陆系统后，当天需要处理的任务就会自动弹出，对员工起到了一个及时提醒的作用。任务完成后，任务执行人需要填写任务执行情况说明，并自动提交到任务下发人处，由任务下发人对任务的执行情况进行评价，从而形成了一个完整的闭环管理流程，充分保证了任务的执行效果。

（五）责任管理全覆盖，业绩考核无盲区

我厂根据员工工作特点将全体员工分为"运行、管理、检修"三种类型，并针对每类人员都制定了有针对性的绩效考核办法。目前我厂绩效管理工作覆盖在岗所有人员、所有岗位，实行绩效总人数达800人以上。

运行人员的绩效考核侧重于运行指标和运行操作，绩效评分与运行指标系统和操作票系统的互联提取数据，保证了考核结果的准确性、及时性。

管理人员的绩效考核侧重于任务和指标。任务包括定期任务和临时任务。指标是指厂级、部门级指标经层层分解后形成的员工级指标。

检修人员的绩效考核项目除任务和指标外增加一项检修工时得分，检修工时得分主要是一些与检修工作有关项目标准工时的考核得分。

（六）重视结果应用，实现"双挂"要求

绩效结果应用与员工收入分配挂钩；与员工的岗位变动及评优选先挂钩；与中层后备干部民主推荐挂钩。目前，员工绩效收入已占到员工总收入的60%以上，同岗位人员因绩效表现不同其收入差距可达到员工总收入的30%

以上。真正体现了员工业绩上、薪酬上，业绩下、薪酬下的工效挂钩。通过将绩效考核结果与员工收入分配、员工岗位变动相挂钩，实现了"票子、帽子、位子"的三子兑现，促使员工更加注重平时的工作业绩表现，极大提高了员工对绩效管理的重视程度，为绩效管理的深入开展打下了良好的基础。

（七）积极开展绩效沟通，不断完善绩效体系

绩效管理是一个完整的管理系统，各环节紧密衔接、相辅相成、缺一不可，而串联起整个系统的工具就是贯穿始终、持续不断的信息沟通，沟通是整个链条上最重要的一环。企业高度重视绩效沟通工作，人力资源部定期与各部门主任开展绩效沟通，及时了解各部门在绩效执行过程中存在的问题及建议，以便对企业绩效管理系统进行及时改进。同时，企业每月中旬定期召开绩效考核沟通会，由领导班子与各部门负责人面对面进行沟通，立足摆问题、想对策为出发点，切实解决影响绩效考核实施的"绊脚石"。

绩效沟通是贯穿企业绩效管理的关键因素。通过绩效沟通机制的建立，使企业的各项绩效制度能够及时有效的贯彻下去，员工的各种意见和建议能迅速得到反馈。通过有效的绩效沟通，使绩效管理体系不断得到完善，绩效管理水平不断提高。

（八）设立绩效公示，提高绩效执行力

推行一个好的制度或管理模式并不难，难的是将这种制度或管理模式长久地坚持做下去。企业在实施全员绩效考核的过程中，从始至今都在坚持不懈地积极推进，并将中层干部对绩效考核工作的开展情况列入效能监察范围之内，有效保证了全员全方位绩效考核的全面实施。

为使企业制定的各项绩效管理制度得以顺利执行，提高部门主任对本部门绩效管理的重视程度，人资部在网站上每月进行"月度绩效考核公示"，通过公示对各部门月度绩效开展情况进行公示。该办法实施后极大提高了各部门主任对本部门绩效管理的重视程度，使得企业制定的各项绩效管理制度能够在各部门顺利持续有效执行。

（九）实行"强制排序法"，杜绝"平均主义"

考核是一把"双刃剑"，尤其是对绩效考核的推动者来说，运用好这把"剑"，能成为一种有效的管理工具；运用不好，可能就会激起实施者的"不满"情绪。为防止个别部门主任对员工绩效评价时搞"平均主义"，进而提高绩效评价结果的真实性、准确性，企业制定了"强制排序"规则。即各部门需将本部门所有员工进行排序，排名靠前的员工给予额外奖励，排名靠后的员工需追加考核。此举使各部门主任能认真对员工开展绩效评价，绩效评价结果的真实性和准确性得到了极大提高，杜绝了以往各部门内部普遍存在的"平均主义"现象，提高了员工对绩效考核结果的认可度。

（十）建立有效监督体系，打造绩效管理"阳光"工程

监督是绩效管理的保障环节，南京电厂通过建立有效的监督体系保证了绩效考核全过程的公平与公正。将每个部门级指标都设置有相应的职能部门和监督部门，职能部门负责考核数据提供，监督部门负责对考核数据及考核过程进行全过程监督，通过这种方式在部门间形成了一种360度评价机制，保证了每个部门级指标考核结果的准确性。另外，南京电厂将绩效考核信息全部在信息平台上公布，通过部门间、员工间相互监督，进一步保证了绩效考核的公平、公正。即让绩效考核的过程按"五确认一兑现"的程序在有效的监督下在线运行，做到了凡事有人监督。

南京电厂通过建立有效的监督体系，突出绩效管理工作的"公开、公平、公正"，努力将绩效管理系统搭建成为集团公司"阳光工程"有力的支撑框架。

三、基于老厂新机制下的绩效管理体系构建效果

（一）取得了显著的经济效益

绩效考核强化了责任意识，经营成果屡创新高。通过实施绩效考核，强

化了对标一流，责任倒逼的机制，使责任"可落实、可执行、可评价、可考核、可奖惩"，着力解决"责任制大而化之"的问题。通过建立三级指标管理体系，将厂部目标层层分解，有效地将企业的经营管理目标、发展目标转化为员工的工作目标，落实为员工的岗位责任，员工则以岗位为载体，实现了目标的层层分解、压力的逐级传递。通过对标设置"三线考核"标准，使各部门和员工明确了工作标准和努力方向，充分调动了员工工作的积极性，促进了厂部整体目标的实现。几年来面对日益严峻的经济形势和市场环境，南京电厂连续实现盈利，机组供电煤耗达到了集团同类型机组的最好水平。

几年来，面对日益严峻的经济形势和市场环境，南京电厂仍然保持持续盈利，指标持续优化。利用机组大、小修机会完成1号机组低温省煤器、电除尘高频电源、真空泵改造和1号机组低压缸通流间隙调整，降低供电煤耗4.5克/千瓦时，年节约标煤1.7万吨。

（二）促进了管理水平的提升

通过绩效结果与岗位变动及评优选先等工作的挂钩，树立了企业"赛马不相马"的正确用人导向，南京电厂用人原则也由原来的重学历转变为重业绩，员工更加注重平时的工作业绩，用结果"说话"，有效增强了员工的责任意识与精品意识，真正演绎了"大唐大舞台、尽责尽人才"的核心理念，激发了员工的内在动力，提高了履职能力。

通过"绩效管理"管理系统对员工绩效结果进行分析，可以及时准确发现员工哪方面存在问题，从而与员工开展有针对性的沟通和培训，帮助其发展与提高，达到企业与员工共同发展的目的。南京电厂绩效考核管理模式坚持顶层设计、有序推进的清晰思路，结合自身实际，突出特色、创新载体、注重实效，按系统、分层次、程序化落实责任，本着动态对标、持续改进的原则，有效地提升了企业员工的职业价值观，工作潜能得到了有效挖掘和充分发挥，企业整体管理水平有了较大提升，形成了具有"南电"特色的企业管理模式。

（三）社会效益凸显

绩效考核激发了争创意识，精品项目层出不穷。绩效考核机制激发了广大员工的创先争优意识，聚焦项目争精品，立足岗位创一流，以科学发展的成果来检验创先争优的效果。通过把目标任务转化为项目，着力探寻科学发展上水平与创先争优新常态有机融合的新理念、新模式。企业近年来以项目为根、员工为本、责任为魂、指标为尺，努力强机制、增效益，把各类项目建成精品。

南京电厂连续四年实现集团公司先单位、一流企业、文明单位荣誉"大满贯"、企业先后荣获鲁班奖、集团公司火电电厂样板示范企业等殊荣，也成为集团公司首个完成超低排放项目的企业。企业人才辈出，发电部王伟翔、刘菲分别被授予集团公司"优秀技能选手"和"技术能手"称号。

单位：大唐南京发电厂

绩效管理全方位体系建设与实践

左银华　尹晓丽

公司概况：国电内蒙古东胜热电有限公司是中国国电集团公司在内蒙古自治区建设的首家火电企业。公司于2005年12月18日在鄂尔多斯市注册成立，规划建设4×330MW空冷供热机组，分两期建设，一期2×330MW空冷供热机组工程分别于2008年1月、2008年6月投产发电，工程总投资262160万元。

摘要：绩效就是成绩和效果。如何通过科学的管理方法提高业绩，创造企业绩效是企业管理永恒的主题和核心的管理目标。绩效管理是指管理者与员工之间在目标设定与目标实现上所达成共识的过程，在持续不断沟通的前提下，管理者帮助员工清除工作过程中的障碍，提供必要的支持、指导和帮助，与员工一起共同完成绩效目标，从而实现公司的远景规划和战略目标。对于发电企业，特别是火力发电企业而言，由于其较高的燃料成本及组织结构的复杂性，利用绩效管理提高企业管理的科学性、经济性、系统性，是火力发电企业实现自身业绩增长、提升全员管理能力的重要课题之一。

东胜公司体系主要由组织绩效、部门个人绩效及班组个人绩效三大模块构成，通过引入一系列先进的绩效管理理念、工具、方法，并配套相关管理制度、办法、细则，实现企业绩效管理体系由"绩效考核"向"绩效管理""事后考核"向"事前计划""局部绩效"向"全员绩效"的整体转变，形成企业全员绩效管理持续优化的长效机制，不断提升企业经营业绩、管理水平。

一、工作描述

东胜公司三年内深入推进绩效管理工作，严格遵循"分级管理、逐级考核"的原则，认真分解考评指标，做到制度可操作性强、指标切合实际，使绩效管理权责更精细明晰，考评更公开透明，三年迈出三大步，从公司、部门到员工绩效考评层层落实，绩效结果与员工的岗位绩效工资、绩效奖金、薪点晋升、评优评先相联系，达到有效激励员工的目的，充分发挥绩效管理在工作中的"指挥棒"作用。

2012年3月—2013年3月建立体系，实现绩效层层管理。绩效体系主要由绩效管理委员会、部门个人绩效及班组个人绩效三大模块构成，通过绩效管理理念、工具、方法，并配套相关管理制度、办法、细则，实现企业绩效管理体系由"绩效考核"向"绩效管理""事后考核"向"事前计划""局部绩效"向"全员绩效"的整体转变，形成企业全员绩效管理持续优化的长效机制，不断提升企业经营业绩、管理水平。

一把手亲自抓考核，分管领导分部门抓考评，绩效会定期研究考核工作，建立了公司、部门、班组三级绩效管理实施细则和奖惩实施细则等相关制度体系。把绩效考核的结果运用作为评价工作业绩的标尺，实施绩效考核，用数据来说话，以事实为依据，依实绩作评判，避免干与不干一个样，干好干坏一个样。制定绩效目标的过程中，充分注重了对公司下达年度目标的分解落实，坚决将公司下达指标层层分解到各班组和广大员工，形成了责任压力的层层传递。通过绩效管理的实施，使压力得到了有效分解和传递，工作效率得到了有效提升。

2013年3月—2014年3月绩效工作实现常态化，按绩效得分计算奖金。在公司全面开展各层级绩效管理循环模拟运行，规范全员绩效管理常态化运行机制及工作开展流程。各部门逐步掌握了绩效管理相关工具，公司实施绩效得分与个人收入挂钩，依据得分计算的绩效奖金拉开了档次，打破了"大锅饭"，公司绩效考核工作着力在"动真格"上下功夫，通过精细实施和过程控制，提升了考核质量和激励效果；通过奖勤罚懒和严肃问责，提高了管理质量和执行能力。通过结果兑现，强化广大员工对绩效管理的认知度和执行力，统筹兼顾理顺公司内部各类岗位人员之间绩效奖金分配关系。确保绩效得分为发放薪酬做参考，依据绩效得分形成了绩效奖金，绩效得分将工作指标和薪酬联系起来，激励员工更好地工作。

2014年3月—2015年3月细化奖励标准，用制度促进经营绩效全面提升。分别制定《燃煤掺烧奖励办法》《入炉标煤单价考核管理办法》《争发电量考核管理办法》《热力公司领导班子成员及中层收入与利润总额完成情况挂钩考核管理办法》等，按月考核公布，按月兑现奖励。近期准备重新修订《绩效管理办法》，新的绩效考核管理办法将各项工作层层分解、确定逐级工作职责，从绩效计划到绩效结果应用进行规范管理。考核坚持定性与定量考核相结合，坚持日常考核与年度考核相结合，增加员工考核的比重；突出岗位特点，注重个人工作实绩，增强考核指标的针对性，真正实现了奖优罚劣、奖勤罚懒，确保干多干少、干好干坏不一样。

同时，还建立健全考核反馈机制，建立部门协作满意度测评、后勤满意度、调度满意度等，把考核反馈延伸到对考核工作的事前、事中和事后监督之中，拓宽绩效考核的结果运用，进一步增强绩效考核的激励作用。

二、主要做法

（一）从绩效考核层面提升到绩效管理层面

1. 以绩效合约为工具，转变绩效考核思路，从绩效考核层面提升到绩效管理层面

绩效管理体系围绕绩效合约实现绩效管理PDCA循环，以员工绩效合约为工具，实现绩效计划的制定，并通过有效的绩效沟通辅导、绩效评估与反馈实现绩效结果应用的公正性与公平性。

绩效合约是绩效计划的载体，同时也是评价的依据性文件，是由员工和主管通过有效的上下沟通之后签订。绩效合约分为年度、月度、固化绩效合

约三种类型，根据各岗位工作性质，分别适用于公司不同层面绩效管理执行需求。

2. 完善绩效管理循环体系

绩效管理循环包括围绕目标制订绩效计划、绩效沟通辅导、绩效评估反馈、绩效结果运用四个环节，结合公司绩效管理工作推进基础，逐步完善建立4个绩效模块的基础性工作，以保障全员绩效管理工作的推进。

3. 导入战略导向的策略地图工具，建立公司关键业绩指标库

策略地图是以平衡计分卡的四个层面目标（财务层面、客户层面、内部层面、学习与增长层面）为核心，通过分析这四个层面目标的相互关系而绘制的企业战略因果关系图。在策略地图绘制过程中，应重点关注：

在策略地图的制定实施中高层决策者始终如一地参与和重视是成功的关键要素，而且公司高层要注意保持和各个部门之间的沟通交流，以尽快对公司的战略目标和举措达成共识；

同时，战略路线和战略性衡量指标的选择不要贪多求全；

公司通过策略地图的制定、宣导，将公司战略目标与团队、个人的目标挂钩，很好地将公司的战略目标转化为全员参与的战略行动；

根据公司发展战略，每年利用平衡计分卡进行战略分解，制定公司的策略地图，策略地图是公司绩效管理的纲领性文件。每一年度的策略地图都是不相同的，必须依据上年度实施绩效的状况、下一年度公司的经营计划结合起来进行综合考虑来制定策略地图和分解下年度的经营目标；

策略地图由公司组织相关部门进行研讨，每个部门应依据公司的策略地图进行识别与本部门有关的战略主题；

在策略地图的基础上，通过各策略的价值树分解，梳理制定各部门的关键业绩指标，建立公司、部门关键业绩指标库，以明确各部门绩效重点，为公司层面绩效管理实施奠定基础。

4. 通过基于目标的岗位职责梳理，建立各岗位工作目标库

岗位职责是部门个人绩效管理的基础，是部门个人绩效合约（即工作

目标）的来源。通过职责模块化、工作任务精细化，明确岗位工作要求及标准。岗位职责即工作目标标准的制定，遵循工作目标绩效标准设定和考核方法的"三化法"和"四个维度量化法"：

● 三化法：能量化的尽量量化、不易量化的尽量细化、不易细化的尽量流程化；

● 四个维度量化法：通过质量、数量、时间、成本四个维度进行绩效标准的设定，实现工作结果的评价。

5.绩效结果强制正态分布，丰富绩效管理结果应用

"强制正态分布法"按事物的"两头小，中间大"的正态分布规律，对绩效考核结果进行调整和修正，以实现考核结果满足预先设定的等级分布。通过强制正态分布法，解决公司以往采用的绩效考核结果仅仅与奖金挂钩，激励小、应用范围窄等问题，可以为公司员工的管理决策，如晋升、转岗、降职等提供必要的依据，同时也为员工的培训、职业生涯规划、薪酬设定等问题，提供了行之有效的依据。

（二）从事后考核管理能力提升到事前计划管理

1. 优先完善绩效计划模块，转变事后考核管理的观念，加强事前的计划管理工作

在绩效管理理念统一的基础上，对公司层面KPI指标进行层层分解，整合工作计划考核与专业条线考核项目，以完善工作目标的设定，建立起KPI指标与工作目标体系。并通过绩效改进机制的建立与绩效管理理念的宣贯加强公司经营分析、部门绩效改进等机制，实现短板指标的提升和改进管理。

以绩效目标为基础的绩效计划通过以绩效合约为工具进行绩效管理循环，各级人员应转变考核观念为管理行为，通过制定绩效计划，加强管理者和员工的沟通，全程跟踪计划的执行，从而实现对工作的可控和在控。

2. 提升计划管理系统，实现绩效管理

公司计划管理系统的积极实践已初显管理成效，但是在不同部门KPI指标与工作计划考核权重、专业条线考核权重分配、工作计划考核扣分精细化、如何从绩效管理改进的角度实现计划管理、如何精准计划管理考核标准等方面仍需进一步提升。因此以绩效计划为主体，通过上下级绩效计划的制定能力的提升，实现绩效计划的过程管理、事前管理。

（三）从局部绩效管理能力提升到全员绩效管理

1. 班组层面绩效

班组是电力企业最基层的细胞，班组长既是最一线的管理者，同时也是一线的操作者，结合班组特性，在生产一线班组引入班组绩效合约的模式，通过班组工作的量化和细化，导入工时工分法的理念，并让班组长掌握绩效管理的工具，为班组管理水平提升和整体技能水平提升奠定基础。制定了《班组个人绩效管理实施细则》与各班组绩效合约包括班组奖惩分值补充规定，以保障各班组绩效管理实施。

2. 部门层面绩效

通过部门个人绩效管理的特点，通过岗位职责模块化、工作任务精细化梳理，明确上下级工作任务的管理要求，建立各岗位工作目标库，并定期组织修订，健全部门个人绩效管理的基础性工作，通过以月度绩效合约工具，实现部门工作的合理分工分配、调动部门个人工作积极性和主动性、固化岗位工作经验、提升工作效率从而提升部门绩效。

在部门层面绩效通过基于目标的岗位职责梳理，建立部门层面绩效工作目标库，并导入绩效合约工具，实现绩效管理循环实施。制定了《部门个人绩效管理实施细则》以保障各部门绩效管理实施。

3. 公司层面绩效

通过部门绩效重点分析，实现公司目标到部门目标的分解，并重点分

析公司目标实现的问题及障碍，明确各部门绩效指标与重点工作；导入战略导向的策略地图工具，建立公司关键业绩指标库，以匹配公司层面绩效工作开展；通过制定绩效合约实现绩效管理循环实施，并实现工作的计划性和目标性。

三、实践效果

项目自实施以来，得到了公司高层领导及基础员工的大力支持，取得了阶段性的实施成果，总结如下：

绩效工作实行全员管理。举全公司之力、集全公司之智，抓好抓细抓实考核工作。一把手亲自抓考核，分管领导分部门抓考评，绩效会定期研究考核工作。

绩效责任实现层层传递。各部门在制定绩效目标的过程中，充分注重了对公司下达年度目标的分解落实，坚决将公司下达指标层层分解到各班组和广大员工，形成了责任压力的层层传递。通过绩效管理的实施，使压力得到了有效分解和传递，工作效率得到了有效提升。

绩效评价方式多样化。针对部门、班组不同的工作性质，绩效管理方面也执行不同的评价方式，部门根据岗位职责确定每个岗位月度工作任务为核心的绩效合约，月末根据绩效合约对照评价完成情况，让评价有据可查。班组成员由于工作内容相似，采用工时工分法统计每个人的绩效得分。

绩效工作提升管理水平。制度执行的约束力真正发挥了作用，公司把提升整体绩效和执行力作为管理提升的重要内容之一，创新和完善内部激励与约束机制，通过引入一系列先进的绩效管理理念、工具、方法，并配套相关管理制度、办法、细则，实现企业绩效管理体系由"绩效考核"向"绩效管理""事后考核"向"事前计划""局部绩效"向"全员绩效"的整体转变，形成企业全员绩效管理持续优化的长效机制，不断提升企业经营业绩、管理水平。

绩效工作实现常态化。在公司全面开展各层级绩效管理循环模拟运行，规范全员绩效管理常态化运行机制及工作开展流程。各部门逐步掌握了绩效管理相关工具，公司实施绩效得分与个人收入挂钩，通过结果兑现，强化广大员工对绩效管理的认知度和执行力，建立了公司、部门、班组三级绩效管理实施细则和奖惩实施细则等相关制度体系。

绩效工作与薪酬挂钩。 把绩效考核的结果运用作为评价工作业绩的标尺，实施绩效考核，用数据来说话，以事实为依据，依实绩作评判，避免干与不干一个样，干好干坏一个样。统筹兼顾理顺公司内部各类岗位人员之间绩效奖金分配关系。确保绩效得分为发放薪酬做参考，依据绩效得分形成了绩效奖金，绩效得分将工作指标和薪酬联系起来，激励员工更好地工作。

绩效完善人资源管理体系。 为了保障绩效管理工作的顺利推进，各部门紧密结合实际，对岗位设置、人员配置和工作流程中存在的问题进行了重新梳理，对每个岗位进行工作分析，重新编制或修改完善了岗位说明书，建立起了较为完善的KPI指标体系，对员工的考核评价实现从定性管理到定量管理，从而有力促进了人力资源管理的基础工作。

绩效为用人与分配制度提供保障。 以前，在人力资源工作中需要解决的问题很多，比如"干多干少、干好干坏一个样""分配不公""干部选拔凭印象""企业员工培训靠感觉"等长期困扰公司人力资源工作的"老大难"问题。实施绩效管理后，根据对员工的绩效评价情况，为员工薪酬分配、职位变动、教育培训和职业生涯发展等都提供了科学和坚实的依据。

绩效促进精细化管理。 各部门紧密结合实际，积极对各个岗位工作进行了定量分析，制定和不断完善指标库，建立了较为科学完整的KPI指标体系，为企业实施精细化管理提供了载体。

四、成果推广建议

1. 积极宣扬绩效管理理念，强调全员参与的重要性

管理学有个著名的水桶原理：用一堆长短不一的木板来做一个木桶，那么这个木桶的容积将取决于最短的那块木板。绩效管理就是要形成一个PDCA

的有效循环，不断改进工作中的薄弱环节，因此，需要全员参与，通过提高个人的绩效，进而提高整个组织的绩效，完成公司的经营和发展战略目标，实现员工个人和公司的共同发展。

正是基于以上认识，公司自项目计划到实施的全过程中，对公司员工进行了多次的绩效管理理念的宣导，强调绩效管理不是企业中高层管理者的游戏，而是要让每一位员工都参与其中。

2. 积极在员工的日常工作中植入管理理念和思维方式

项目实施的目的不仅仅是在公司中大力推行先进的全员绩效管理体系，实现公司战略部署，更为重要的是通过这一契机，积极向全体员工宣扬绩效管理的理念和思维方式，彻底改变陈旧的、错误的绩效管理认识，为公司现代化管理奠定扎实的基础。

3. 赋予管理者和基层员工更多思考空间，着重培养员工的管理能力

在项目的计划、实施和修正的过程中，积极通过绩效分析、绩效沟通等多种方式，引导基层员工对自身工作及部门、组织绩效的积极思考，并及时进行理论和实践知识的培训和辅导，目的在于帮助广大基层员工培养良好的工作习惯和自我的管理能力；同时，在项目实施和推广阶段，赋予中高层管理者更多的权利，通过制度和人性化的引导，帮助其建立全局的绩效管理视角，而不是单纯的绩效体系的执行机器。

五、总结

绩效管理作为人力资源管理当中非常重要的模块之一，既要承担评价员工对企业的贡献程度和员工的价值水平，为激励员工提供参考依据的重担，同时，还需要与其他模块相互联系，构建联动机制，不断提高企业人力资源管理水平，进而实现企业现代化管理要求。正是基于以上认识，公司积极响应上级公司战略部署，全面、深入地开展全员绩效管理工作。

在项目执行过程中，通过制定绩效计划，加强管理者和员工的沟通，全程跟踪计划的执行，并在公司内部开展针对中高层管理者及基层员工的绩效

管理理念、基础知识、实务操作、管理能力提升的相关培训，从而真正塑造一种规范有序、效益至上的分配、约束和激励机制，充分挖掘内在潜力，积极营造奋发向上的工作氛围，进而加强对公司工作的可控和在控，努力实现公司全员绩效管理的规范化、系统化、精细化，进而为公司战略部署的圆满实现保驾护航。

【参考文献】

［1］李焕辉，李敏.火力发电企业绩效管理指标体系研究［J］.华南理工大学学报，2005，7（4）.

［2］林家用.发电企业有效绩效管理体系的构建［J］.中国电力教育，2010，16.

［3］罗伯特·卡普兰，大卫·诺顿.战略地图——化无形资产为有形成果［M］.广东经济出版社，2005.

［4］罗伯特·卡普兰，大卫·诺顿.平衡计分卡——化战略为行为［M］.广东经济出版社，2004.

［5］汪福俊.基于职业生涯规划的企业绩效管理体系设计研究［D］.兰州：兰州大学，2007.

单位：内蒙古东胜热电有限公司

提升班组员工量化考核实效

彭 刚 杨 奕 叶 俊

自新时期改革以来，H公司原有绩效管理模式由于精益化程度不够，已不能满足新体系建设的要求。为适应新时代发展，H公司与时俱进，经过不断创新与探索，特别是自2014年以来，以一线员工"工作积分制"考核模式为研究对象，实施全员绩效管理，做到工作有标准，管理全覆盖，考核无盲区，奖惩有依据，建立了以量化考核为重点的全员绩效管理体系，各基层班组员工的工作态度有了明显转变，工作热情和效率有了显著提高，为提升公司生产经营绩效做出了有益尝试并积累了宝贵经验。

一、绩效管理的目标描述

（一）绩效管理的理念或策略

1. 管理的理念

实施绩效管理，通过指标分解将企业经营目标落实到团队和个人，形成"千斤重担人人挑，人人肩上有指标"的责任传递机制。实施分层分类、量化考核，对一线班组员工实行"工作积分制"考核模式，将工作任务进行量化分解，使安全生产和优质服务工作目标落实到每一个员工，促进其不断提高业绩水平，从而实现企业生产经营目标。

2. 管理的策略

员工薪酬分配、绩效评定等绩效考核结果的应用，不仅由个人业绩水平决定，还与单位、班组绩效考核结果挂钩。员工不仅要注重个人业绩，更需注重团队的整体绩效。通过绩效考核，引导员工的行为符合公司发展要求，适应岗位需要，促进员工提升职业能力和综合素养，在实现目标的同时，真正调动起员工的工作积极性，实现组织和个人"双赢"的工作局面。

3. 执行的策略

通过科学设置绩效指标体系，确定具体、明确的量化标准，建立全方位、全过程的考评体系，做到每个员工都有指标，每件工作都有人落实，使管理的每一个细节做到数据化、精确化，实现考核有标准、奖惩有依据，保证整个绩效管理过程达到可控、能控、在控。通过合理的工作安排，并以公平、公正的绩效考核，客观评价员工的工作业绩，发现影响员工完成目标、提高绩效的问题。通过有效的面谈和沟通，提出解决问题的办法，制定改进措施计划，促进员工持续改进，提高工作绩效。

（二）绩效管理的范围和目标

1. 绩效管理的范围

在公司自上而下建立起客观反映岗位特征、专业能力、工作业绩和贡献情况的量化指标体系。根据班组工作业务性质，实施"工作积分制"考核模式，真正实现管理全覆盖，考核无盲区。对于业绩类指标，按责任分解到班组、岗位、员工；对于职责类指标，根据岗位职责说明书进行提炼。针对一线员工工作积分设定的难点，引入工作任务颗粒度的选择，即哪些任务该纳入班组考核指标中，哪些可以忽略，针对不同班组工作积分特点，分析核心问题，充分体现出管理的重点和导向。

2. 绩效管理的目标

通过2—3年的努力，建立起公平、公正的绩效指标体系，形成规范、科学的绩效评价制度，完善激励约束机制，夯实人力资源管理基础；员工工作积极性明显提高，班组建设进一步加强，企业管理水平明显提升；员工业务技能不断提升，企业安全生产和优质服务指标优良，实现员工与企业共同发展。

3. 绩效管理的指标体系及目标值

公司依据上级单位下达的年度业绩考核指标，进行目标分解下达至各二级单位，各二级单位结合自身实际对班组下达关键业绩考核指标。班组实行"工作积分制"量化考核，将业绩指标具体融入各项生产任务中，工作任务全面完成，班组团队的业绩指标就得以落实。班组一线员工实施"工作积分制"考核模式包括以下指标体系：

（1）"工作数量"积分指标

对每项工作任务定额量化分值，员工以参与的工作任务及在工作中担任的角色得分。各班组参考公司印发的典型班组"工作积分制"考核模版，制定本班组的考核细则，明确工作分值标准和考核流程，民主审议通过后实施，并定期修订。考核期内员工完成工作任务所得总分回归百分制，并占个人绩效得分的80%。

对员工获得单项奖励、技术比武优胜名次及完成本职生产任务之外的工作应进行奖励加分，各班组结合自身实际制订具体的加分规定，如对发现设备缺陷、发表稿件等事项进行加分奖励。奖励加分在基本得分基础上直接加分。

（2）"工作质量"积分指标

对"工作数量"积分指标的补充指标。为确保工作质量，各班组应严格执行安全生产、检修管理、营销服务等工作标准，根据工作实际制定质量考核标准，如未执行标准化作业、工作票不规范、工器具不按规定存放、生产记录出现错误、营销服务遭遇投诉等，都明确具体的扣分标准。工作质量考核（在工作数量的基础上）在个人业绩得分中直接扣减。

（3）"劳动纪律"指标

各班组应制定针对考勤和工作态度方面，适合班组自身文化的考评细则，以及针对安全生产、优质服务、党风廉政和精神文明建设等方面的否决指标。员工劳动纪律指标分值占个人绩效得分的20%。

4. 绩效管理的内涵

（1）班组绩效考核具有导向性

通过明确班组内部人员职责分工，能够唤醒员工责任意识，激发员工的工作积极性。考核指标由大家共同商定，使班组和个人都能明确最终目标。通过参与讨论和做出承诺，每个人在班组中找准自己的位置，重点关注"三种人"即转岗人员、老员工、大学生在班组内部的角色定位和价值体现，制定针对性的考核指标，使人人都能实现个人价值。

（2）班组绩效考核具有强制性

考核会给员工带来一定的心理压力，对于员工来说绩效考核是被动接受的，这种压力在某种程度上起着调节员工行为的作用。月度（年度）考核在一定程度上可以改善班组整体的工作状态，促使大家在规定时间内保质保量地完成相应的工作任务。在公平、公正的情况下，让适当的考核紧迫感深入到班员的骨髓中，才能充分调动大家的工作积极性和创造性，改变固有的工作状态，提高班组的工作效率。

（3）班组绩效考核具有实时反馈性

评价结果与班员薪酬工资、岗位竞聘和年终评优评先挂钩，为保持关键考核指标是动态的，且符合班组实际的工作情况，班组绩效考核体系在每年初会征集全班人员的意见，对所建立的关键绩效指标体系进行补充、修改，使其不断完善，以形成该年度内稳定可行的关键考核指标体系，确保考核体系吸纳了所有班员不同的反馈意见，最终形成一个公平、有效、动态的闭环考核管理制度。

二、绩效管理的主要做法

（一）工作流程图

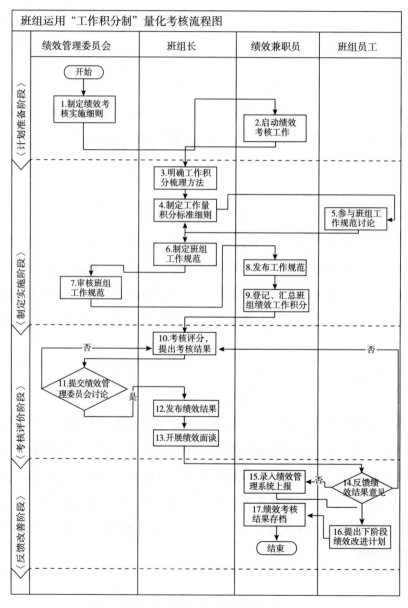

图1　运行"工作积分制"量化考核流程图

1. 主要流程说明

（1）启动绩效考核，明确考核方案

根据公司全员绩效管理文件精神要求，成立班组绩效管理委员会，制定班组内部绩效考评实施细则，按照绩效考核周期进行绩效管理工作，保障绩效考核工作顺利开展。对员工年度考核结果进行绩效等级评定，员工绩效考核结果和累计绩效等级积分与人才选拔、升迁竞聘、评优评先、职称评定、技能鉴定、教育培训等挂钩。

（2）强化指标建设，班组出台工作规范

各班组结合专业工作特点，通过民主集中讨论，制定本班组的工作规范，报上级绩效管理部门批准后执行。根据实施情况，不定期修订完善。在班组规范制订过程中，面向绩效专（兼）职、班组长和一线员工等不同对象，开展针对性强的专项绩效管理培训，使员工理解"工作积分制"考核的目的、意义，了解绩效考核工作方法，掌握"工作积分制"考核的操作流程、工作积分梳理方式。工作积分标准是一线员工的绩效合约，也是班组工作积分的基础。

对侧重兼职加分、班组管理工作质量及规范要求的工作项，采用通用工作积分标准，由公司层面提炼重要的管理工作进行工作积分设定；对侧重班组专业工作质量及规范要求的工作项，在专业层面上由班组自行制定生产作业积分标准。对不同班组工作积分特点分析，核心体现出班组管理的重点和导向——针对班员工作负荷均衡的班组，归类为轮值类班组，工作积分原则应体现干好干坏，以基本工分作为工作量积分，侧重工作质量考核，如调度类班组；针对同类工作任务出现频次较高，班员工作负荷大小与员工能力和积极性有很大关系的任务类班组，工作积分原则应体现干多干少，以作业工分为工作量积分，并根据作业任务制定质量标准，如检修类班组。

（3）加强过程管控，确保评价真实有效

根据班组工作职责和业绩考核指标，班组长结合员工的技能等级和专业特长，合理分配工作任务，并做好日常工作记录，为量化考核打分提供依据。根据考核周期内员工工作任务完成情况和担任的角色，对照考核细则进行统计评分，按员工在同一个任务中担任的不同角色以及所付出劳动的不同情况，把员工分为负责人、主要操作人、次要操作人、辅助操作人四类，设立角色系数。结合员工奖惩情况，计算员工的绩效得分，考核结果在班组内公示。班组长安排工作任务时充分考虑现场工作与班组内部事务的合理分工，使各项工作都按计划完成。要努力发挥员工的作用，减少班组长的压力，并互相监督，增强绩效考核的透明度。

（4）注重绩效沟通，评价结果达成共识

根据绩效得分情况，班长与每个员工进行面谈沟通，通报情况，交流思想，对业绩突出的及时表扬，给予鼓励；对业绩考核靠后的员工，帮助其找出影响业绩水平的原因，制定改进措施和整改计划，助其提高业绩水平。动态的绩效沟通贯穿于整个绩效管理过程，通过上下级之间的不断沟通与反馈，员工能认可自身的绩效计划，并在实施过程中发现自身的不足，了解产生的原因以及找到改进的方法，从而不断提升自己，真正达到组织与个人的双赢。

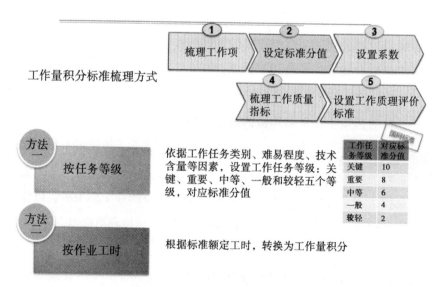

图2　工作积分标准设计流程图

2. 关键节点说明

节点3 工作积分梳理方法

（1）根据班组工作性质和特点，采用按任务等级或按作业工时的方法来制定具体的工作积分细则；

（2）梳理班组全部工作作业（安全生产、优质服务、技术培训、文明生产等）内容，确定工作积分具体事项；

（3）根据工作难度设置系数；

（4）梳理工作质量指标，明确扣分选项。

节点9 加强过程管控

（1）兼职绩效管理员每月根据工作规范中加减分项汇总统计；

（2）将绩效考核结果录入绩效管理系统上报。

节点13 加强绩效沟通

（1）根据绩效得分情况，定期开展与员工绩效面谈沟通；

（2）收集、总结绩效考核中出现的问题，定期修改班组工作规范。

3. 确保流程正常运行的人力资源保证

（1）组织机构

公司各层级都成立了绩效管理委员会，负责本层级全员绩效管理工作的组织领导；绩效管理委员会可下设绩效管理办公室，负责贯彻落实绩效管理委员会的决策部署，负责本单位全员绩效管理的日常工作；根据专业分类成立相应绩效管理专业组，负责各自领域内对指标的分解，实行绩效经理人制度，按照分级管理，确定员工绩效计划，并实施绩效辅导、绩效评价等工作。各班组设立兼职绩效考核员，负责协助班组长实施本层级绩效管理相关工作。强有力的绩效管理组织体系，确保了量化考核工作的顺利实施，组织管理机构图如下：

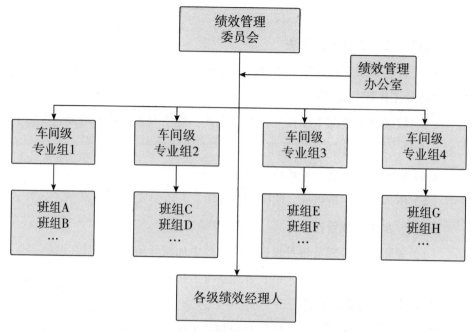

图3 绩效考核组织结构图

（2）相关部门及职责

绩效管理委员会：负责批准、审核本层面的绩效目标，审定考核制度和重大事项，审核年度绩效评价结果。

绩效管理办公室：对绩效考核指标进行汇总分析，拟定绩效管理流程和制度。

各专业组：评审本专业绩效指标体系，监督本专业绩效指标完成情况。

绩效经理人制度：班组长负责对所分管岗位的员工，开展绩效目标设定、考核评价、绩效辅导和相关管理工作。

4. 保证流程正常运行的专业管理绩效考核与控制

（1）绩效评估考核的组织机构

成立各级绩效管理考评小组，由考评组组织开展工作，负责绩效管理考核评价工作。

（2）绩效评价的指标体系

序号	指标名称	评价细则	得分
1	绩效打分正确率	审核绩效统计分数，每发现一次错误，扣5分	25
2	绩效面谈完成率	未开展该项工作不得分；每降低1个人员，扣5分	25
3	绩效管理系统录入完成率	发现未按时完成绩效管理系统录入情况，每次扣班组5分	25
4	绩效结果的应用情况	检查绩效结果的应用情况，未将结果应用全扣	25

三、评估与改进

（一）绩效管理的评估方法

公司组织力量对指标量化考核的可行性、先进性进行了评估，对其实施效果进行了评价。主要采用以下方法：

1.员工对考核方式接受程度的调查

采取人员访谈、发放调查表等方式，了解员工对考核方式的掌握成都、认同程度以及对考核结果的满意程度等。

2.对班组整体绩效的评估

将实施"工作积分制"考核以来班组工作任务完成率、事故和违章率等主要指标与历史数据相比较。

3.员工工作态度的变化

从员工的出勤率、承担工作任务的主动性、工作完成质量等方面进行对比。

4.实施成效的评价

通过现场查阅资料，检查班组考核内容完整性、可操作性，在执行办法中是否严格按照规定评分，考核结果是否拉开差距，能否客观评价员工的业绩。

（二）实施的效果

经过近几年的绩效管理实践，特别是实行班组"工作积分制"考核近两年来，公司构建了科学的指标考核管理体系，为分解落实企业目标任务提供了有效管理手段，员工绩效观念逐步形成，激励约束机制作用初步显现，为实现公司生产经营目标发挥了积极作用。公司绩效管理工作，特别是"工作积分制"考核方面，得到了上级单位的认同。

1. 员工思想观念发生较大转变

通过实施"工作积分制"考核，将每件工作任务的价值具体量化，根据员工完成工作的数量及质量、担任的角色客观评价员工的绩效，避免了"干多干少一个样，干好干坏一个样"的弊端。员工从被动接受到主动建议，压力转变为动力，工作态度发生了较大的变化，逃避工作的少了，主动争取任务的多了；满腹牢骚的少了，埋头苦干的多了；无所事事的少了，关心企业的多了。公司上下一股正能量油然而生。

2. 为推进人力资源管理提供了支撑

实施"工作积分制"考核前，经常会遇到"分配不公，与贡献不挂钩""员工培训靠感觉"等长期困扰人力资源工作的"老大难"问题。在班组开展"工作积分制"考核，具体量化员工的业绩水平，对涉及员工切身利益的薪酬分配、岗位调整、教育培训、职业生涯发展等都有了客观、公正的数据依据，对推进人力资源管理提供了有力支撑。

（三）今后的改进方向

下一步，力争在巩固和推广绩效管理取得的成果、创新企业管理模式等几个方面寻求新的突破点。

1. 加强宣贯培训

通过多种载体，积极开展绩效理念的宣传，进一步提高员工认识，增强量化考核实施的效果。组织绩效管理专项业务培训，帮助员工理解和掌握

"工作积分制"考核内容和流程，提高运用考核办法的业务技能。不断促使员工对自己的角色认知由模糊到清晰，真正调动员工的工作积极性。

2. 完善考核细则

通过先进班组带动全体班组，结合班组实际和专业特点进一步完善考核细则，优化工作定额分值，合理确定工作项的分差。简化考核流程，尽量做到简便易行，增强透明度，依托信息系统进一步完善日常考核工作，减少工作量。

3. 加强检查督促

坚持对各单位班组"工作积分制"考核开展情况进行检查评估，督促班组深入推进考核。加强业务指导，帮助班组完善考核办法，提高针对性和可操作性。

四、推广应用可行性分析

"分级分类，量化考核"自2012年来在公司各直属单位分别推广应用，公司以一个"实施细则"为依托，即全员绩效管理实施细则，一批案例操作说明书为基础，一个项目组为支撑，固化了一个个应用实际案例，通过全员培训，在全公司推广应用。同时，根据专业考核需求，不断拓展专业层面指标量化考核，增加不同专业量化考核应用案例的数量与深度，提升了绩效考核的客观量化应用水平，促进了公司整体管理水平的提高。目前"工作积分制"量化考核已经应用到公司各专业系统模块。

五、典型案例

（一）H公司运用"工作积分制"量化考核成效凸显

经过两年的努力，H公司在量化考核方面深度推广应用"工作积分制"，在一线班组取得了一定成效。涌现出了一批绩效管理标杆班组。以某任务类班组为例进行阐述。

公司改革后，某部室转岗人员较多，年龄层次较大，新进大学生技能水平不够等凸显问题。受到老思想的束缚，班组管理一直采用平均主义管理模式，管理水平落后，人才结构不尽合理，用人和激励机制不够完善，造成了"做多做少一个样，做好做坏一个样"的局面，打击了一些员工的工作积极性，也宠坏了一些主动意识不强的员工，针对如何提高员工的工作积极性，改变员工的工作态度，打破现有工作困局，急切需要一个贴合班组实际情况，切实可行的指标体系，来培养、激励班组人员。

绩效管理量化考核促进了班组工作质效的提升。在建立班组工作规范时遵循SMART原则，即各级指标和标准是具体的（Specific）、可测量的（Measurable）、可达到的（Attainable）、与其他目标相关的（Relevant）、有时间要求的（Time-bound），这样把绩效考核着眼放在班组日常各项工作，严格要求运行维护质量，将维护质量、工作态度与考核结合起来，使员工牢固树立"质量和态度第一的思想"。2014年前，A班组各项工作主要依靠班长安排，部分人员工作态度散漫，运行维护质量差强人意，班组运行维护资料混乱，在每季度的检查评分中，得分靠后。2012-2013年度，班组被安全稽查违章记分时有发生，每年平均违章记分达22分。2014年实行"工作积分制"量化考核后，安全稽查违章记分较2013年同比减少94%。班组人员各司其职，班组工作氛围井然有序，流程顺畅，日趋规范，班组季度检查评分有质的提高，日常工作达标率从以往的60%提升到95%，并且获得H公司安全红旗现场1次，部室安全红旗现场3次。

班组运行管理规范化、标准化、科学化。由以往"以抢代维"的工作状态转变为运行维护质量和效率为目标的管理，运行维护目标管理得以实现。将配网运行维护管理理念融入考核过程中，细化每项日常工作的考核，同时通过考核反馈机制的建立及时对指标和考核细则进行完善。打破传统的分配方式，克服平均主义弊端，将配网运行质量、班组管理融于考核中，体现按劳取酬、优劳优得原则，为员工的年终考评、职称的晋升、绩效工资分配提供科学依据。员工的工作态度有明显改善，大家的工作热情和效率有明显的提升。

（二）H公司XX班组工作规范（2015）

根据省公司绩效管理办法和公司绩效考核细则等文件精神要求，结合B班组实际情况，为充分调动班员工作积极性，特制定工作规范如下：

1. 正常工作日出工至变电站工作，每日每人按5分（基本分）计算。

2. 按返回班组时间为准，工作至20：00时返回加2分；工作至22：00时返回加3分；工作至24：00时返回加4分；工作至次日凌晨2：00时及以后返回加5分；住站加3分。

3. 若当日出差两次及以上（事先安排的工作及巡检除外），八小时内安排的工作，则以分值最高的工作分值为基数，加上其他工作分值的一半；超出八小时外安排的工作各工作分值进行累加。保护安装或校验后送电晚回按第3条加分。

4. 国家法定节假日出差至变电站工作，每日每人按8分（基本分）计算，另再按检修中心相关规定安排调休；双休日出差至变电站工作，每日每人按6分（基本分）计算，另再按检修中心相关规定安排调休。调休日出差按5分（基本分）计算，另再按检修中心相关规定安排调休。填票的工作负责人每日加0.5分。

安排的节假日、双休日加班，人到了检修室，如因客观因素没有进行而未至工作现场则按分值减半计算。

5. 检修中心安排的值班工作，班内不再予以考核。若到变电站抢修，无论时间、次数均按加5分进行补助。

6. 瓦斯校验及报告每台计5分。

7. 试验报告计分办法：

① XX变220kV主变、线路保护	2分
② 220kV主变、线路保护（双高频）	1分
③ 220kV旁路双高频	1分
④ 110kV线路及旁路	1分
⑤ 110kV主变、自动装置	1分

⑥ 10kV保护、低周　　　　　　　　　　　0.5分

⑦ 充电屏调试报告　　　　　　　　　　　2分

⑧ 蓄电池充放电报告　　　　　　　　　　1分

8. 各成员每月补助。

① 材料员：每月补助10分。负责材料、备品备件、安全工器具等的领取、登记、保管、室内卫生。

② 资料员：每月补助5分。负责图纸资料清理，每日图纸资料的发放和核对、回收，缺失图纸资料及时报告班长。

③ 安全员：每月补助10分。负责每周安全学习记录、学习文件保管，每月工作票统计上交；协助主管安全的班队长，负责安全类管理工作。

④ 生活员（绩效管理员）：每月补助10分。负责每月出差分值统计，资金领取分发，各类集体报销工作，负责每月绩效结果统计工作。

⑤ 工会委员：每月补助5分。负责民主生活、政治学习、四必访五必探记录；负责会费收缴，组织班组开展文体活动。

⑥ 宣传员：负责组织宣传报道工作，未完成检修试验任务承担相应考核责任。（检修中心每篇报道补助2分；公司每篇报道补助3分；省公司每篇报道补助5分；社会新闻媒体每篇报道补助10分。）

⑦ 微机管理员：每月补助5分。负责班队电脑的维护；负责班队网页管理及更新；协助班长做好资料类管理。

9. 每人每日出差考核最高应不高于15分。

10. 因自身工作原因造成的一天内多次出工，应只算作一次。

11. 工作负责人的每项工作按检修部相关规定补助，班内不再给予考核。

12. 公司及检修中心抽调人员（仍在班内考核时）、年休假人员，按抽调、年休天数每天给予2分补助；调休不考虑补助。

13. 工作时间（仍在班内考核时），检修中心或上级部门安排的学习、开会或其他活动及班内另行集中安排的基础管理工作，每人每日给予2分补助（不包括检修试验安排的生产会或其他会议）。

14. 对于工作量特别大，工作环境特别恶劣的工作，班委会有权酌情给予

2分补助。

15. 班员确因不可抗拒的原因无法出工，但积极参与班内其他管理工作的，班委会酌情考虑，调整对其考核。

16. 无故未按班内安排出工者视为不服从工作安排报上级处理。

本方案从1月1日开始执行，每月由兼职绩效管理员汇总结果，提交班委会讨论。

XX班班委会

2015年1月1日

单位：国网黄石供电公司

中小企业绩效管理存在的问题
分析以及对策研究

刘玉兰

本文首先对中小企业绩效管理的真正内涵进行重新定义，摒弃对绩效管理的片面理解，紧接着分析中小企业绩效管理的现状及存在问题，最后针对现存问题，提出建立高绩效管理体系的措施。

21世纪企业竞争优势的根本在于员工满意和顾客满意。如何发挥员工的技能、提高他们的满意度，进而增强中小企业的战略执行力、提高中小企业的整体效能?这是困扰我国中小企业管理者的一大难题。实践证明，解决这一难题最有效的途径就是建立一个基于中小企业战略的绩效管理系统。一个公司的好坏主要取决于公司的人才，而人才能量释放的多少就要看绩效管理了。绩效管理是一种提高组织员工的绩效和开发团队、个体的潜能，使组织不断获得成功的管理思想和具有战略意义的、整合的管理方法，它的有效性体现在企业战略执行的能力，是企业人力资源管理体系的核心。如今，国外一些企业已经成功地将绩效管理的理念、方法等加以改良应用于企业管理实践中，取得了很好的效果。当前国内的大多数中小企业也意识到绩效管理的重要性，但在管理实践中却不尽人意。

一、中小企业绩效管理的内涵

（一）绩效管理真正内涵及内容

人们对中小企业质量管理、ISO9000质量认证体系等在中小企业应用广泛的管理体系并不陌生，现在很多中小企业也在实施绩效管理，但是对绩效管理的认识还只是停留在想当然的理解上，片面地认为绩效管理就是绩效评估，有的认为绩效管理是对主要业务员使用的一种报酬和业务相挂钩的方式。其实绩效管理还应包含中小企业的质量管理、ISO9000质量认证体系等。

具体来说，绩效管理是员工与其主管共同协商、制定、评价工作目标的过程，就好比员工和主管间达成的双向协议，该协议对员工的工作职责、工作绩效如何衡量、员工和主管之间应该如何共同努力以维持、完善和提高员工的工作绩效、员工的工作对企业目标实现的影响、找出影响绩效的障碍并排除等问题做出明确的要求和规定。它强调过程管理，注重管理过程中绩效计划的制定、员工之间的持续沟通、绩效考核、薪酬管理、人事决策与调整等各个阶段，绩效管理是个系统，其管理过程一共分为五部分，分别是：组织使命及战略的说明和传达；绩效计划；绩效辅导；绩效考核阶段；运用阶段。

（二）中小企业绩效管理的目的

中小企业绩效管理主要要实现如下目的：

1. 根据绩效，对员工的表现给予及时、明确的反馈；

2. 以员工绩效考核为基础对员工薪资进行调整；

3. 依据绩效考核为员工的后续发展制定计划；

4. 通过绩效考核，鼓励先进员工，激励后来员工，提高员工的工作积极性，培养企业的团队合作精神，形成积极、奋进的工作氛围。

在这四个目的中，第一与第二个目的主要侧重于对员工当前工作的评估与总结，并根据此评估对员工进行奖励或指正，而第三个目的着眼于员工未来的发展，侧重于员工在企业的可持续发展，第四个目的则主要通过员工流失的控制，保持企业的稳定发展。

中小企业绩效管理是否成功的一个关键标准是能否将员工报酬与工作表现挂钩。员工若是提高了工作技能，其表现达到了更高的要求就应该得到该岗位上更高的报酬。例如，中小企业可以根据顾客满意度、回头率等经营效果来评估前台员工的关键工作表现，如交往能力、团队协作能力、服务意识等。同时，绩效管理还要激励那些无意晋升但又愿意留在原工作岗位的忠诚于企业的员工。

二、中小企业现行绩效管理存在的问题分析

（一）对绩效管理的必要性和重要性认识不足

很多中小企业直觉地将绩效管理看作是人力资源管理部门的职能，使绩效管理流于形式，管理者应付了事。企业往往只看到了绩效考核或评估，而忽视了对绩效管理全过程的把握。如某A企业，我们经常看到的是"匆匆过客"般的绩效考核：又到考核的时候，人力资源部照例将一些固定的表格发给各个部门经理，各个部门经理则需要在规定的时间内填完这些表格，交回人力资源部。于是经理们忙得不亦乐乎地在这些表格中圈圈勾勾，再加上一些轻描淡写的评语，然后就表中的内容同每位下属谈话十几分钟，最后在每张考核表上签上名。这次考核工作就算万事大吉了。每个人又回到了现实工作当中，至于那些表格去哪里发挥作用了，也就不了了之，也没有人再关心它们。

企业没有真正对绩效考核结果进行认真客观的分析，没有真正利用绩效考核过程和考核结果来帮助员工在绩效、行为、能力、责任等多方面得到切实的提高。甚至在部门之间、员工之间产生很多矛盾，最终逾越不了个人目标与组织目标的冲突。

（二）把绩效管理片面理解成绩效评估

虽然面临着激烈市场竞争的压力，面临着内部员工的高期望，但中小企业目前实施绩效管理的寥寥无几。大部分中小企业仍以绩效评估来对员工绩效进行管理。但绩效评估在实施过程中也存在很多的弊端：强调过去、缺乏相应的强化手段，没有把绩效评估看作一项重要的职能等；系统的使用者

未参与系统的开发过程、未能从工作分析中获取有效的绩效指标等；缺乏对评估人员的了解、墨守成规和持有偏见、未能向被评估人清楚地说明绩效准则、系统无法反应工作和组织环境动态的特点等；无法鉴定优良的绩效、雇员晋升决策失误、无法识别组织的潜力，由于主观性和评估中存在偏见而产生不满情绪，等等。

此外，一些中小企业太过注重短期效益，以某A企业为例，在绩效考评时认为"加薪晋级时考核一下就行了"。缺乏一个完整的循环体系，各方面工作无法确保实施。初期不明确任务指标，绩效标准未与员工进行充分的沟通，日常对员工工作表现记录少，后期没有公开的考核标准，而且绩效考核结束后没有反馈，导致员工迷失方向。有些中小企业与员工的交谈仅限于绩效考核时的提问考察，绩效考核结束后，不再就考核结果和员工交流。由于没有反馈，导致员工不知今后努力的方向，甚至导致人才流失。

（三）绩效评价标准不科学，绩效制度不合理

一些中小企业现行的绩效指标中，有些仅从经营指标去衡量，过于单一化，有些国有企业现行的评价标准大多是工龄、学历、行政级别和技术等级等。这必然导致工龄短而实际能力较强的员工缺乏积极性，这种评价标准缺乏有效的竞争机制。这种评价多半是依赖评价者的主观感觉，缺乏客观性，会引导员工重视人际关系而忽视了工作业绩的提高，最终影响部门乃至整个企业的效益。所以，必须选择客观、明确、可衡量的考核标准及改善现代管理的理念。对工作绩效的评价可以采用主、客观结合的方法，既避免了人的主观性太强的因素，又不仅仅凭一张表格定业绩。

以A企业采用的绩效量表中（见表1），我们可以看到，绩效指标的科学性不具备，这是现在中小企业在绩效考评上的突出问题。

表1　某A企业现行采用的绩效量表

业绩目标考核（根据下列评估之标准，并考虑考核期内员工各项业绩目标的实际业绩表现成果，请对有关人员的业绩目标做出评估，在下面合适的方格中划上"√"）					
业绩目标常超	完成程度评级				
	微超	达标	尚可	未达	
1					
2					
3					
4					
5					
6					
7					
评语/建议：					

（四）绩效管理者的管理技能有待提高

现代中小企业中大多数的管理者提升到目前的管理岗位，是因为其在一线岗位上工作时的业绩优异使然，然而在一线工作时得到锤炼和培训的更多的是业务技能，而不是管理技能。中小企业如果不能及时提供他们从事管理岗位所需的相关管理者培训，则将影响其有效进行绩效管理工作。另外，大多数的中小企业只选择上级充当下属的评估者，而一个员工不仅为上级提供工作产出，还为中小企业内部客户提供了产出。而多数中小企业尚未意识到"内部客户"的存在，导致员工只为他的上级负责，而不是为他的本职工作和"内部客户"负责，评估的结果也不准确。所以绩效管理中的评估应该包括上级主管人员以及"内部客户"——员工。

以上绩效管理中之所以出现这些不足，一方面由于中小企业绩效管理者自身管理技能上的欠缺，缺乏对绩效管理的正确认识和重视。另一方面中小企业没有理清绩效管理的流程，没有在整体的流程体系上下功夫，忽略了绩效管理的有关环节。然而，有效实施绩效管理必须在人员培训与建立完善的绩效管理体系上下功夫。因此说，引入科学的绩效管理体系来对组织的绩效和员工的绩效进行管理是刻不容缓的。

三、中小企业创建高绩效管理体系的具体措施

针对以上问题，完善提升中小企业绩效管理应从以下五个方面入手：

（一）端正对绩效管理体系的认识和态度

绩效管理的职能超出了人力资源管理部门的职能，其原动力是中小企业的CEO，直接责任人是一线经理，参与者是中小企业的全体员工。中小企业要使绩效管理得到有效的实施，首先要理清管理者与员工对绩效管理的误区认识，把绩效管理等同于企业管理。其次，在建立绩效管理系统前，通过广泛的培训和研讨，树立全员绩效意识；在绩效计划阶段，中小企业要着重明确每个人的绩效角色；在绩效管理推进过程中中小企业所有员工都要承担相应的绩效管理责任。

（二）建立以人为本的高绩效企业文化

（1）要尊重员工，为员工创造良好的工作环境，让所有员工都来参与中小企业的经营管理，努力使员工在中小企业有归属感和成就感。在这样的氛围中，员工能表现出良好精神状态，赢得顾客的高度满意。

（2）获得以绩效为导向的激励体系的良好支持。为稳定一线工作人员队伍，必须建立有竞争性的激励体系，对员工进行多样化的激励，以切实增强员工的主人翁责任感，降低员工流失率。

（3）重视员工，员工参与。中小企业要通过各种形式如企业内刊、主题活动等形式向全体员工宣传中小企业战略宗旨和企业文化，得到员工认同。通过建立开放的建议渠道、管理者适度的授权、快捷的信息沟通和反馈机制等赢得员工的真诚参与。B企业专门开设了"员工信息交流和反馈专用渠道"，还制定了相应的奖励措施，大大增进企业与员工的双向沟通和反馈，

投诉及提合理化建议，同时还能及时了解员工的思想动态。为企业营造一个和谐、稳定、健康、活泼、创新的内部沟通环境，为员工提供美好的发展前景，帮助员工实施工作计划和职业生涯计划。在个人发展机制的促动下，个人目标与组织目标才能真正趋同。

只有兼顾成果指标和行为指标的综合指标设计，引导公司上下都围绕"绩效"行事，才能牵引员工更好地完成工作和实践企业的价值观，最终为组织创造竞争优势，同时也能构建一个团队协作的组织文化。

（三）科学的绩效考评

绩效考评既是绩效管理的重要组成部分，又是一个独立的管理系统，它是整个绩效管理系统的核心。绩效考评是在工作一段时间或工作完成之后，对照绩效标准，采用科学的方法，检查和评定员工对职务所规定的职责的履行程度，员工个人的发展情况，对员工的工作结果进行评价，并将评定结果反馈给员工的过程。它是判断员工是否称职的依据，切实保证员工的报酬、晋升、调动、职业技能开发、激励、辞退等各项工作的科学性。

1.设置科学的绩效标准

（1）设置任务绩效标准

员工的绩效中可评价的指标一部分是与其工作产出直接相关的，也就是直接对其工作结果的评价，美国有的管理学家将这部分称为任务绩效。对任务绩效的评价通常可以用质量、数量、时效、成本等指标来进行评价。如销售部的营业成本利润率等，这些都是工作结果较易量化的指标。

（2）设置行为表现绩效标准

绩效中除了一些可量化的标准外，还有一部分绩效指标是对工作结果造成影响因素，但并不是以结果的形式表现出来的，一般为工作过程中的一些表现，通常被西方学者称为周边绩效。一些工作结果不易量化的职位，如一些行政管理、材料、库房管理部门等，这些工作成果难以用具体的财务指标来衡量，所以设置这些绩效标准的指标必须能够影响被考核者，同时能够具有明确的评估标准，必须充分考虑业绩结果如何与个人收益挂钩，尽量设置简单易行、明确有效的指标。在这一部分，我们可以参考KPI的设立原则进行绩效指标的调整，以期获得行之有效的考评结果。下表就是对现行绩效指标的调整：

表2　鉴于KPI的设立标准的量表

这部分评核员工在工作过程中显示的工作技能所达到之水平：请在合适的方格中划上"√"

E：超越岗位所需要求 F：完全达到岗位所需水平 A：仅符合岗位所需水平 L：仍需学习阶段或有待改善 U：不能达到岗位所需要求 NA：不适用

A：管理技能

项目	技能描述	E	F	A	L	U	NA
领导技能	制定愿景和前瞻性策略，积极建立团队，推动大家去落实策略目标，正确适度授权，有影响、号召、说服力						
组织/策划技能	了解组织内部情况，能制定合适的政策及实施方案，组织和合理使用现有资源达成指标和有效工作						
管控技能	对计划、方案、目标的实施能正确管控运作，落实完成。						
人员管理技能	合理规划所需人员，正确评核下属，激励员工，调动积极性						
成本管理技能	处理问题和工作常考虑费用和收益的关系，提升效益，降低成本						

姓名：＿＿＿＿＿＿＿＿

2. 实施绩效考评工作

实施绩效考评工作，可以根据具体情况和实际需要进行月评估、季评估、半年评估和年度评估。这个工作是按照事先确定的工作目标及其衡量标准，考查员工实际完成的绩效情况的过程。这种考评包括工作结果考评和工作行为考评两方面：

（1）工作结果考评

工作结果考评是对考评期内员工工作目标实现程度的测量和评价，一般由员工的直接上级按照绩效标准，对员工的每个工作目标实际完成情况进行等级考评，再根据考核系数计算考核部分工资。某B企业现行采用的强制分布法，有效控制了有些考评者的"平均主义"或"有意趋高"的现象。对考核结果进行分级划档，考核等级对应不同的考核系数。

表3　某B企业采用的考核结果与级别等级对照表

等级	优	良	中	及格	不及格
定义	超越岗位常规要求；并完全超过预期地达成了工作目标	完全符合岗位常规要求；保质保量按时达成工作目标	符合岗位常规要求；保质保量按时达成工作目标	基本符合岗位常规要求；但有所不足，基本达成工作目标，但有所欠缺	不符合岗位常规要求；不能达成工作目标
得分	95分以上（含）	85（含）–95分	75（含）–85分	60（含）–75分	60分以下

表4　考核等级与考核系数对照表

考核等级	优	良+	良	中+	中	及格+	及格	不及格
得分	95分以上（含）	90（含）–95分	85（含）–90分	80（含）–85分	75（含）–80分	70（含）–75分	60（含）–70分	60分以下
考核系数	1.1	1	0.9	0.8	0.7	0.6	0.5	0
所占总人数比例	不超过10%	不超过25%	不定	不定	不定	不定	不定	不定

被考核人员连续三次评为优即升一个小级，级别工资涨100元，连续三次评为劣即降一个小级，级别工资降100元。关键岗位年终考核评为优者，级别工资涨200元；相反，给予降职或调职。

被考核人员连续2次升小级，且成绩卓越者，经考评小组评审后可作适当岗位调整或其他激励措施，如：外出培训、外出考察机会。连续2次降级就待岗、再培训或调岗。

根据不同的岗位性质采用月度考核、季茬考核、年度考核。结果由绩效考核员录入档案，作为年终评选"十佳"及重点培养的依据。通过这样的工资和岗位"可上可下"，"能者上，庸者下"的制度，这个中小企业在整体管理上有了很大成效。采用正态的强制分布法要注意的是，严格抵制各部门间"轮流做庄"的不良现象。

（2）工作行为考评

工作行为考评由工作行为考评问卷以工作岗位要求的标准考评，一般由员工本人及其上级、同级、下级、客户对被考评者在考评期内的具体行为进行等级考评。最后，在计算总分时可以配以不同的权数打分，如上级考评分数乘以50%，同级考评分数乘以30%，自我考评分数乘以20%，然后将这些数据相加得总分。这就不同于自上而下的单一考评方式，有其必要性。在考评工作完成后，并不等于完成整个绩效管理流程，还要对表现出色的部门和员工进行绩效奖励。

（四）动态持续的绩效沟通

管理者应与员工时常进行沟通，了解他们的想法，对他们的建议及时回应，激发员工的积极性，更好地实现绩效管理目标，提高中小企业的整体绩效。

1. 追踪绩效的进展，确定障碍

在绩效管理过程之初，管理者和员工通过认真平等的沟通，对未来一段时间的工作目标和任务达成一致，确定员工未来一年的工作目标。中小企业前台部的人员数量问题就是员工与管理者需要沟通的，在住店淡季时前台业务少，无须过多人员，如果沟通不及时，易引起岗少人多而影响绩效的问题，而经过前台服务员、前台主管和大堂副理之间的沟通就可以找出影响绩效的障碍，提供中小企业所需信息，及时发现问题并解决问题。

2. 有针对性地进行沟通

定期或非定期、正式或非正式地针对一些问题进行讨论，在沟通中是非常重要的。正式对话就是实现中小企业计划和安排的沟通，一些中小企业采用定期的书面报告、面谈、有主管参加的定期小组或团队会议等，有效地解

决了各部门的现存问题。非正式沟通的形式就是多种沟通方式，不定期的谈话、讨论。某B企业在考核面谈中，肯定业绩，指出不足，为员工职业能力和工作业绩的不断提高指明方向。主管人员呈现出恰当而肯定的面部表情，对员工的谈话内容表示出极大的兴趣和肯定，让员工尽情畅快地表达自己的意见。这样，双方展开了轻松、有效的沟通，拉近了不同层次管理者与员工的距离。在员工表现优秀时给予及时的表扬和鼓励，自然地强化了其他员工的积极表现；在员工表现不佳时，通过非正式对话采取朋友式的交流，指出其工作中的失误与问题，便于员工提高业绩。沟通应该贯穿在绩效管理的整个过程，不是仅仅年终的考核沟通，仅仅一次两次的沟通是远远不够的，要实行全年、全方位的沟通。

（五）持续绩效考评者的培训，及时反馈辅导

1. 加强对考评者的培训

由于中小企业的大多数管理者是从一线优秀员工提拔上来的，管理技能较缺乏，中小企业要及时提供他们从事管理岗位所需的相关管理者培训，应该有效引入专业管理培训人事进行全面系统的量身定做式绩效管理培训。下面以某B企业为例，该企业在培训这一环节做得很成功，对管理人员采取分批到国内外知名学院进修业务、外语等，同时组织管理人员到各知名中小企业参观、考察、学习同行先进的管理经验，提高管理水平。某B企业还对管理人员进行岗位轮训，将管理人员调到其他部门进行交叉培训，培养管理人员熟悉多种业务、适应不同工作环境的能力，学会从企业全局考虑问题，现已有24位中层以上管理人员参与了跨部门的交叉培训，他们的综合管理素质得到了明显的提高。

2. 加强对员工的培训，提高反馈认识

一个完整的绩效评估反馈报告，除了回顾、评价员工过去的绩效表现之外，更重要的是，能够通过绩效评估来了解员工的能力状况和发展潜力。只有这样，才能不断提高员工的个人能力，改进工作方法，从而提高组织绩

效。所以，除了对员工进行日常的培训外，中小企业还要给员工以反馈，加强绩效改进与导入，这是当前中小企业绩效管理中最需要加强的一个管理环节。首先，传统的培训部应进行改革，成为绩效培训部，将绩效评价结果应用于培训计划的安排，作为培训内容设定的基础，及时给予员工所需要的培训，提高他们自身的素质及工作能力。其次将绩效考核结果反馈给员工，让他们及时了解自身的绩效并加以改进。

在21世纪，中国的中小企业能否在信息技术、全球化经济发展的大时代背景下，迎接挑战，抓住并善于利用机会创造更完善的管理机制与方法，研究绩效管理体系有其重要的意义。

因此，中小企业的管理者一方面要不断提高自身技能，另一方面给予中小企业绩效以重视，我们必须借鉴成功、知名企业的科学管理方法，扬长避短，坚持走出去，引进来，在学习先进的管理经验应用于本企业的同时不断创新，适时调整中小企业的管理模式，中小企业整体就会兴旺发达，永驻活力。

薪酬与激励

XIN CHOU YU JI LI

HS公司战略人力资源管理
核心体系构建项目案例

刘志方

本案例通过对HS公司现有组织与岗位管理基础，实施薪酬管理、绩效管理的现状调研诊断，形成 "一体四翼" 的薪酬绩效优化设计方案，针对不同性质的岗位，设置不同类型的绩效管理方式，通过试运行辅导，实践了项目成果符合公司经营管理要求，为HS公司管理经营活动提供了系统性支撑。使人力资源管理成为HS公司优化管理水平、提高运营效率、保障人才队伍的有力推手。

一、项目背景与需求

（一）市场背景

1. 管理共性

中小型企业在世界发达国家的经济结构中占据主导地位，如德国中小企业的数量占市场经济份额的96%以上。中国的中小型民营企业近年来取得了较大发展，据 "中国企业经营者成长与发展专题调查报告" 统计，目前我国中小企业占企业总数的64.9%，其中民营企业占企业总数的54.3%。

中国中小企业是在中国工业化初始阶段和经济转轨时期崛起的，因此，带有这个特定条件下的明显特征。

① 产出规模小、技术装备率低：中国的中小企业特别是小企业，还不能

像发达国家一样。在现代化过程中，实现小型企业的巨人化，由于技术装备率低，产出规模小，产品多为劳动密集型。所以，中小企业一般一次性投资量较小，进入的限制条件较少，使用的多为传统技术，产品的技术含量低，附加价值低，这和中国的整个水平较低是相称的。

②投资主体多元化：中小企业既不像大中型企业那样，多为国家投资兴建，因而多为国有企业；也不像资本主义国家的那样，多为私人投资兴建，因而多为私有企业。而是既有国家投资兴建的企业，也有大量属于劳动人民集体所有的企业，还有相当一部分的个体（私营）企业。一般来说，大型企业多为国有企业，小型企业多为非国有企业。

③组织程度差：中国的企业，大企业是大而全，小企业是小而全，在生产领域专业化协作程度差，在销售方面缺少固定的渠道。特别是政府对中小企业的管理方面，没有专门的法律，也缺少扶持政策同时缺少发达国家那样的社会服务体系。

④生产经营市场调节：在生产经营的外部条件下，在计划经济时期，尽管提过大、中、小型企业并举的口号，但国家计划实际上是偏重于大型企业的投资建设和生产经营，忽视中小企业在经济发展中的作用，因而，中小企业得不到政府计划的保障。随着改革开放的进展和市场机制作用的扩大，中小企业才得到迅速发展。

⑤主要面向国内市场：中国是一个人口众多的发展中大国，国内经济的发展面临三个方面的压力：1）就业压力，2）自身素质低下的压力，3）资金短缺的压力。由于中国人口多，经济相对不发达，劳动力过剩是长期存在的压力，为了增加就业，便要多办中小企业。同时，由于这些中小企业自身素质低，决定了它们的生产、服务须要面向国内市场，尽管近年来出现了一批外向型中小企业，也因为自身素质不高，难以适应国际市场的激烈竞争而很不稳定，加之体制方面的原因，使得中国中小企业的生产服务方向主要是国内市场。又由于资金短缺，中小企业主要集中在劳动力密集型产业上，其技术进步缓慢，这也决定了中小企业的产品档次低、成本高，从而很难挤进国际市场，其生产服务的方向主要是国内市场。

⑥ 中小企业主要集中在劳动密集型产业：由于中小企业是在就业压力和国内市场需求旺盛的条件下发展起来的，又由于中国的整体技术水平相对落后，所以中小企业的发展主要集中在劳动密集型产业上。

2. 行业共性

① 行业特点： 环保产业具有环境公益性、经济活动性、社会规模性、专门技术性、新兴性等特点，分为污染防治产业与资源产业、专门环保产业与共生环保产业。环保产业的边际利润率低于其他产业，甚至于无利润或者亏损。国家对其鼓励和扶持是绝对必要的。对环保产业给予行政保护并保证环保企业获取利润，应成为国家促进环保产业化政策的重要和核心内容。

② 发展趋势： 从宏观上看，中国环保产业发展还有广阔空间。按照国外发达国家的经验，环保产业一般会维持10年-20年的高速增长期，产值增长率一般维持在GNP增长率的2倍-4倍，因此，预计我国未来环保行业增速将维持在20%以上；目前我国环保产业产值和从业人员素质都与发达国家有较大差距：发达国家环保产值占GNP的比例保守估计大于2.5%，我国十二五末环保产业占GDP的比重有望达到2%。国外环保行业快速发展驱动因素我国目前均已具备：政策、政府和企业的环保需求、经验水平、公众环境意识。

③ 环保行业产业链结构：环保行业产业链主要包括设备提供、工程建设及设施运营3个主要环节，产业内的企业一般涉及一个或多个环节。

生活和企业排污是环保行业产业链的发起，也是整个产业的服务对象。由于存在生活排污和企业排污，为了达到国家的排污标准，三废必须在排放前对污染物进行处理，其中废气处理不存在生活排污层面。

设备提供企业位于产业链上游，工程建设属于中游。工程建设包括设计咨询和系统集成等，也是价值链增值性与盈利水平较高的环节，涉足该领域的公司将享受到高成长。完全的市场机制可以保证龙头企业获得较高水平的利润率。由于工程建设对系统集成水平要求较高，国内能够实施工程承包的企业不多，目前外资在该领域仍具有优势。

设施营运位于产业链下游。指专业从事环保设施运营和管理，如污水处理厂、各种填埋厂、垃圾发电企业等。环保设施运营本质是重资产、稳定现金流型的业务。其投资回报期相对较长，同时处理费的决定权主要取决于政府，属于公用事业，若处理费长期稳定，我国大部分市场化环保设施的投资回收期在15年左右。

④ 行业的挑战：我国节能环保产业虽然有了较快发展，但总体上看，发展水平还比较低，与需求相比还有较大差距。主要存在以下问题：

一是创新能力不强。以企业为主体的节能环保技术创新体系不完善，产学研结合不够紧密，技术开发投入不足。一些核心技术尚未完全掌握，部分关键设备仍需要进口，一些已能自主生产的节能环保设备能和效率有待提高。

二是结构不合理。企业规模普遍偏小，产业集中度低，龙头骨干企业带动作用有待进一步提高。节能环保设备成套化、系列化、标准化水平低，产品技术含量和附加值不高，国际品牌产品少。

三是市场不规范。地方保护、行业垄断、低价低质恶性竞争现象严重；污染治理设施重建设、轻管理，运行效率低；市场监管不到位，一些国家明令淘汰的高耗能、高污染设备仍在使用。

四是政策机制不完善。节能环保法规和标准体系不健全，资源性产品价格改革和环保收费政策尚未到位，财税和金融政策有待进一步完善，企业融资困难，生产者责任延伸制尚未建立。

五是服务体系不健全。合同能源管理、环保基础设施和火电厂烟气脱硫特许经营等市场化服务模式有待完善；再生资源和垃圾分类回收体系不健全；节能环保产业公共服务平台尚待建立和完善。

（二）企业背景

HS股份有限公司（以下简称"HS公司"）是一家集投资建设环保工程、开发运用新能源新技术、提供环保技术服务的现代高新技术企业。自2005年创立以来，HS公司始终坚持"创造技术价值，服务环境保护"的经营理念，依托先进的技术、科学的管理，以推动中国环保事业发展为己任，不断追求卓越、阔步前行。经过十余年的积累沉淀，公司由小变大、由弱变强，于2015年10月在全国中小企业股份转让系统成功挂牌上市。

目前，HS公司已吸纳了一大批环境、生物、给排水、自动化、机电一体化等专业领域的优秀技术人才，目前公司员工有96人，拥有8项实用新型专利、4项计算机软件著作权及2项发明专利，以及环保工程专业承包三级、建设项目环境影响评价资质、检测机构资质、污染设施治理运行服务能力、安全生产许可、ISO9001质量管理体系认证等资质，在国内6省市设有子公司或投资生产基地。

（三）项目需求

HS公司现有10个部门2家投资公司约50个岗位左右。随着公司的发展，在人力资源方面的管理已经跟不上发展的需要，原有的人力资源管理基础较为薄弱，在整体的组织设计、岗位规范化管理及绩效薪酬方面较为人性化，在制度化、标准化方面的内容较少，难于支撑企业的发展。

希望通过HS公司现有组织与岗位管理基础，实施薪酬管理、绩效管理的现状调研诊断、优化设计与试运行辅导，使人力资源管理成为HS公司优化管理水平、提高运营效率、保障人才队伍的有力推手

（四）项目实施安排

整个项目计划分为3个阶段，每阶段配合信息收集及方案实施，针对公司领导、项目小组及部门负责人组织5次专项培训。

第一阶段：（2015年10月13日——2015年10月26日）

1.《HS公司人力资源体系建设项目诊断报告》

第二阶段：（2015年10月27日——2015年11月30日）

2.《HS公司岗位评价管理办法》

3.《HS公司薪酬管理制度》（含归集表）

4.《HS公司薪酬套改方案》

第三阶段：（2015年12月01日——2016年1月13日）

5.《HS公司绩效管理制度》

6.《HS公司绩效指标库》

7.《HS公司部门与标杆岗位绩效合约》

二、实施理论与设计

（一）基于战略人力资源管理系统，结合HS公司的战略发展要求，深化人力资源核心体系建设

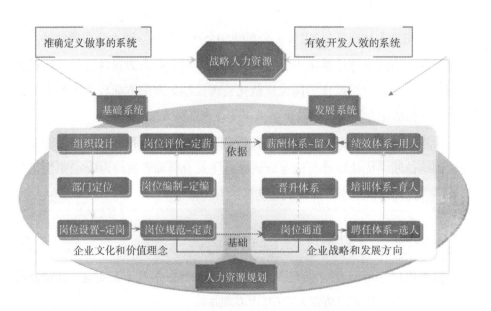

（二）通过重点访谈、问卷、行业调查、内部资料分析等方式进行诊断信息收集与分析

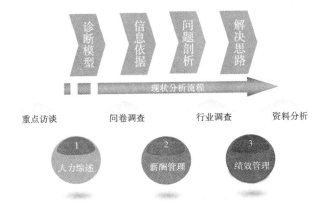

（三）薪酬管理

以岗位、工作技能与业绩提升为依据，强化薪酬激励作用。按照HS公司薪酬战略要求，建立和完善现行的薪酬结构，明确各项薪酬构成与相关人力资源管理体系的关联，形成以岗位价值为基础，以业绩为导向，以特殊津贴为补充的岗位绩效工资制。通过对岗位评价结果进行系统调整和绩效管理体系的有效运行，强化薪酬管理体系的激励功能。

1. 薪酬设计步骤

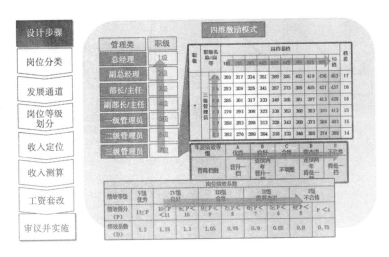

2. 薪酬策略设计

建议HS公司采用混合型的薪酬策略，对不同性质的岗位采取不同的薪酬水平定位

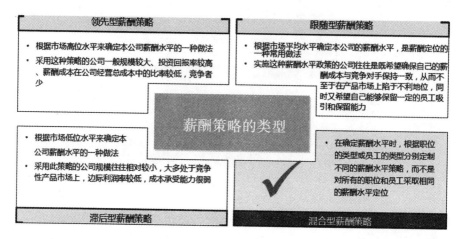

3. 薪酬体系设计流程图

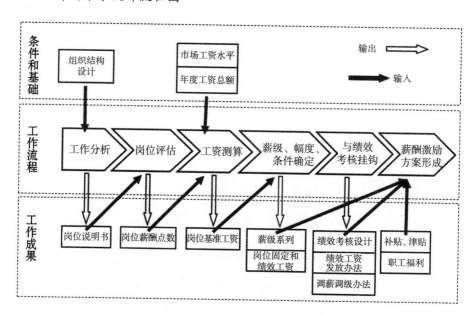

（四）HS公司绩效体系建设整体思路

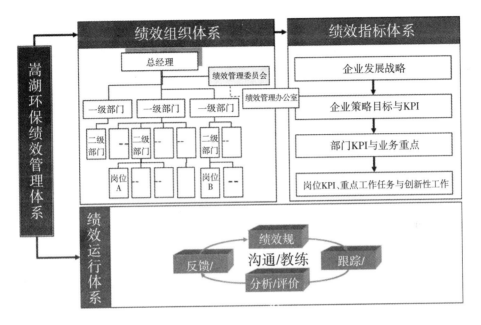

1. 组织体系设计

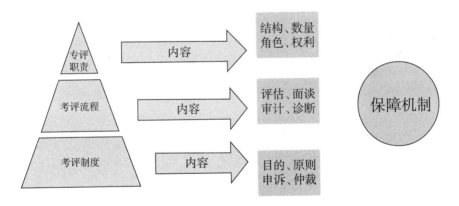

2. 运行体系设计

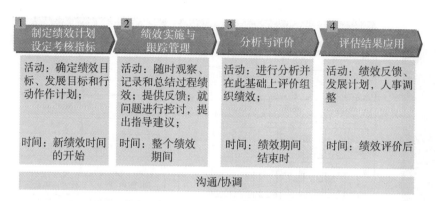

3. 指标体系设计：指标体系建设的"4步曲"

指标体系建设的"4步曲"

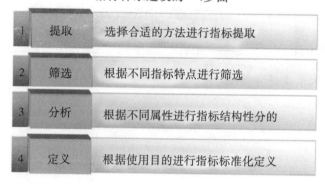

（五）项目推进方法

1. 咨询项目的工作方式

组织保证——适合于中国企业的咨询项目小组运作

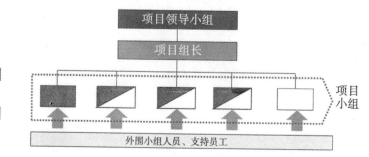

2. 项目实施的主要方式

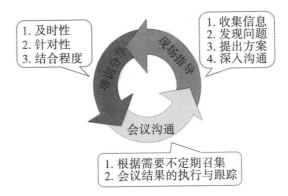

3. 顾问组主要职责

岗位 / 机构	配置	主要职责
项目总监	1人	1. 指导项目整体策划和设计思路 2. 项目最终成果整体审核 3. 项目实施过程中重点、难点问题决策 4. 客户高层沟通
专家组	2~3人	1. 提供专业技术支持和指导 2. 参与专项课题研究
项目经理	1人	1. 项目整体策划 2. 项目进度管理与关键节点把控 3. 主体培训 4. 各阶段成果审核 5. 客户高层沟通与阶段成果汇报 6. 顾问组成员管理
顾问师	2人	1. 制定项目各阶段工作计划及组织实施 2. 模块培训 3. 各模块项目成果设计与实施辅导 4. 参与项目会议与项目研讨 5. 与项目组和各部门进行沟通协调、汇报项目成果

4. 项目组主要职责

① 组长/副组长：

1）项目总体需求和关键问题的确认，项目总体执行计划的审批；

2）项目总体执行计划的监督和控制，项目推进过程的协调；

3）参与项目调研、分析工作，以及项目执行过程关键技术框架的确认；

4）项目过程相关文件和项目执行阶段性结果的审核；

5）组织项目阶段性的工作会议，参与计划/方案制定及实施，保持项目执行计划与公司具体经营管理工作计划的合理衔接；

6）相关领导或部门的协调支持。

②项目组成员：

1）参与项目调研和分析工作，对关键问题予以确认；

2）参与项目成果文件设计的研讨、构建、修订与审定，重点分析、探讨项目执行技术、项目成果文件与公司实际的有效结合方面的问题，提供具体的建设性建议；

3）学习、掌握和实践与项目直接支持和相关的管理理念、管理方法、操作流程及关键技术，并传播和辅导这些理念、方法和技术的具体运用；

4）按照顾问组、项目组确定的推进要求及进度，保质保量完成与其中心相关的工作任务，及时反馈项目执行过程中发现的问题，参与研讨具体问题的解决思路；

5）负责项目执行效果相关数据、信息的收集与分析；

6）协助提供必要的资源支持。

三、项目实施与步骤

（一）项目诊断

顾问组通过综合运用下列调研工具，把握HS公司的管理现状并形成初步管理诊断：

1. 诊断信息方式与内容

序号	项目	内容
1	员工访谈	对HS公司全体管理人员、员工代表分别访谈，了解公司目前的发展思路、经营状况以及存在的问题
2	内部资料分析	重点收集公司的相关管理规章制度、管理流程、员工资料、绩效考核表、人力资源规划等信息，分析内部管理体系及运行情况
3	调查问卷	从人力资源专业认知、组织与岗位管理、人力资源规划、薪酬管理、绩效管理、职业发展等方面进行系统、全面的问卷调查，并统计分析
4	外部环境分析	收集标杆企业相关资料，对房地产行业及国有房地产企业的发展资讯进行分析

2. 形成现状诊断分析及解决思路

序号	模块	现状分析	解决思路
1	人力资源管理	1. 对现代人力资源管理理念缺乏认知； 2. 员工队伍很"年轻"，潜力巨大； 3. 管理制度建设有待加强； 4. 人力资源管理面临着全面的整合与革新。	完善的人力资源管理体系： 1. 识人为基础的工作分析系统； 2. 选人为先导的招聘选拔系统； 3. 用人为核心配置和使用系统； 4. 育人为动力的培训开发系统； 5. 留人为目的的考核与薪酬系统。
2	组织与岗位管理	1. 组织架构设计能够适应目前的公司治理需要； 2. 部门定位相对清晰、合理，但部门间协调还主要依靠"人为"； 3. 岗位职责进行了全面梳理，但缺乏动态管理机制。	进行系统的工作分析，明确部门职能与岗位职责，并编制权责分明、界定清晰的职责说明书。
3	绩效管理	1. 对绩效管理有一定的认识，对绩效管理体系构建抱有殷切的期望； 2. 绩效管理组织体系没有形成，目前还处于片段化管理； 3. 绩效管理运行体系不健全，绩效规划与跟踪辅导环节缺失； 4. 绩效管理指标体系构建未居于公司战略，量化程度不够，没有侧重； 5. 绩效考核结果应用较为单一。	应整个公司从上而下建立起科学的绩效管理观念，建立完善的绩效管理体系，规范绩效管理各责任主体的绩效工作。
4	薪酬管理	1. 薪酬满意度低，薪酬结构有待优化 2. 薪酬导向不明确，薪酬激励性不足； 3. 缺乏明确的薪资调整标准。	构建以岗位评价为基础，以个人能力和业务为导向的四维激励模式宽带薪酬体系。

（二）形成一体四翼薪酬绩效模式

以人为本，强化制度建设和执行，力资源管理的目标从整体经营目标出发进行考虑，完善人力资源管理各个环节的制度，从人治转向法治，立足与HS公司实际考虑其可行性与可操作性，以薪酬系统构建为核心，立足于绩效体系，以员工能力提升为宗旨，致力于建立优秀员工队伍。

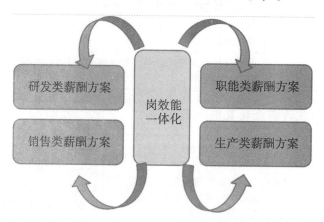

建立统一、科学的职位薪酬体系是打造公司核心竞争力的需要，是真正实现人力资源整合的前提，是建立与现代公司制度相适应的人力资源管理体系的核心，是建立以业绩为导向激励机制的基础。

1. 岗效薪人员

适用人员：经营管理类、专业技术类、职能类、生产操作类、行政后勤类人员。

执行方式：岗位绩效考核奖金方式

根据不同类别岗位的特征，制定固定薪酬和浮动薪酬比例。

职类	经营管理类	专业技术类	销售类	职能类	生产操作类	行政后勤类
比例						

形成成果：《薪酬管理制度》《绩效管理制度》。

2. 业务开发

适用人员：所有业务开发人员（不限于公司市场开发部成员）人员

执行方式：项目开发提成方式

形成成果：《业务开发提成方案》

3. 工程/监理项目考核

适用人员：项目管理责任承担者。包括：项目经理、现场人员、采购人员、技术人员、商务人员、内业人员、造价人员。

执行方式：项目考核奖金方式

形成成果：《工程/监理项目考核方案》

4. 污水设施运营项目考核

适用人员：污水设施运营部经理、运营技术工

执行方式：项目考核奖金方式

形成成果：《污水设施运营项目考核方案》

5. 检测项目考核

适用人员：检测业务人员、检测人员

执行方式：项目考核奖金方式

形成成果：《检测项目考核方案》

6. 年度绩效奖金

年度绩效奖金由企业在综合企业全年经营效益、年度经营目标完成情况、年度工资预算执行情况等因素基础上核定发放总额及发放计划。

特别说明：项目开发人员、项目考核人员一般情况下不再给付年终绩效奖金。

四、成果试行与改善

（一）绩效运行分析

组织绩效：由人力资源部组织采集组织绩效数据。

岗位绩效：由各部门专职/兼职绩效管理员组织采集岗位绩效数据。

试运行期间部门组织绩效数据采集情况为：共127个指标，49个指标无相应的表单数据。

无法采集数据的分布情况：

费用预算："预算控制率"

目标设定与完成情况跟踪："市场开发目标完成率""收款目标完成率""招聘计划完成率""培训计划完成率"

日常工作执行跟踪："客户拜访计划完成率""采购跟踪计划完成率""整改落实率""客诉处理及时率""报修处理及时率""绩效体系构建计划完成率"；

关键事件记录：督办事项的"档案完整性""报表提交及时性""临时交办事项完成及时性"。

（二）改善措施

1. 建立相应表单；

2. 修订完善现有表单；

3. 检审、修订绩效指标；

4. 推进策略：先模仿、再磨合、后融合、终固化。

五、项目回顾与总结

（一）项目回顾

1. 项目启动及诊断阶段

于2015年10月13日–21日进行了HS公司的调研访谈、资料分析、问卷调查、外部环境分析，在此基础上整理编写成《项目诊断报告》、亦同时编写了《HR如何为企业发展服务》的培训课件，经2015年10月24日与项目组进行了2次研讨修改后，于10月25日上午9：00–11：30进行了现场汇报。

2. 薪酬管理体系建设

于2015年11月4日–16日组织实施HS公司岗位评价操作技能培训及岗位评价，并对岗位评价结果进行了统计、分析、调整及确认。在此基础上，于11月17日–11月26日通过外部薪酬数据收集、岗位归级、薪酬的测算与套改等形成了HS公司薪酬模块系列成果，并于11月29日进行了薪酬项目成果汇报。

3. 绩效管理体系建设

于2015年11月8日～11日组织开展绩效管理推行理念沟通以及实务操作培训。再次基础上，于2015年11月11日～12月9日顾问组组织指导部门与标杆岗位绩效合约、非标杆岗位绩效合约的编写，并对各部门所提交的部门与标杆岗位绩效合约进行修改、评审，最终形成《部门与标杆岗位绩效合约》汇编，并于12月1日–31日投入试运行，同时，指导数据的采集及非标杆岗位绩效合约的编制，撰写绩效管理制度，最终形成HS公司绩效模块系列成果，并于12月12日进行了绩效项目成果汇报。

（二）项目总结

1. 对于职能支持类、后勤服务类、生产操作类等岗位，采取"固定工资+岗位绩效奖金"的形式，采用绩效合约考核，制定相应的《绩效管理制度》。

2. 对于业务开发人员，采取"固定工资+业务提成"的形式，以业务提成代替绩效合约考核，制定相应的《业务提成方案》。

3. 工程项目实施人员，采取"固定工资+项目考核奖金"的形式，以项目考核代理绩效合约考核，制定相应的《工程（监理）项目考核方案》。

4. 污水设施运营技术工，采取"固定工资+项目奖金"的形式，以负责的项目奖金核算方式（参加维度含：合同金额、难度系数、时间占比等）代替绩效合约考核，制定相应的《污水设施运营项目考核方案》。

5. 检测业务人员、检测人员，采取"固定工资+项目考核奖金"方式，以检测业务量的提成方式替代绩效合约考核，制定相应的《中泓检测项目考核方案》。

针对不同性质的岗位，设置不同类型的绩效管理方式，符合公司经营管理要求。已完成的多项阶段性成果，为HS公司管理经营活动提供了系统性支撑。

（三）项目结果运用及下阶段体系推进建议

1. 领导持续关注和重视：公司领导在体系导入运行以后，应持续关注体系的运行和运行效果，并积极推进体系的系统检审和自我完善。

2. 遵循"由粗到细、逐步推进"的推进的策略。分步骤、稳步推进体系的运行，并在运行过程中选择时机运用各项体系的运行成果，通过成果的运用逐步激活体系的功能，推动各项管理机制的形成和发挥。

3. 持续运行是改革成功的关键。没有一项改革能够一蹴而就，本次人力资源管理改革也一样，体系文件的建设、导入试运行只是一个起点，严格地按照体系设计的原理、结合HS公司的实际，在持续运行中不断地总结和完善才能最终形成独具HS公司特色、适合HS公司战略发展的科学管理体系。

4. 人力资源管理信息化系统建设。在人力资源管理体系运行和完善相对成熟后，公司应择机导入信息化系统，并将人事管理、岗位管理、绩效管理、薪酬管理等系统信息化，以提高人力资源管理的效率和效能。

单位：厦门同博企业管理咨询有限公司

X 公司团体绩效薪酬实践

陈金翠

近年来，全球经济形势复杂多变，挑战与机遇相互交织。国际上，世界经济疲弱态势依旧，复苏之路崎岖不平。全球经济增速缓慢，整体增长格局分化的态势延续：发达经济体增速缓慢上升，新兴市场和发展中经济体整体增速继续下滑。国内方面，经济增长持续探底，经济下行压力大，经济增长从高速增长向中高速增长转变，企业面临的市场竞争异常激烈。宏观经济形势对企业，尤其是国内制造业造成了很大的影响，但万变不离其宗，越来越多的企业认识到练好内功才是应对复杂多变形势的杀手锏。

作为练好内功的重要一个环节，绩效考核、薪酬管理日益发挥着越来越重要的作用。一套完整、有效的绩效考核体系，一个能提高员工工作积极性、工作创新性的薪酬激励机制，对企业的可持续发展将发挥重要影响。而如能将二者有机结合起来，则能使作用更具明显，尤其对效率的提高、质量的提升、成本的降低，都将产生积极而有效的作用。

笔者目前就职于一家上市公司的下属全资子公司，这几年，通过推进团体绩效考核，并与薪酬重点挂钩的考核机制，极大了提高了工作效率、产品质量，并使员工收入提升、公司成本下降效果显著。笔者将结合近几年的实践经验、教训和心得，与大家分享下如何有效实施团体绩效薪酬机制。

一、X公司概况

笔者目前就职的公司为厦门某知名电子集团企业的全资子公司。集团为上市公司，其产品为关键电子元器件之一——继电器，是该电子元器件的全球主要生产销售商之一，全球市场份额位居第三；也是国内该领域的龙头企业，其综合经济效益自1991年起就位居国内同行之首，20多年无其他国内企业超越。集团成立于1984年，30多年发展，人才稳定性，尤其是关键技术、管理等骨干人才的稳定在这其中发挥了重要作用，而该集团的员工薪酬福利政策是吸引关键人才稳定的重要原因之一，其绩效考核模式也在提高员工工作积极性和创新性方面发挥了重要作用。

笔者目前就职公司成立于1995年，是集团全资子公司，是集团内部配套企业，其产品主要为继电器的核心零部件之一——电接触触点，公司生产自动化程度高、工序较为简单，主要包括模具、冷镦、清洗和后处理等几个工序。公司规模为员工人数220人左右，年销售额约为2.5亿元，设有职能部门6个、生产车间4个。

二、现状分析与诊断

公司目前采取绩效考核方式为KPI绩效考核，具体为：

1. 总部对公司下达年度KPI绩效考核任务书，在年底时核算完成情况，并与中层及以上干部的年薪挂钩；

2. 公司对中层干部下达年度KPI绩效考核任务书，并与干部的年薪挂钩，即干部年薪与公司年度绩效任务书完成情况和个人年度绩效任务书完成情况相结合；

3. 公司在每年年初时提取2-3个公司关键绩效指标，并将目标值分解每个月，根据每月实际完成情况，与所有员工，包括干部和职员的月度发放工资的20%挂钩，并由公司核算部门总额，部门二次分配至个人。

上述模式有个好处是可以全员关注公司关键绩效指标完成情况，并将公司经营情况与员工薪酬挂钩。但对职员的考核缺乏部门层级指标完成情况和个人月度绩效指标完成情况。

在这种绩效考核模式下，相较于职能部门，对生产部门的弊端影响更为明显，以某生产部门2014年数据为例，这种考核模式的不利影响分析如下：

1. 生产效率低，工作时间长，公司支付高额的加班工资

2014年一整年，公司处于高速发展阶段，生产任务重，订单积压，而生产效率却停滞不前，作业人员数量增多，员工加班时间长，公司人工成本增加。工作效率、加班时间、员工状况等陷入了恶性循环。2014年人均产量为870万只/人/月，较2013年下降了8.9%，人数较2013年增长15%，人均加班费同比增长了20%。

2. 产品质量差，合格率低

由于没有对部门、对员工进行质量指标考核，员工质量意识薄弱，不关注质量情况，时常出现产品重复返工，质量指标达成率低下。2014年质量合格率仅为85.1%，后道工序退货率达32.2%，客户端的退货率也达3.22%，产品混料率高于0.3%。

3. 工人离职率高

生产任务重，加班时间长，员工对公司的满意度直线下降，抱怨的声音接连不断，很多员工因此选择了离职。2014年员工的离职率10.6%，成熟的技术工人的流失，新补充的工人又没办法在短时间内容掌握生产技术，这对于公司来说是无疑是一个沉重的打击。

如何改变现状？怎样才能提高生产效率？采取什么措施提高质量合格率？经过综合分析，公司决定采取在这个部门试点月度部门绩效考核模式。以指标明确方向，以考核促进发展。

但如何考核？是公司直接考核员工个人？还是公司只考核部门主管等干部级别？怎样才能让部门主管和员工都能有积极性？让部门主管在薪酬分配、员工管理等方面具有自主权但又不导致公司对部门管理失控？一个一个问题摆在了管理者的桌面上。结合以往工作经验，并借鉴了其他单位做法，公司管理者最终决定采取团体绩效考核、团体绩效薪酬模式。

三、团体绩效薪酬的构建及运行

什么叫做团体绩效考核和团体绩效薪酬？其核心思想就是绩效薪酬"包干"和团体绩效指标考核。其构建及运行如下：

（一）项目设计

1.设计原则及目标

在方案设计之初，公司就给了几条方案设计原则及方案目标，具体包括：

（1）不能降低员工收入水平，并要指标完成好的情况下收入提高。

集团公司的核心价值观是"通过共同促进企业的不断发展，在为社会和股东作出贡献的同时，努力为员工自身谋取越来越好的利益"，公司要求在任何与员工薪酬相挂钩的方案设计中，要坚持这一思想。因此，要求方案不仅不能降低员工收入，并在要在效率提高、质量提升的情况下让员工的收入越来越高。

（2）有利于提高产品质量，降低产品不良率。

公司的质量方针是"追求以完美的质量为顾客提供满意的产品和服务"，因此，公司要求实施新的绩效考核管理方案后，要能确实提高员工的质量意识，提高产品实物质量，要能把产品质量情况于薪酬中体现。

（3）提高生产效率，减少工人的加班时间。

长时间加班劳作，一方面不利于员工的身心健康发展，员工对公司的满意度降低，抱怨指数较高；另一方面，疲劳作业下的员工出错率较高，混料率、不良品率只增不减。因此，公司要求新的绩效考核方案要能提高生产效率，减少员工的加班时间。

（4）兼顾公司与个人，双赢基础上追求最大实现公司目标。

公司的持续经营是员工就业和职业发展的基础，员工要发展，首先要保障公司目标的最大实现，公司在实现其战略目标的过程中既能保障员工的报酬收益，又能帮助员工实现其个人职业发展目标；反过来，公司内部员工都得到了长久的发展，员工的潜能都得到了最大限度的挖掘，更有利于公司目标的实现。

（5）坚持公平公正，增强员工的归属感。

公司要求考核机制要从原有的主观评价、定性评价转向客观评价、定量评价，尽量减少人为因素及暗箱操作的影响，增加员工的透明性和可测量性，推动绩效管理过程和测评程序的公开，让员工的绩效评价科学合理，有章可循，有据可查。

（二）项目推行

1. 团体绩效薪酬机制的构建

根据公司的战略发展方向，结合公司的特点，公司管理层在几经讨论思考之后，确定了以团体绩效薪酬为推进方案。在秉承设计目标和设计原则的基础上，构建的团体绩效方案如下：

2015年度某车间绩效薪酬考核管理办法

一、适用范围： 本法适用于某车间除中层干部以外的全体员工。

二、绩效薪酬包含内容

本办法所指绩效薪酬包括：

1. 加班费：实行本办法后公司不再另行支付车间加班费，由车间参照公司标准在绩效薪酬总额中支付；

2. 适用范围内所有员工档案工资的20%。

三、计算办法

1. 计算公式

月度绩效薪酬总额 = 当月度车间产量 × K × 质量达成率

其中：K = 1.4元/万只

2. 公式说明

（1）系数K值代表当月完成产量应提的绩效薪酬总额，其取值主要根据2014年1-12月加班费、车间月度绩效奖金及车间生产计划等因素计算（试行一季度后根据实际公司情况调整K值）。

（2）产量指某车间当月实际完成入库的新单及库存返工产量，不包含后道工序退回的产量，具体数据由成品库房管理部门提供。

（3）质量达成率指车间质量指标及其目标达成的情况，质量指标包括预分选合格率和分选返工率，各按50%权重计算，即质量达成率=预分选合格率达成率 × 50% + 分选返工率达成率 × 50%，具体质量指标实际值由品保部提供。其中：

A. 根据2014年预分选合格率达成情况，2015年预分选合格率目标值为90%；

B. 根据2014年分选返工率实际情况，2015年分选返工率目标值按下表计算：

时间段	第一、二季度	第三、四季度
目标值	20%	15%

3. 根据公司相关规定，因车间责任需由车间承担责任的考核时，如混料考核、批量报废考核等，从上述月度绩效薪酬总额里扣除。

四、分配原则

1. 车间根据职工当月表现情况，在上述总额范围内进行二次分配。

2. 如出现当月绩效薪酬过低情况，车间可向公司提出预借发放，但应在后续月份予以补回。

五、其他

1. 本办法仅适用于某车间员工月度奖金及加班费的提取和发放，员工年终双薪、过节费、降温费等仍按相关规定执行。

2. 实行本办法后，今后车间新增人员时，公司仅参照同类人员水平确定其固定部分工资，奖金及加班费部分应从以上总额中提取。

2. 员工个人绩效考核方案的构建

结合公司给车间制订的团体绩效目标，车间对每个员工制定了一套与团体绩效目标相一致的个人考核方案，将员工绩效目标与车间绩效目标达成情况相关联，并以月度绩效考核表方式实现。个人绩效考核方案如下：

序号	考核项目	标准	数据来源	权数/分	完成情况	得分
1	产品一次交验合格率≥95%	<90%不得分，90-95%得8分，每增加2%加2分	品保部	10		
2	分选退货率≤10%	>20%不得分，15%-20%得一半，10%-15%得8分，每减少1%加2分	品保部	10		
3	6s执行情况	完成得分，车间检查或公司检查一项不符合扣3分，扣完为止	6s检查表	15		
4	工艺纪律符合率	完成得分，PQC检查一项不符合扣3分，可倒扣	PQC工艺纪律检查表	15		
5	生产量	自动清洗：以15蓝/h为基准，每加（少）0.5蓝/h加（扣）5分，扣完为止。以开机时间计算。	某车间	10		
6	出勤情况	满勤（包括加班）得分，请假（除年假外）或缺勤不得分	人力资源部	10		
6	库存量	以1400万/天为基准，每多（少）100万只，加（扣）2分，扣完为止	生产记录表	10		
7	配合度	完成得分，不配合一次扣3分，可倒扣	某车间	10		
8	责任混料批次率≤0.1%	完成得分，当月无混料批次加3分	品保部	10		
9	加分项	提出合理化建议加2分/项，如合理化建议被采纳加3分/项		/		
10		现场质量问题反馈，经核实后加2分/项	某车间	/		
11		岗位技能评定等级：中级工加3分，高级工加5分		/		

3. 员工个人绩效考核方法

公司对车间发放月度薪资时，仅根据绩效薪酬方案计算出公司应支付给车间的绩效奖金总额，由车间在总额范围内二次分配。车间为了更透明、更清晰的下达每个员工的绩效目标，车间对员工个人的考核采用的是葡萄图绩效考核与关键事件法考核相结合的绩效管理办法，采用关键事件法STAR原则记录员工每天突出事件或不良事件，经员工与主管双方共同确认后，填涂每天葡萄的颜色以此来记录员工每天的行为表现并做为员工绩效考核结果的直接依据。

（1）葡萄图绩效管理

葡萄图由基本信息栏和一串共31个葡萄构成，分别代表员工当月1日至31日的行为表现。每天工作结束后，由员工的直接上级根据其当天的行为表填涂当天的葡萄颜色。

葡萄图简介

> 葡萄颜色代表的意义与分值

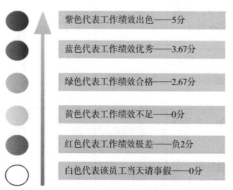

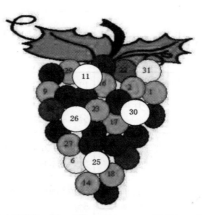

- 紫色代表工作绩效出色——5分
- 蓝色代表工作绩效优秀——3.67分
- 绿色代表工作绩效合格——2.67分
- 黄色代表工作绩效不足——0分
- 红色代表工作绩效极差——负2分
- 白色代表该员工当天请事假——0分

注：员工正常出勤或员工享受带薪休假情况下（如加班换休、调休、正常休息、年休、婚假、丧假等），均以绿葡萄表示。

（2）关键事件法考核办法

关键事件法是由上级主管者纪录员工平时工作中的关键事件：一种是做的特别好的，一种是做的不好的。在预定的时间，利用积累的纪录，由主管者与被测评者共同讨论相关事件，为考评提供依据。

关键事件记录卡

➢ **S.T.A.R释义：**

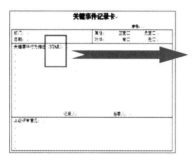

字母	全称	释义	具体说明
S	Situation	情境	这件事情发生的情况是怎样的
T	Target	目标	当事人为什么要做这件事
A	Action	行动	当事人采取什么行动
R	Result	结果	当事人采取行动后有什么结果

附件：《关键事件记录卡》

四、项目有效性评估及实施效果

（一）实施效果

全面收集2014-2015年两年以来各月份的产品生产数量、质量合格率、加班费、月度员工实发工资等数据，通过以上方案的试算结果与原有实际的数据相对比，人均生产量、质量合格率、人均工资水平均有所提高，与此同时，员工的加班时间减少，公司月度实际支付的工资总额减少。

1. 生产效率提高

2015年实施团体绩效薪酬机制以来，人数由2014年的20人下降到13人。新单人均效率比2014年的870万只/月，人增加了220万只，同比上升25.3%，目前，新单人均效率为1090万只/月/人。

年份	项目	1月	2月	3月	4月	5月	6月	7月	8月	9月	10月	11月	12月	平均
2014	新单产量/万只	21482	4904	14267	14307	16340	17534	14656	17450	19377	16321	24384	18738	16646
	人数	19	19	18	18	20	19	19	20	19	20	20	19	20
	人均效率/万只	1130	258	792	794	817	922	771	897	1019	816	1219	1041	870
2015	新单产量/万只	11713	10375	10954	13951	12546	18232	18233	14144	16220	12831	15863	16050	14259
	人数	17	16	16	16	14	12	12	12	12	12	12	12	13
	人均效率/万只	689	648	684	871	896	1519	1519	1178	1351	1069	1322	1337	1090

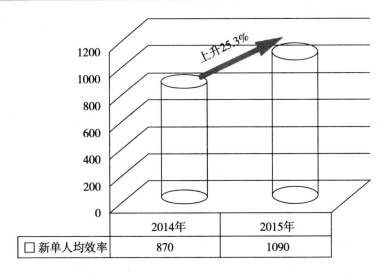

	2014年	2015年
□ 新单人均效率	870	1090

2. 产品质量提升

2015年预分选平均合格率同比2014年的85.1%上升6个百分点，目前，预分选合格率为91.1%。

年份	项目	1月	2月	3月	4月	5月	6月	7月	8月	9月	10月	11月	12月	平均
2014	总检验批次数	/	/	/	/	4736	4356	4919	3861	4568	4335	4648	4578	31265
	不良批次数	/	/	/	/	790	644	752	628	711	659	757	516	4667
	合格率	/	/	/	/	83.30%	85.20%	84.70%	83.70%	84.40%	84.80%	83.70%	88.70%	85.10%
2015	总检验批次数	2227	2017	3633	3256	2877	3161	4661	3854	3409	3296	3488	3187	38648
	不良批次数	244	202	331	206	185	203	393	530	362	343	218	224	3421
	合格率	89.00%	90.00%	90.90%	93.70%	93.60%	93.60%	91.60%	86.25%	89.38%	89.59%	93.75%	93.00%	91.10%

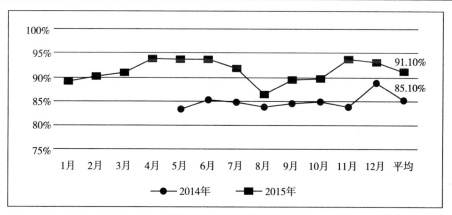

预分选合格率推移图

3. 员工流失率下降

2015年人员流失率同比2014年的10.6%下降6.3%，2015年度的人员流失率为4.3%。

年份	项目	1月	2月	3月	4月	5月	6月	7月	8月	9月	10月	11月	12月	平均
2014	离职率%	5.40%	15.80%	22.20%	5.60%	5.10%	15.80%	10.50%	20.00%	10.50%	5.10%	5.10%	5.60%	10.60%
2015	离职率%	11.80%	0.00%	0.00%	6.50%	22.20%	0.00%	8.70%	0.00%	0.00%	0.00%	0.00%	0.00%	4.30%

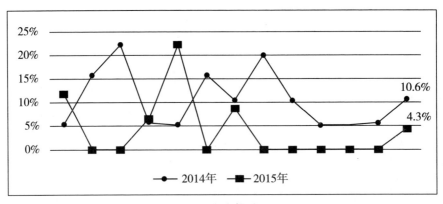

人员流失率推移图

4. 员工整体薪资水平上涨

通过提升生产效率，减员增效，2015年人均绩效薪资同比2014年的554元/人提高了522元/人，2015年度人均绩效薪资为1076元/人。

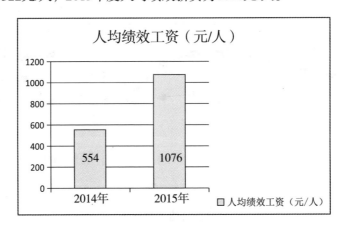

（二）满意度调研

组织车间员工以座谈会的形式开展对此团体绩效薪酬方案的满意度调研，共10位来自不同岗位的员工参与调研，调研结果反馈如下：

（1）9名员工表示此前的绩效考核方案不切实际，应进行变革，同时对目前实施的团体绩效薪酬方案表示满意；

（2）10名员工同时表示用此种考核方案自己的加班时间减少，表示满意；

（3）8名员工表示用这种方案来考核，自己会更加重视产品质量，因为加入了产品质量的考核指标，对自己的工作开展有所约束；

（4）6名员工表示部门主管对员工设定的考核目标比较合理，且考核结果公开公正，自己的收入与劳动成果成正比，表示满意；

（5）10名员工同时表示自己比以前工作起来更有动力，生产的产量越多就可以拿到越高的工资，表示愿意更加认真工作，提高工作效率，不再上班时间开小差。

五、团体绩效薪酬机制在实施过程中应注意的问题

（一）目标设置合理有效

1. 团体目标的设计与公司的战略发展相结合

公司战略主要包括企业使命、企业愿意、企业核心价值观，公司未来长期、短期战略发展规划，公司的各项经营活动要始终围绕着公司战略来展开，并依据公司战略制订出多层次的、自上而下一体化的对战略实现有效支撑的绩效管理体系。

因此，在设计团体绩效目标之前，首先要明确公司的未来战略发展规划，梳理出公司未来的战略地图，确认公司级BSC，在公司战略地图的基础上，进一步梳理出各部门级的BSC，进而制订部门的团体绩效目标。

2. 团体目标的设计需要以大量的数据作支撑

在设计团体绩效目标之前，我们采用了两年的数据做为试算基础，反复的模拟—制订目标—再模拟，以确保目标的设计不仅能符合公司的发展特点，提高公司的管理水平，同时要满足员工的个人利益不受损失，不能为了绩效考核而设计脱离实际的考核目标。

3. 员工个人绩效方案与团体绩效目标相结合

团体给员工设计的绩效方案要始终围绕着团体的绩效目标，在团体的绩效目标基础上进行绩效指标分解，从公司战略到部门团体再到员工形成一套

统一关联的、方向一致的绩效目标与指标链。

（二）主管考核人员的素养专业化程度高

1. 员工个人绩效考核透明化

要增加考核的透明度，务必要做到以下几点：

首先，考核内容的透明化。把考核涉及的内容及考核的绩效指标张榜公布，以确保每个员工明悉。

其次，考核形式透明化。要有针对性，有区别性，不同的工作性质要有不一样的考核形式。我们所制订的员工个人绩效考核方案经过主管与员工双方沟通确认，达成一致共识后在部门范围内公布，同时采用葡萄图绩效管理办法，做到考核结果每日在公司公共栏公开公示，员工和主管双方确认，对于考核结果有异议的即时当面沟通解决，拒绝人为操作、暗箱操作。

设置绩效考核机制，考核不是最终的目的，而是要通过考核及时发现存在的问题，使员工明明白白、心服口服，有效的改进并解决问题。进而通过绩效管理提高工作效率和产品质量。

2. 主管考核人员公平公正

公平、公正的竞争环境是科学激励的前提，对少数人的"破格奖励"将伤害大多数人的积极性，破坏团队的战斗力，是极不可取的。科学地设计量化指标，尽可能避免激励过程中的人为因素，用统一的标准激励员工，是营造公平公正的竞争环境的正途。绩效考核的结果和依据的事实要及时公开公示，以达到互动的目的。"不战而屈人之兵"是兵家上策，"奖一人而励十人、罚一事而警十事"是绩效激励的上策。

（三）及时反馈考核结果，实施绩效再辅导

1. 绩效方案适时调整

根据公司不同阶段的发展，适时调整团体绩效目标，保证绩效目标与公

司的战略发展同步，且勿构建一成不变的绩效机制，无法适应公司的发展步伐且违背员工个人发展目标。

2.绩效适时反馈，对员工实施绩效再辅导

绩效管理的首要目的是为了提高绩效，让员工知道自己的绩效状况，管理者应将对员工的绩效结果明确的反馈给员工，在没有反馈的情况下，员工不但无从对自己的行为进行修正，无法逐步提高，甚至可能丧失继续努力的意愿，考核将失去极为重要的激励、奖惩和培训的功能。通过程序化的绩效反馈，有效地降低考核过程中不公正因素所带来的负面效应，在被考核者与考核者之间找到平衡的平台，对被考核者的绩效情况进行详细介绍，指出被考核者的优缺点，并提出改进建议。

任何一个团队都存在两个目标：团体目标和个人目标。团体目标和个人目标的一致，能够促进组织的不断进步；反之，会产生负面影响。通过有效的绩效反馈和员工个人绩效再辅导，找出个人目标中的不和谐因素，借助团体中的有效的激励手段，促使个人目标朝着团体目标方向发展，最终实现团体与个人的共赢。

单位：厦门金波贵金属制品有限公司

基于员工职业发展的薪酬模式构建

沈志献

　　薪酬是员工因被企业雇佣，让渡其劳动或劳务使用权而获得的各种形式的经济收入、有形服务和福利，薪酬的本质是一种等价交换关系。随着社会进步与经济发展，现代组织管理中对薪酬的功能要求越来越不满足于仅仅是对员工现有劳动付出的一种报偿，而更关注薪酬模式的激励性、竞争力和成长性。本文以合诚工程咨询股份有限公司薪酬改革项目为案例，探索基于员工职业发展的企业薪酬模式，以期提供同行交流和借鉴。

一、项目研究背景

（一）行业发展与企业概况

1. 行业发展

　　工程咨询是指秉承"独立、科学、公正"原则，运用法律法规、行业标准、工程技术、经济管理等多领域知识和经验，为政府机关、投资单位及其他各类客户的工程建设项目提供决策和管理咨询服务的活动。常规的工程咨询包括建设项目立项阶段咨询、勘察设计阶段咨询、施工阶段咨询（含施工监理）、投产使用阶段评价等。

　　根据国家"十二五"规划，我国交通运输基础设施建设规模和速度在今后一个阶段内将保持适度超前，这无疑为工程咨询行业带来了良好的发展契机。2014年全国工程监理业务量约2400亿，同比增长32.68%，其中单纯监理业务增长19.2%，综合性咨询管理（包括勘察设计、咨询、招投标、工程造价等）增长50.18%，可见工程咨询业务量增长十分迅猛。

2. 企业概况

合诚工程咨询股份有限公司（下文简称合诚咨询），原厦门市路桥咨询监理有限公司，是我国首家以工程监理为主业的上市（已过会）工程咨询企业。公司专业为多领域工程（公路、港航、房建、市政、轨道、机电等）建设提供全过程、全方位工程技术服务（勘察设计、咨询监理、试验检测、维修加固、科技研发、项目管理及技术培训等），旗下拥有合诚水运监理公司、合诚工程检测公司、合诚工程设计院、合诚工程技术公司等专业公司。公司现有国家交通运输部、国家住房和城乡建设部、国家发展与改革委员会等部委核发的数十项甲、乙级资质。

公司连续十年跻身全国工程咨询监理企业百强，综合实力位居福建首位，业务遍及全国二十多个省、市，先后承建数十项国家、省级重点工程项目。先后获得"中国建设监理创新发展20年工程监理先进企业""中国先进工程监理企业""中国交通建设优秀监理企业""福建省著名商标""福建省工程监理十强企业"，2008-2014年相继被评为厦门市最具成长潜力、成长型和最具成长性中小企业、厦门市高新技术企业及厦门市总部企业。

（二）薪酬改革趋势与要求

土木工程技术职业具有漫长的发展和提升路径，从毕业生到高级工程师最短的周期是十年，而取得高级职称仅仅是从业人员走上项目管理岗位的基本任职要求。除职称外，从事土木工程行业的各类职业中还涉及到住建部、交运部、铁道部、水利部、安监总局等各类职业资格证书。

由于企业的快速发展及行业人才发展的个性化需要，合诚咨询现行的以岗位评价为基础的静态薪酬模式越来越凸显出其制约企业发展和人才激励的负面性。如何有效兼顾企业发展与个人发展，契合双赢激励模式成为摆在合诚咨询决策层和人力资源管理者案上亟待解决的问题。

（三）项目实施与调研分析

合诚咨询薪酬体系改革管理项目于2014年10月份启动，至2015年9月开展首次员工职级职等评审和薪酬定级为结案标志，历时一年。

该项目工作组由公司总经理牵头，人力资源部主导、各部室配合，并聘请厦门同博企业管理咨询有限公司作为项目实施辅导顾问。

项目实施流程及时间点控制如下：

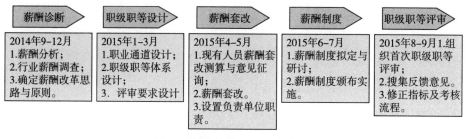

图1　薪酬改革项目实施步骤

二、职级体系设计与构建

（一）职业发展通道设计

1. 职类

即职位类别。合诚咨询职位分为管理类、职能类和工程技术类等三大类。

2. 职业通道

结合土木工程行业特点及合诚咨询发展需求，将员工职业发展分为管理通道和专业技术通道。其中，管理通道的职位数受公司组织架构和定员定编限制，属于窄幅通道；专业技术通道的发展主要取决员工任职资格的达成和综合胜任素质，属于宽幅通道。

表1 合诚咨询员工职业通道模型

合诚咨询员工职业发展五级双通道模型		
职级描述	管理通路	专业技术通路
领导者/专家	高层管理岗	专家
管理者/资深者	中层管理岗	总监理工程师
监督者/骨干	助理、主管	驻地监理工程师
有经验者	专业监理工程师、高级专员	
初做者	监理员、专员	

（二）职级体系构建

1. 职级设计

即职务级别。职级是某一职类中职位的纵向比较，它是资历、能力、职务和业绩的综合体现，职级主要通过职级确认或评审两种方式进行确定。

根据职类不同，公司职级体系设置如下：

表2 合诚咨询员工职类职级对应表

职类	职级数	具体职级
管理类	8	部门助理→部门副经理→部门经理→总经理助理→总监→副总经理→总经理→董事长
工程技术类	11	技术员→二级助工→一级助工→三级工程师→二级工程师→一级工程师→三级高工→二级高工→一级高工→专家→首席专家
职能类	7	①初级专员→专员→高级专员→资深专员 ②初级主管→中级主管→高级主管

2. 职级认证指标

职级认证指标 = 资格指标 + 胜任指标 + 综合评价

① 资格指标

是员工参加各职级评审所需具备的基本条件。主要包括学历、工作年限、技术职称、职业资格、岗位经历、绩效考核等硬性指标。通常，职级越高评审指标中资格指标的权重占比越小。

②胜任指标

是用于区分某一职级上胜任与达标的评价指标，主要包括项工作业绩、学习提升、专业成果、技术研发、内部授课等指标。通常，技术类职级越高评审指标中胜任指标的权重占比越大。

③综合评价

是指对参评人综合素质、发展潜能等方面的评价指标，主要包括现场素质答辩、人才测评、民主评议等指标。通常，管理类职级越高评审指标中综合评价指标的权重占比越大。

职级认证指标体系见下表：

表3　合诚咨询员工职级认证指标表

类指标	子指标	子指标说明
资格指标	学历要求	员工任职所需的最低学历要求。
	工作年限	员工参加工作时间。（工龄和司龄）
	技术职称	员工任职所需的最低专业技术职称要求。
	职业资格	员工任职所需要的从业资格证书。
	所学专业	员工所学专业与职位职级的匹配程度。
	岗位经历	员工参评某一职级前所任职相关职位的情况。
胜任指标	工作绩效	员工近三年个人绩效考核成绩。
	信用等级	员工所在项目或个人信用考核等级情况。（适用于工程技术类）
	管理幅度	管理人员直接管理的下级人数。（适用于管理类及部门主管）
	业务交叉	开展日常工作所需的内外部联系和协作情况。（适用于职能类）
	业务经验	员工参评某一职级前的项目业绩积累或经历的重要工作/关键事件。
	学习提升	员工任职或晋升所必须参与的课程学习和学时累积。
	嘉奖处罚	公司内外部各类称号、荣誉；或内外部各类处罚、处分。
	专业成果	职责领域内的研究成果。（包括专业论文、技术总结等）
	创新研发	参与公司管理创新、技术创新、科技研发等。
	内部授课	开发课件，实施授课。（部分岗位为必评项，其他岗位为加分项）
	其他	合理化建议、事故预防、成本节约等公司认可的其他加/扣分项。

续表

类指标	子指标	子指标说明
综合评价	综合素质	指标包含但不限于知识技能、业务能力、职业态度、综合素质等
	个人述职	职级评聘个人述职报告深度、质量及陈述情况。
	公开答辩	职级评聘现场答辩情况。
	人才测评	第三方专业人才测评系统测评情况。
	民主评议	员工民主评议。（用于公司高层管理岗和技术专家等）

3. 职级认证方式

为确保员工职级认证的严肃性、公正性和及时性，合诚咨询采取职级确认和职级评审两种方式相结合的认证方式。

① 职级确认：对于部分职级，当员工达到"资格指标"后即可申请确认，由公司人力资源部会同用人部门对员工各项条件进行审核，符合条件即确认职级，无需进行现场评审。

② 职级评审：对于部分职级，员工符合"资格指标"的仍需进一步进行"胜任指标""综合评价"等指标的评价，评价取得规定的合格分数方可认定职级。

针对不同职类、不同职级，具体认证方式如下：

表4 合诚咨询员工职级认证方式表

职类	职级	认证方式	评审组织
管理类	董事长、总经理、总监	职级评审	公司董事会
	其他管理类职级	职级评审	薪酬考核委员会
工程技术类	二级工程师、一级工程师、二级高工、一级高工、专家、首席专家	职级评审	薪酬考核委员会
	三级工程师、三级高工	职级确认	人力资源部用人部门
	技术员、二级助工、一级助工		

续表

职类	职级	认证方式	评审组织
职能类	高级专员、资深专员、中级主管、高级主管	职级评审	薪酬考核委员会
	初级主管		人力资源部 用人部门
	初级专员、专员	职级确认	

4. 评审分值与结果

① 资格指标100%得分，且评价总分≥90分的：认证通过，且可考虑增加1-2职档薪酬；

② 资格指标100%得分，且评价总分≥80分的——认证通过，且可考虑增加1职档薪酬；

③ 资格指标100%得分，且评价总分≥60分的——认证通过，不予增加职档薪酬；

④ 资格指标100%得分，且评价总分＜60分的——认证不通过；

⑤ 资格指标出现不符合项——认证不通过；

⑥ 职级破格。是指员工不符合资格指标，但因特殊情况，公司认为可给予参与职级评审机会的情况。职级破格需经公司副总及以上级别人员提名，报薪酬考核委员会评审后由总经理签批的职级执行。

5. 职级认证管理

① 认证原则：公平、公开、公正

公平——所有符合任职条件的员工都可申请相关职级的评审；

公开——评审标准、过程和结果进行公开公示；

公正——严格按照标准和程序进行评审，减少和避免人为因素干扰。

② 逐级认证

遵循员工工作能力提升和发展的客观规律，原则上员工只能逐级申请职级认证，不得越级申请。

6. 职级评审流程

表5 合诚咨询员工职级认证流程表

流程名称	任职资格评审流程			
人力资源部	员工	部门负责人	评审委员会	流程说明

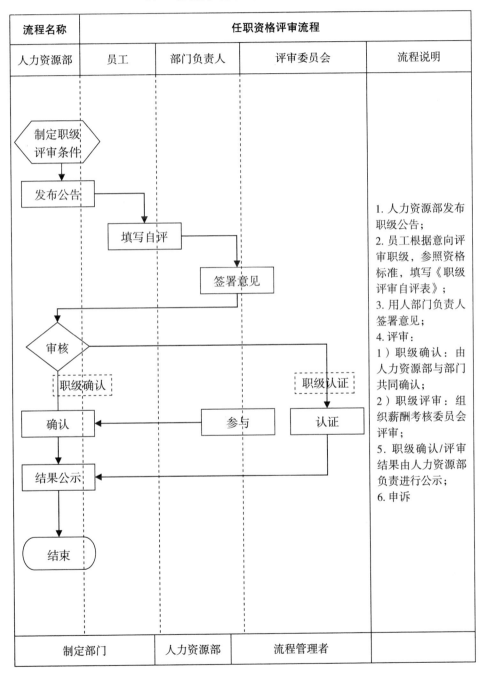

流程说明：
1. 人力资源部发布职级公告；
2. 员工根据意向评审职级，参照资格标准，填写《职级评审自评表》；
3. 用人部门负责人签署意见；
4. 评审：
1）职级确认：由人力资源部与部门共同确认；
2）职级评审：组织薪酬考核委员会评审；
5. 职级确认/评审结果由人力资源部负责进行公示；
6. 申诉

制定部门	人力资源部	流程管理者	

7. 职级合理占比

按照组织人才优化配置的金字塔结构原理，合诚咨询对不同职类各职级人员比例进行规划，具体如下：

（1）初设职级与自然晋升职级

初设职级是指各职类的起始（最低）职级，包括技术员、初级专员。初设职级是员工在司就职所需达到的最低职级，未达到初始职级者，原则上不予录用。

自然晋升职级是指各阶段（如助工阶段、工程师阶段等）的起始（最低）职级，包括专员、二级助理工程师、三级工程师、三级高工。员工达到上述职级的资格指标后由公司直接进行职级确认而无需参加评审。

初设职级与自然晋升职级人数不做限定。

（2）管理类与职能类

部门主管及以上职级人数设置标准根据公司经营管理需求设置；

资深专员占比不高于本部门职能类岗位人数的25%；

高级专员占比不高于本部门职能类岗位人数的50%；

高级专员和资深专员总数比例不高于部门同类岗位总人数50%。

（3）工程技术类

一级助工占比不高于助理工程师职级总人数50%；

二级工程师占比不高于工程师职级总人数50%；

一级工程师占比不高于工程师职级总人数25%；

二级工程师和一级工程师总数比例不高于工程师职级总人数50%；

二级高工占比不高于高级工程师职级总人数50%；

一级高工名额不高于高工职级总人数25%；

二级高工和一级高工总数比例不高于高级工程师职级总人数50%；

专家名额不超过10人；首席专家名额1人。

8. 职级认证周期

（1）职级确认周期

针对初设职级和自然晋升职级，每年组织一至二次集中职级确认（通常为每年7月和1月）。

（2）职级确认流程

初设职级或自然晋升职级确认由人力资源部会同用人部门根据员工实际任职条件情况直接进行确认，职级确认结果报薪酬考核委员会签批后进行公示。

（3）职级评审周期

除初设职级和自然晋升职级外，其他各职级均需通过公司统一评审。每三年组织一次集中评审（通常为当年7月份或1月份）。职级评审完成后，报薪酬考核委员会签批后进行公示。

（4）特殊评审

因企业经营管理需要，对于引进高级人才，任命管理人员或聘任首席专家、专家等，人力资源部可提请公司薪酬考核委员会组织开展临时职级评审工作。

9. 职级初始化

（1）在职人员

人力资源部会同各用人部门根据员工现有任职条件初定各职位人员职等职级，提交公司薪酬考核委员会评审后确定。

（2）新进人员

应届毕业生：毕业生入职见习期满后由人力资源部会同用人部门直接确认职级并报总经理批准。

新进社招人员：员工入职并签订劳动合同后，根据其学历、职称、职业资格及以往经验等暂定职级。非初设职级或自然晋升职级的员工必须参加入职后的首次职级评审，以确定其职级有效性。

（3）职位调整人员

业务轮岗：部门内部员工业务轮岗的，轮岗期间职级保持不变。

平级调岗：部门内部或跨部门进行岗位平调，调整后职级保持不变。

职位晋升：员工职位晋升试用期职级保持不变；转正考核合格后暂按新

职位对应职级确定，员工必须参加职位晋升后的首次职级评审，以确定其职级有效。

降职降级：员工发生降职降级的，于生效之日起按调整后的职级执行。

工作调动：员工在公司系统内发生跨公司工作调动的，调动后按调入公司任职岗位的相应职级执行。

10. 认证有效期

（1）认证有效期

①通过职级确认的初设职级和自然晋升职级认证长期有效。

②通过职级评审的各职类职级认证有效期为三年，其中公司中高层管理职位认证期与公司董事会任期时间一致。

（2）职级认证复审

职级认证有效期内未获得职级晋升条件的员工应参加本职级复审，复审方式与任职确认方式相同，由人力资源部会同用人部门根据员工一个认证周期以来的资格指标、胜任指标的变化进行审核，员工应配合提供相关证明材料。

（3）认证失效

①认证周期到期未参加聘任或复审；

②员工通过上一职级认证后，原任职级即失效；

③职级认证复审未通过者降为下一职级，调回任前薪资（任内绩效进档保留），原任职级即失效；

④由于个人原因造成降职或免职，职级做相应降级，原任职级即失效；

⑤解除劳动关系认证即时失效。

三、薪酬方案设计与构建

（一）薪酬原则设计

为确保薪酬改革方案符合公司发展与人力资源开发的需要，在薪酬模式构建方面需坚持以下原则：

（1）兼顾薪酬内部公平性和外部竞争力原则；

（2）坚持薪酬以员工职业发展为导向原则；

（3）强调薪酬的宽幅型与弹性化原则；

（4）确保薪酬的系统性与科学性原则。

（二）薪酬结构设计

1. 薪酬结构

员工薪酬体系分为一级构成和二级构成，具体结构如图所示：

表6　合诚咨询员工薪酬结构表

一级构成	月标准工资			补贴津贴	绩效奖金	保险与福利		
二级构成	起薪工资			档次工资	各类	绩效奖金	社保保险住房公积金	假期福利	工会福利
	基本工资	岗位工资	绩效工资						

2. 薪酬组成

（1）月标准工资 = 起薪工资 + 档次工资

其中，起薪工资 = 基本工资 + 岗位工资 + 考核工资

起薪工资：是员工薪酬的重要组成部分，也是以职业发展和岗位价值为导向的薪酬体系的核心体现。起薪工资是对职类、职级和职等进行多维量化而确定的。

基本工资：是在职员工的基本生活保障性收入，按厦门市当年最低工资标准执行。

岗位工资：体现各职位价值差异、责任大小和操作难度等，是员工薪酬重要组成部分。

绩效工资：是对员工职责履行、绩效表现的体现，同时也是对各岗位工作强度的衡量。通常，绩效工资包含考核工资与其他。

档次工资：档次工资是对组织业绩和员工绩效的体现。员工职档决定了其档次工资水平。每年初，公司根据上一年各部室经营管理关键绩效指标

（KPI）完成情况和员工年度绩效考核成绩，统筹对员工的职档进行调整。员工职档调整不得突破本人职级对应的职档上限。

（三）薪级薪等体系设计

为精确、细致地体现出处于不同职级员工的薪酬差异，需要构建合理的薪级薪等体系与之对应，以职能类岗位职级职等与薪级薪等对应为例，描述相关设计思路（考虑涉及企业内部机密，以下岗位及薪酬数据均为虚拟）：

表7　合诚咨询职能类岗位薪级薪等表

岗位与职级							起薪工资	档薪幅度	档次工资			备注
高级主管	中级主管	初级主管	资深专员	高级专员	专员	初级专员			1档	……	10档	
2							5000	400	400	……	4000	
1							4800	350	350	……	3500	
	2		3				4600	350	350	……	3500	
	1		2				4400	300	300	……	3000	
		2	1				4200	300	300	……	3000	
		1		1			4000	250	250	……	2500	
				2			3800	250	250	……	2500	
				3	3		3600	200	200	……	2000	
					2		3400	200	200	……	2000	
					1		3200	150	150	……	1500	
						3	3000	150	150	……	1500	
						2	2800	100	100	……	1000	
						1	2600	100	100	……	1000	

（四）薪酬定级与调整

1.薪酬定级

（1）在职人员：人力资源部会同用人部门根据员工现有任职条件初定各

职位人员职等职级与薪级薪等，提交公司薪酬考核委员会评审后。

（2）项目负责人：项目负责人薪酬除与本人职级、职档对应外，还需与所负责项目的等级进行挂钩，项目等级主要通过项目年产值、管理跨度、技术难度与安全风险等指标进行评定。

（3）校招人员：公司接收录用的应届高校毕业生，入职第一年为见习岗。见习岗期间薪酬按公司制定的当年应届毕业生薪酬标准执行。见习期满后，按照公司职级职等和薪酬标准体系进行职级评审和薪酬套档。

（4）社招人员

薪酬初定：对于社会招聘人员，人力资源部通过核实员工教育背景、职业资格、工作经历等信息初步确定其职级，并在本职级对应薪酬范围内进行薪酬谈判，并根据最终薪酬谈判结果确定其职档。原则上，员工未经职级评聘的其薪酬不得套用"二级"或更高职级薪酬标准。

薪酬定级：员工入职后，遇公司组织职级评聘时必须参加。员工可申请现职级评聘也可参加上一职级评聘。人力资源部根据最终评审/评聘结果重新确定员工薪酬标准。

（5）特殊引进人才：因经营管理、业务发展或技术提升等需引进高层次管理或专业技术人才（人员职级不得低于一级工程师或部门经理）的，可采取年薪制并经总经理批准后执行。

2. 薪酬调整

（1）薪酬普调

薪酬普调是指公司根据企业经营管理状况和薪酬策略的需要以及市场薪酬状况等因素，以职位集体为单位，对员工薪酬进行调整。薪酬普调通常以年度为周期。

公司薪酬普调可以是公司全员普调，也可以针对某一职位、职级或职等员工的集体调薪。公司薪酬普调可以是全员统一调整职档幅度，也可以是根据不同职类、职级、职等进行差异化调整职档幅度。员工薪酬普调是以档次工资为基数，薪酬调整不得超过各职级档次工资的高限。

（2）薪酬个调

薪酬个调是指因员工个人职位、职级或职等发生变化，公司针对员工个人薪酬进行调整。

员工薪酬个调可以是由于个人职位、职级、职等发生变化而引起的薪酬调整。员工薪酬个调可以是起薪工资或档次工资的调增，也可以是起薪工资或档次工资的调减。职位变化调薪：员工职位调整但职级未发生变化的，原则上不做薪酬调整。职级变化调薪：员工职级晋级的，在保证起薪工资按新职级标准执行前提下，其月工资总额调增幅度不低于10%。员工职级降级的，起薪工资按新职级标准执行，档次工资保持不变。

（五）管理组织设计

员工职级认证与薪酬管理组织主要包括：薪酬考核委员会、人力资源部、各用人部门。

1. 薪酬考核委员会

由公司董事长、总经理及其他高管组成，委员会下设评审小组。原则上评审小组成员人数为奇数且不少于5人，必要时需聘请企业外部专家。委员会职责如下：

（1）负责审议批准公司员工职级职等与薪级薪等体系，并指导执行；

（2）负责组织成立评审小组，开展职级评审工作；

（3）负责审批员工薪级薪等；

（4）负责裁定员工职级破格、申诉，并组织进行处理。

2. 人力资源部

人力资源部是合诚咨询员工职业发展与薪酬管理的主要责任部门，其职责：

（1）公司员工职级职等与薪级薪等体系并组织执行；

（2）负责召集和组织开展员工职级评审工作；

（3）负责员工各类任职信息的收集与整理，建立职级档案。

（4）负责员工薪酬管理、统计、发放等。

3. 用人部门

各用人部门是员工职业发展与薪酬管理的一线实施单位，其职责：

（1）参与制定与完善本部门所涉职级评审指标体系；

（2）掌握本部门员工职级动态，推荐或申请员工任职资格评审；

（3）提出本部门员工薪酬定级和调整意见和建议；

（4）引导本部门员工开展职业规划，督促下属进行工作改进。

四、薪酬方案总结与评价

（一）薪酬方案总结

从以岗位评价为基础的薪酬体系转变为以员工职业发展为导向的薪酬模式是2014-2015年度合诚咨询公司人力资源管理重点项目之一，同时也是一项涉及员工切身利益和关乎企业稳定发展的重要事件，新的薪酬方案在以下几个方面体现出其科学性和先进性：

1. 提升薪酬的外部竞争力

以职业发展为导向的薪酬方案凸显了员工职业成长与企业发展的双赢模式，打破了传统金字塔式的行政组织和岗位设置给员工职业发展带来限制，激励员工积极提升职级认证指标所罗列的各项要求，更加有利于吸引人才、开发人才和留住人才。

2. 强化薪酬的内部公平性

以职业发展为导向的薪酬模式更加强调个人胜任素质与薪酬回报之间的逻辑关系：从而避免了岗位评价在客观性和时效性上的缺陷，导致的薪酬科学性不足；避免了公司各类用工人员间互相比较，造成的薪酬体制割裂和文化冲突；避免了处于职称升级期间（如工程师需要满5年才能升级为高级工程师）人员薪酬提升困境；避免了以往人员定薪与调薪的随意性和主观性，调薪与否、调薪幅度均有据可依；避免了静态的薪酬体系对员工职业发展的引导性不足导致员工对薪酬提升的无所适从。

（二）薪酬方案评价

由于以职业发展为导向的薪酬模式在合诚咨询实施时间尚短，目前仍处在探索和优化阶段，其中出现的一些不足还有待进一步调整和完善：

1.随着经济发展和行业进步，行业薪酬水平处于不断的变化状态，基于员工职业发展的薪酬模式在实施后，还需要建立一个市场薪酬调查和企业薪级调整机制，及时、准确地将公司薪级薪等与市场水平进行挂钩，确保员工薪酬水平与行业市场水平的接轨。

2.关于职级评审指标设计方面，部分指标比较难于计量，还有部分指标无法在一个职级任职期内取得明显成效，因此失去了考核的现实意义。鉴于此，合诚咨询将结合员工首次职级认证过程中出现的问题进一步对各认证指标进行优化和完善。

3.基于员工职业发展的薪酬模式是一个比较复杂的系统工程，员工对此从认知到理解需要一个较长的过程，对此，合诚咨询人力资源部门需要加大薪酬体系的宣贯和培训工作，确保员工对职业发展和薪酬提升能够有个清晰、准确、全面的了解，这同时也是合诚咨询薪酬体系改革的最终目标。

单位：合诚工程咨询股份有限公司

关于激励核心员工的思考

黄丽珍

  企业核心员工是指拥有企业所需的核心技术和技能、掌握企业核心业务、控制企业关键资源、具有"无法替代"的技能或专长、对企业长远发展产生深远影响、处于企业关键岗位上的员工，他们是企业取得竞争优势的基石。随着我国经济的快速发展，核心员工在企业中的地位越来越重要，有效激励企业核心员工，培养他们的忠诚度，激励他们不断创新奋斗已成为国内企业面临一大挑战。本文从某集团股份有限公司有效激励核心员工的现状问题进行分析并提出对策。

  中小企业是我国经济中最活跃、最有增长潜力的企业类型。而成长期是中小企业能否实现可持续发展关键。核心员工是中小企业成就事业的根本。对中小企业核心员工实施有效的激励制度，对于它们健康地成长提高工作的积极性和创造性有重要的现实意义。在成长期中小企业由于制度不规范和激励方式问题导致其人才流失率居高不下，对企业发展造成难以估量的损失。特别对于某集团成长期的中小企业来说，核心人才的激励策略成为中小企业获取核心竞争力的战略性要求。

一、某集团激励核心员工现状

（一）某集团核心员工状况

2008年公司总人数450人，核心员工高层管理人员32人，高级业务人员20，技术研发人员45人，当年公司核心人员97人，2007年核心人员离职15

人，其中业务人员占51.4%，高层管理人员31.4%，技术研发人员17.1%。

2009年公司总人数660人，核心员工高层管理人员45人，高级业务人员35，技术研发人员58人，当年公司核心人员138人，2008年核心人员离职28人，其中业务人员占55.5%，高层管理人员33.3%，技术研发人员11.1%。

（二）某集团激励核心员工方式

某集团核心员工分三类，管理型，业务型，技术型，目前公司针对这三类人激励方式为以下：

1. 以固定高工资方式为主激励员工

目前某集团在对核心员工薪酬组合方式即基本薪酬+奖金，基本薪酬为保障核心员工基本生活需求保障，奖金即期工作绩效，激励以季度和年度为考核一年为一周期，即总收入为工资占60%，奖金占40%薪酬组合方式，如下表：

表1 工资体系标准（业务Y序列）

职等	应发工资（U值）	奖金（权重）		全额参考值		特殊津贴	业务（Y）序列级别名称
		后勤	销售	后勤	销售		
Y6	3800–8300	U*30%	U*40%	4940–10790	5320–11620	不限	资深职称：资深工程师、资深**师、资深程序员等研发人员
Y7	4300–8300	U*40%	U*40%	6020–11620	6020–11620	不限	副总工程师、副总**师、系统分析师、系统架构师等研发人员
Y8	6300–9300	U*40%	U*40%	8820–13020	8820–13020	不限	总工程师、总**师
Y9	7300–10300	U*40%	U*40%	10220–14420	10220–14420	不限	首席工程师、首席**师

表2　工资体系标准（管理G序列）

职等	应发工资（U值）	奖金（权重）		全额参考值		特殊津贴	管理（G）序列级别名称
		后勤	销售	后勤	销售		
G6	3800–8300	U*40%	U*40%	5320–11620	5320–11620	不限	总监
	4300–8300	U*40%	U*40%	6020–11620	6020–11620	不限	高级总监
	4800–8300	U*40%	U*40%	6720–11620	6720–11620	不限	资深总监、分区（副）总经理
G7	5300–8300	U*40%	U*40%	7420–11620	7420–11620	不限	大区（副）总经理、（副）总经理
G8	6300–9300	U*40%	U*40%	8820–13020	8820–13020	不限	首席**官、总裁助理
G9	7300–10300	U*40%	U*40%	10220–14420	10220–14420	不限	首席**官、副总裁
G10	8300–12300	U*40%	U*40%	11620–17220	11620–17220	不限	首席**官、高级副总裁
G11	9300–15300	U*40%	U*40%	13020–21420	13020–21420	不限	首席**官、总裁

2. 旅游方式

某集团给予核心员工每年2次旅游机会，费用都由公司报销，旅游地点由公司安排，省内1次，省外的1次，公司用旅游这一形式作为对员工的奖励，进一步调动员工的积极性，希望增强公司的凝聚力，加强企业团队建设的作用。

3. 为特殊贡献核心员工或高管给予配车

为了给特殊贡献核心员工或高管满足个人需求及个人价值的体现某集团为入职满3年总监以上级别和特殊贡献核心员工可向公司申请购买汽车购车标准10W以内，个人拥有使用权利，购车标准超出部分由个人自担，目前拥有公司车辆为15人。特殊贡献人员标准：即业务型核心人员当年业绩目标完成超标40%；管理型核心人员：即由集团董事会成员90%成员统一通过，由总部人力资源提报总监以上的员工，人力资源部提报标准：当年度所管辖部门，无任何工作失误；技术研究型核心人员：由集团董事会成员95%成员统一通过，由总裁办提报高级技术研发员工，总裁办提报标准：当年度为企业做出贡献或有企业研发奖励的人员。

二、某集团激励核心员工存在以下问题

（一）缺乏激励机制建立的基础性工作

某集团在快速成长期各种资源缺乏，各种管理制度不够完善。缺乏科学的激励机制，尤其是人力资源管理制度的不健全，没有针对核心员工开展有效的激励。

目前激励核心员工考核办法如：激励管理型核心员工的办法，即整个集团公司业绩占70%，公司最高层管理者（董事会成员）的工作评价占30%，考核分值（N）=集团业绩70%+工作评价30%，奖金=工资权重40%*考核分值；业务型核心员工考核办法，即集团公司的业绩90%，公司最高层管理者（董事会成员）工作评价占10%，考核分值（N）=集团业绩90%+工作评价10%，奖金=工资权重40%*考核分值；技术型核心员工的考核办法，即集团公司的业绩50%，高级业务人员的工作评价20%，公司最高层管理者（董事会成员）的工作评价占30%，考核分值（N）=集团业绩50%+高级业务人员工作评价20%+公司高层工作评价30%，奖金=工资权重40%*考核分值。

这些激励办法缺少了基础性激励工作环节，如绩效考评体系、培训工作、薪酬制度等，且缺乏公平公正的保障，又如：由于缺乏合理细致的工作分析，公司最高领导甚至不清楚自己的企业需要哪些岗位，这些岗位上的核心员工应具备什么素质，对他们有些什么样的要求，这样必然难以保证对不同岗位核心员工的工作进行公平、公正的评价。过多的灵活性、随意性、非连续性会导致核心员工积极性的下降。

（二）在激励机制上过于讲究功利

某集团注重丰厚稳定的福利和薪水，并且注重创新贡献的奖金激励，奖金都是以销售的实现和一定利润目标的达成为基础的，在激励机制上更讲究功利，不能维持核心的工作满意度和稳定感。正如所有核心员工都以完成公司业绩为基础，即公司能否赚到钱，有利润的实现，即有奖金的方式。

（三）忽视非物质性激励

某集团核心人才的特征和需求认识不足。根据核心员工的行为特征分析，核心员工的行为动力主要集中在尊重和自我实现这些高层次需要上。因此，核心员工所获得的激励动力更多地来自工作的内在价值和满足感，而金钱等外部激励因素则退居相对次要的位置。普遍只采用物质刺激形式，缺乏精神上激励，导致多数员工缺乏责任感和归属感。

（四）核心员工激励缺乏差异性

在企业的成长时期，对不同工作性质的核心员工缺乏针对性的激励。某集团实施激励措施，没有根据核心人才的价值、核心人才的需求等进行评价和分类，而采取"一刀切"的方式对所有核心人才采用同样的激励手段，结果事与愿违，激励效果很差。导致核心员工产生不公平感。几乎所有的当代动机理论都承认员工并不是完全相同的，他们在需求、态度、个性及其他重要的个人变量上各不相同，对待核心员工更应如此。某集团激励机制存在诸多问题成为核心人才流失率偏高的重要因素之一。

（五）对核心员工缺乏长期激励措施

某集团的核心激励考核方式是以年为单位，按年度考核，而每年的考核都是独立的，无连续性，忽略长期激励考核的考核措施。

其实企业在长期的发展过程中不可能始终是呈现上升的一种态势，要使企业核心员工能够在公司低靡时期做到与企业共患难，则企业建立长期激励机制，只有这样，才能使企业的目标与核心员工的目标、企业的利益与核心员工的利益紧密联系起来。

某集团核心员工激励机制上的欠缺，也在很大程度上导致优秀的人才流失。核心员工的流失是企业激励制度失败的重要表现。核心人员的流失，会给企业带来严重的影响。轻者导致生产经营波动、客户不满，重则导致企业机密泄漏，客户、人才、核心技术等重要资源流失。因此，企业对人员的激励首先就是要留住人员的心，提高人员的忠诚度。企业要在了解人员需求的基础上，提供各种相应的激励措施，让人员愿意长期留在企业，将自己的聪明才智奉献给企业，将自己价值的实现融入到企业的成功中去。

某集团应更关注人本管理和激励措施的合理性，那么业内核心人员流失的情况会好很多，公司的价值也才能获得持续的增长。

三、某集团激励核心员工对策建议分析

（一）建立激励的制度规范

某集团在企业成长期间要不断地规范各种制度，如考核制度，培训制度；工作分析，激励制度等等要建立和完善。企业的激励就是要正确引导员工的行为并朝向企业的预定目标，制度规范的强化作用正能达到此效果。另外，制度规范具有无差异性和连续性，不会随激励者的个人喜好和激励对象的不同而随意变动，这也预示着制度规范的公平公正性。公平是激励中一个重要的心理因素。核心员工积极性的变化很大程度上取决于员工内心的管理科学公平感。当制度规范中每一个子系统都含有公平的因素时，核心员工就会在公平中得到满足，进而提高积极性。

（二）在激励机制上应该个人成长与公司业绩目标相结合

某集团在激励机制上应该把个人成长和公司业绩目标完成相结合，即个人成长应该考核权重上要有30%比例，企业是人才发展的依托，人才是企业发展的保证，二者是不可分割的统一体。只有个人成长才能保证企业持续的发展，在注重个人成长与企业业绩目标的结合才能达到双赢。

（三）事业激励——为核心员工提供成就事业的舞台

对核心员工来说，非物质的激励对他们有非常大的影响，事业以人为本，企业领导者要想以企业和长远发展目标来引导员工，使之同时成为员工

自觉追求的事业目标，首先要选择有发展前途的事业。一份好的事业，是成就领导者的必要前提，也是员工心甘情愿地为企业打拼的原因所在。

不要总觉得企业与员工之间只是雇佣和被雇佣的关系，那样的话，员工也就永远是听话的"机器"，企业不可能得到真正兴旺发达，员工自身的潜能也得不到应有的开发。如果企业能够将二者的关系看作是互信互利的结合体，那么就会发生意想不到的情况，企业为员工发展提供的是操作平台，这里的一切都有赖于员工施展自己的才能，当他从这里腾飞的时候也就是给企业带来最大效益的时候。

真正优秀的人才是非常重视自己的成长空间的，即企业能否给他提供利于他发展的环境和空间。所以要真正留住核心员工，使核心员工有用武之地，就得靠事业。留住人才是一项系统工程，贯穿于企业内部工作安排、内部晋升、员工培训、参与管理及职业发展计划等过程中。

当员工基本的生理需求需要满足后，必然就会追求更高层次的需要，乃至自我实现的需要，而自我实现的需要通常表现在胜任感和成就感两个方面。与"授人以鱼不如授人以渔"的道理一样简单，没有什么比心理上的成功感更令人欢欣鼓舞了。所以，让核心员工将企业提供给他的那份工作当作自己的事业，他才能努力奋战，最终实现企业与员工个人的双赢，即企业获得了利润，员工获得了成就。

（四）核心员工差异化，进行激励方式的多样化

考虑到员工的自身特征，我们可以对核心员工进行差异化分析，把核心员工分为三种类型：管理型，业务型，技术研发型。

1. 管理型核心员工

某集团管理型核心员工的业务特点：经营和管理某集团，对某集团市场的发展有决定性作用，人员范围：企业战略策划总监、总裁、集团总经理等等，他们的主要需求是成就与个人实现方面，这是管理型核心员工的激励因素；其次是对环境和社交方面的需求，最低级的需求是生理安全方面的需

求，是管理型核心员工的保健因素。

某集团对此类核心员工的激励方式是以长期激励为主，短期激励为辅；并且在激励核心员工的同时不可忽视其保健因素。

2. 业务型核心员工

某集团业务型核心的业务特点：全面负责集团公司销售工作，人员范围：分管业务的总经理、副总裁、总裁、高级总裁等等，对业务型核心员工来说，他们主要激励需求是个人的成长以及社交、环境的等方面的需求；保健需求则是生理安全等方面的需求。

某集团对业务型核心员工而言，对其激励应以以下几点为主：第一，注重个人成长方面的激励措施；第二，创造良好的工作与制度环境，适当放权，给与一定的工作自由度；第三，薪酬体系设置合理，精神激励的同时进行物质激励。

3. 技术研发型核心员工

某集团技术研发型核心员工的业务特点：技术研发核心人员是各个技术团队里的核心人物，掌握着技术开发的走向，需不断的突破新的技术难题，开发新的产品，具有高独特性。人员范围：高级工程师等等，他们最高级需求是个人成长方面的需求，次高级需求是成就、环境等方面的需求，其次是对福利薪酬的需求，这是技术研发型核心员工的激励因子；生理安全方面的需求属于较低层次的需求，是技术研发型核心员工的保健因子。

某集团对此类员工应以几点为主：第一，注重个人成长的激励措施；第二，注重对环境的控制；第三，注重物质激励。

人力资源必须努力通过沟通与核心员工共同挖掘其最大的激励因素，有条件可以制定可供选择的激励个性"套餐"。除物质奖励外，还可以提供职业培训、晋升机会、良好的工作氛围等。它给予核心员工一定的选择空间，满足了不同的需要。

（五）注重激励的长期性

将企业的成长与核心员工的职业成长紧紧相连，建立"利益共同体"。尤其在某集团成长中企业来说，核心人才较为突出，因此企业要给他们一种暗示，使其感觉到个人发展方向与组织发展方面越趋一致，个人的潜能就发挥得越好，个人的发展机会就越大。对于成长期的企业来说，期股权激励是一种成本较低的薪酬激励方法，也是一种有效的长期激励。股权激励措施是保持企业竞争力的重要手段，成长期中小企业应根据自身特点，针对不同的核心人才的需求特征，在确保现金流顺畅和激励成本最低的条件下，采用单一激励或不同组合的股权激励方式。

员工自己的事业，他才能努力奋战，最终实现企业与员工个人的双赢，即企业获得了利润，员工获得了成就。

（六）企业文化激励，增强工作归属感

企业文化是企业在长期运营过程中逐渐形成的，是全体成员共同遵守和奉行的价值观念和行为准则，是企业的个性、素质、目标和氛围，体现企业对价值的认知。对任何一个企业来说，企业文化都是其"灵魂"，是企业经营活动的"统帅"，是企业行动的"思想"，在企业的经营发展中具有不可替代的核心作用。

具体而言，企业文化包括三个层面：一是内在的精神层面，二是中间的制度层面，三是外显的物质层面。而精神层面的激励作用是企业文化的核心和主题，它包括企业目标、企业哲学、企业精神和企业风气四项内容，而在这些内容中，企业精神最为重要，是群体价值观的主要部分，可以用来激励员工动起来，为实现企业目标而不懈努力。

企业的健康成长与发展从根本上讲，是对人员管理的成功，是招揽人才、发挥人才与留住人才的成功。要想激励和留住人才（核心员工），最好的办法就是启动企业文化这么旗帜。人才只有在这样一面旗帜下，才会为所在的企业冲锋陷阵。大部分员工都觉得，企业文化在激励方面的所起的作用

超过了任何报酬。

企业文化的核心是确立共同的价值观念。优秀的企业文化都会形成一种尊重人、关心人、培养人的良好氛围，一种精神振奋、朝气蓬勃、开拓进取的良好风气，一种激励环境和激励机制，从而激发企业成员的创造热情。这种环境和机制胜过任何行政指挥和命令，它可以使企业的行政指挥和命令成为一个过程，将被动行为转化为自觉行为，化外部压力为内部压力。组织文化的力量是无穷的，核心人才对组织的忠诚程度日趋下降，同时核心人才又在寻求一种团队和亚文化的归属感。从这种意义上说，良好的团队和企业文化有利于企业核心人才的稳定。建立适合的企业风格和企业文化，使员工觉得工作本身就是一种享受。能在工作中大显身手，充分实现自我价值，才能最大限度地发挥核心员工工作的积极性和创造性。

改革、上市等字眼频繁出现于IT行业时，IT企业已在市场的浪尖起舞，拥有专门技术、掌握核心业务、控制关键资源的核心人才是企业参与市场竞争，支撑企业发展的重要因素。从人才战略实施力度来看，IT企业一直非常重视这个最活跃、最具创造力的关键生产要素，如某集团一直致力于人才培养，把人才战略作为企业做大做强的重要举措，并明确提出建设一支高素质的核心员工队伍。而在市场竞争愈加激烈、人才流动速度愈快的形势下，企业只有有效地利用核心员工这种优秀的人力资源，激励其未发挥的潜力去实现企业目标，使他们可以长期高效地为企业创造更多更大价值。

IT企业核心员工的管理是一个人力资源管理难题。企业固然需要不断完善组织结构，向核心员工提供良好的工作环境。但是，谁也不能预料市场对员工的诱惑力有多大，企业不能把员工藏起来，不能控制员工不被市场中的机会和具有诱惑力的招聘所吸引。如果说以前人力资源部的目标是保证员工的流失率达到最小，那么现在人力资源部的目标一方面是要吸引、激励和留住核心员工，另一方面要去影响那些要走的、而且知道什么时候可能走的人。如果把过去人力资源部留住员工的管理方式比喻为维护一个已经建好的蓄水池，那么现在人力资源部是在管理一条河流，目标不是要阻止水的流动，而是引导它的流向以及流动速度。一旦你知道哪些员工是你需要留下的、需要留多久，道该员工真正需要的是什么，你就可以使用一些机制、措施去鼓励他们留下来。

　　吸引和留住核心员工是一个系统工程，不是仅仅在某一方面做好就可以了，需要进行全方位的留才，同时还应根据不同人才的需求特征制定"量体裁衣"的、有针对性的留才计划，才能达到核心员工的"一心归心"的企业的目标。

【参考文献】

　　[1] 安·布鲁斯著，黄家慧译. 如何有效激励员工 [M]. 北京：清华大学出版社，2005.

　　[2] 李常仓. 如何管理核心员工 [M]. 北京：北京大学出版社，2005.

　　[3] 王志兵. 赢在激励 [M]. 北京：中国经济出版社，2005.

　　[4] 胡八一. 激励员工全攻略 [M]. 北京：北京大学出版社，2007.

　　[5] 李德伟. 人力资源绩效考核与薪酬激励 [M]. 北京：科学技术文献出版社，2007.

　　[6] 郑耀洲. 谁是核心员工 [J]. 企业管理，2004，11：

　　[7] 张逸杰，王艳. 企业核心员工的激励误区与和谐管理 [J]. 科技管理研究，2007.

　　[8] 方振邦. 战略性绩效管理 [M]. 中国人民大学出版社，2007.

基于内部云数据平台建设为
核心的人力资源管理环境优化

游东升

NYL集团成立于2000年，主要从事电力信息化建设，是全国电力系统重要的信息通信服务供应商。集团总部位于具有"海西硅谷"之称的福建福州软件园，在福州、厦门、北京、、西安分别建立了研发和服务基地，在全国共设立200多个服务网点。公司根据业务特点，设有5家子公司和3家分公司，均从事信息通信业务。2014年，公司营业收入达到24亿元，利润3.2亿元，在电力信息化行业率先通过计算机信息系统集成一级资质、CMMI5及ITSS资质，三年内获得48项软件著作权，10项发明专利，获得3Snews最具价值产品编辑推荐奖、中国GIS优秀工程金奖、中国信息化建设项目成就奖等国家相关行业协会奖励40余项。

自2009年开始，随着国家电力信息化投入力度的不断加强，NYL集团迎来了快速发展的机遇，人数由原来的200多人增长到1600多人，业务区域由福州走向全国。随着项目数量的增加及人员的增长，按照模块化管理的人力资源管控模式已经不适合企业的发展模式，如何在日益复杂化的经营管理环境中获得发展先机，充分调动一线人员的积极性满足客户的需求，成为企业人力资源管理必须面对的课题。NYL集团借助信息化管理工具，构建基于内部云数据平台为核心的人力资源管理环境，有效解决了企业经营快速发展中遇到的问题。

一、基于内部云数据平台建设为核心的人力资源管理环境优化的背景

随着互联网的快速发展及世界经济环境的变化，企业经营的环境也越来越复杂，跨界竞争的现象频频发生。企业要获得持久的竞争优势，其关键在很大程度上取决于人力资源素质的高低。因此营造一个良好的人力资源管理环境，持续获取和有效激励优秀人才，将成为企业获取竞争优势的重要手段。

（一）模块化人力资源管理实践存在缺陷

人力资源管理理念自国外传入中国以来，很大程度上出现了水土不服的情况。理论将人力资源管理硬性分割为工作分析、人力资源规划、招聘、培训、绩效、薪酬（有的说法将工作分析换成员工关系）6大模块，虽然有利于每个模块的负责人员专业化的培养，但也造成人力资源管理人员陷入模块化的思维，使他们无法站在企业经营的高度，对企业战略进行有效支撑，也无法调动各类资源帮助业务部门提升公司整体的人力资源效能，使得人力资源部成为整天处理琐碎事务的部门。在这种情况下，人力资源管理亟需建立一种机制，能够充分介入企业经营管理，使人力资源管理摆脱孤立性的职能解决方案，将注意力转移到对业务更有价值的全面人力资源解决方案上来，真正为企业战略的实现提供有力的支撑。

（二）NYL集团人力资源管理存在的不足之处

1. 经营管理缺乏详细的数据支撑

自2009年开始，NYL集团人数急速增长，营业收入、利润也随之快速增长。但到了2013年，却出现了项目数量及人员仍在快速增长，但利润增长的增速不断下滑的现象。在进行财务数据分析时，只能从总体上显示项目成本增长，项目利润率下降。除了公司重点关注的项目，公司财务部门及项目

管理部门甚至无法全面分析公司负责的一万多个项目中，哪些项目出现了亏损，哪些项目盈余，经营决策的制定更是缺乏详细、准确的数据支撑。因此，如何有效提升公司效益，如何进行量化考核，如何找出绩优员工，并对其进行针对性的激励成了经营管理中的一道难题，平均主义成了绩效考核中不得不采取的措施，大大挫伤了优秀员工的积极性。因此，构建公司综合信息系统，实时反映公司经营现状及客户需求情况，转变集团经营决策模式，成为NYL集团现阶段经营管理必须面对的首要问题。

2. 效能管理体系未建立

NYL集团在快速发展过程中，人力资源管理手段比较粗放，缺乏经营思维。业务部门专注于提升部门的营收，对于业务利润及成本关注相对较少，业务增长靠投入大量人员进行项目实施。因为公司关注业务的增长，却未建立科学的效能管理体系，造成公司大量承接业务，其中很多是项目利润率低、持续时间长、人员投入量大的项目。为了让项目顺利进行，不得不大量增加人员，造成公司人员的不断膨胀。在工资总额受限的情况下，人员的膨胀造成员工的工资低于行业水平，使得员工的积极性和主动性不断降低，公司离职率上升，高端人才引进困难，又反过来影响了人力资源能效的提升。因此，在人力资源管理中建立经营思维，构建效能体系，开发效能管理工具，将成为NYL集团提升人力资源管理的水平的重要手段。

3. 资源分享体系缺位

NYL集团过分注重员工的外部培训，每年按照员工工资总额2.5%作为培训费用投入员工的培训，引进外部培训师进行内训或外派员工参加外部学习。培训工作搞得轰轰烈烈，但未建立知识沉淀体系，未对知识进行总结、沉淀，也从未对项目过程中遇到的问题、项目成果进行沉淀，很多重要文档、可复用的程序，没有进行保留，或随着离职人员流失，或散乱在员工手上，造成很多相似或相同的项目需要重复开发，最佳实践经验成为隐性知识，无法在集团范围内进行大力推广和宣扬。遇到问题的员工也无法快速在既有的经验中寻找到支持，造成服务质量的下降。

4. 对客户需求关注低

在NYL集团原来的管理模式中，公司领导层作为组织的核心，对组织战略制定、组织架构设计、组织变革负有全部责任；员工作为操作层，只负责执行公司的战略、策略，并不参与公司的决策。在这种管理模式中，集团各级管理人员不断加强计划、组织、控制等管理手段，以强化公司执行力，但收效甚微；一线员工则是揣测上级的想法，按照上级布置的任务完成自己的工作，对上级决策链的关注程度远高于对客户需求的关注程度，造成客户服务水平的下降。

二、基于内部云数据平台建设为核心的人力资源管理环境优化的内涵及主要做法

通过背景分析，笔者认为要解决NYL集团存在的人力资源管理问题，不仅仅是要解决人力资源一个或几个模块的问题，而是应该从集团经营管理的角度出发，将效能优化作为整个系统的目标，建立效能文化。从这个意义上讲，组织内部人力资源管理环境的建设，不单单是加强对传统人力资源管理中"选、用、育、留"四个环节的管理，更应该从企业经营的角度，对影响人力资源效能的模式：即企业决策的模式、企业人力资源的配置模式、服务客户技能的快速复制模式进行有效管理，通过构建云内部数据平台，打造效能体系及知识沉淀体系，营造"企业经营决策准、人力资源配置优、员工服务能力复制快"的基于云数据平台的人力资源内部管理环境。

（一）NYL集团内部人力资源管理环境模型构建

在如何构建以云数据平台为基础的人力资源管理环境上，NYL集团应用德尔菲法，邀请15名公司内外部专家（外部专家咨询顾问2名，NYL集团高管6名，中层管理人员3名，分、子公司高管4名）进行讨论分析，得出以下结论：

　　构建NYL集团基于云数据平台的人力资源内部管理环境首先要建立一个开放的、聚焦企业价值增长的平台，这个平台能够与各层级人员进行数据交换，让一线关于客户需求、市场、项目、人员、物资、财务等信息及各种资源运行的流程大量沉淀于平台上，并基于数据挖掘的工作，跟踪、判断、分析经营管理全过程，将经营成果、项目过程、业务流程、知识沉淀等信息真实、清晰地展现在各类信息使用者的面前，推动决策的快速形成，并付诸行动。同时，以平台产生的大量用途清晰、联系密切的数据为基础，结合集团的价值导向、客户导向、市场导向要素，设计人力资源效能评价模式及快速响应市场的知识沉淀模式。基于此种认识，本研究将NYL集团内部人力资源生态环境设计为具有"一个平台、两个体系"的人力资源系统。"一个平台"指云数据平台，在这个数据平台上可以对集团的重要资源的活动进行管理，如进行项目申报及项目过程监控、人员信息管理、知识沉淀、员工培训等活动，同时可以抓取资源活动过程及结果数据，与经营业绩结果数据（如财务数据等）进行对接，打通经营结果与项目过程、人力资源管理过程的数据通道，实现对每个项目过程及结果、项目回款及市场潜力、项目经理业绩、人力资源配置状况等信息的实时监控、预测、分析。云数据平台的建立，使得组织的决策模式从组织严格依据高层领导制定的战略、策略开展工作的高层决策模式转变为由熟悉客户需求的一线项目经理发起项目申请，高层进行项目审核，并依据客户需求及市场变化适时调整战略、策略的一线决策管理模式。决策模式的转变，使得员工从关注上级领导想法转变为更加关注客户需求，企业决策更倾向于客户导向和市场导向。"两个体系"为人力资源效能体系、知识沉淀体系。"一个平台、两个体系"不断进行信息交换，促进平台信息的更新迭替，强化平台系统预测的准确性，推动整个人力资源管理系统的不断向前发展，解决了人力资源配置效率、快速响应市场的人力资源效能问题。NYL集团内部人力资源管理环境模型见下图：

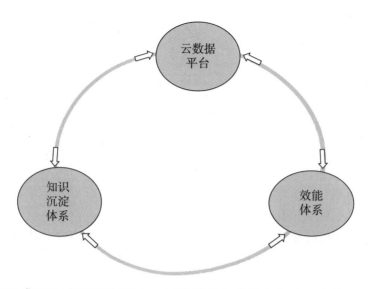

在NYL集团生态环境模型中，云数据平台是信息存储、交换、分析、展现中心。一方面，云数据平台在进行过程流转、向员工提供服务的过程中，积累了大量的数据；另一方面，云数据平台向效能体系、知识沉淀体系提供信息支持，也吸收来自效能体系、知识沉淀体系运行的过程及结果数据，推动平台数据的完整性及决策准确性的发展。

（二）云数据平台建设

1.云数据平台架构建设

云数据平台的建设，致力于帮助组织实现对人、财、物、信息、资源、流程的管理，实时反映集团经营状况，在收集客户需求的基础上进行快速、准确的决策，改变以往因经营信息不全、信息滞后、数据口径不一致造成的各级管理人员决策的偏差，使集团各组织（项目组、部门、分公司、子公司、集团）的决策，能够在统一平台、统一口径的数据基础上进行，以统一思想，提高决策的科学性、时效性和准确性。NYL集团数据平台是一个企业综合信息系统的数据平台，是企业内部管理环境的浓缩，也是内部人力资源生态环境的基础。集团在进行数据平台建设时，主要考虑以下3个方面的要求：

（1）云数据平台必须具有流程性，能够使NYL集团各层次的人员进行信息交互，在数据平台上实现经营、管理事务（如项目申报审批、财务报销等）流程流转的同时，完成数据的自动更新及沉淀，保障数据的准确性及更新的及时性。

（2）云数据平台要实时反映企业经营的状态，包括企业的合同额、营业收入、利润、项目节点情况、人、财、物资源的分布等情况，保证数据的真实性、动态关联性，能够充分展现企业经营的全貌。

（3）保证数据的安全性，不同级别、不同岗位的人员拥有不同的操作权限。

NYL集团在进行云数据平台建设时，充分按照上述三个方面的要求设计平台架构。在平台的流程性建设上，云数据平台设计了项目管理系统、人力资源系统（包括员工管控系统、考勤系统、任职资格认证系统等）、财务管控系统、物资管控系统、网络学堂、知识库等多款应用系统，涵盖了从项目申报、资源配置、过程（绩效）管控、结果分析、知识沉淀的整套流程。公司所有人员，在开通权限后，均可依据自己的账号在公司OA及内网多个端口进行登录，依据账号权限，在云数据平台进行任务申请、信息查询、自我学习。人员的流程数据将自动沉淀到平台的数据库，并通过数据挖掘工具，将孤立的数据有机联系起来，展现给数据的应用者。例如员工张三登陆云数据平台的考勤系统，提交三天出差的申请，平台自动按照设计的流程，提交张三所在的部门负责人、分管领导、总经理审批。完成审批流程后，张三的出差记录将自动计入数据库。人力资源部在计算出差补贴时，项目管理部在计算张三所在项目成本时，将自动调用数据库的数据。同时，云数据平台还会自动生成每个月的员工地理分布情况报表，按照各地区员工数量、各地区在建项目、各地区出差成本等类别，自动统计各种数据，并通过图表向对信息使用者形象展现各种数据。

云数据平台的整体架构见下图：

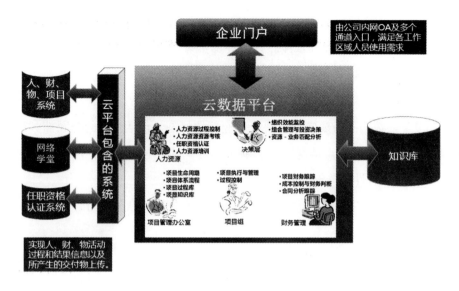

2. 云数据平台的管理

NYL集团云数据平台的管理采用"集中管控、分级管理"的原则。项目管理部是云数据平台的主要管控责任部门，负责整个云数据平台系统的设计、维护、更新升级、展现及对云数据平台数据准确性进行考核；各职能部门是云数据平台子系统的责任人，对所负责系统数据准确性、完整性、更新及时性负责。人力资源部负责人力资源考勤系统、管控系统、任职资格认证系统、网络学堂数据的更新和维护；财务部门负责财务管控系统数据的更新、维护；科技信息部负责知识库内容的更新、维护；项目管理部同时还负责项目管理系统的数据更新、维护。

在对云平台的使用上，每一名管理者及员工都分配有一个固定的账号（即员工的ERP编号），每个账号依据岗位、职责等条件赋予了相应的权限。高管层可以通过"领导视图"查阅公司所有经营数据，并对公司重大事项进行审批；部门管理者可以查阅本部门相关数据，并对本部门事务进行审核、审批；项目经理可查阅所负责项目的相关数据，并对所负责项目的相关事务进行审批；一般员工可以查阅与自己相关的数据，使用云数据平台的通用功能。

3. 云数据平台的功能

（1）通用功能

云数据平台的通用功能包括：请假、出差申请、费用报销审批、任职资格申报、网络培训、信息查阅、提交知识沉淀信息。

公司普通员工均可以使用云数据平台的通用功能。普通员工应用自己的 ERP 编号在公司内网的云数据平台登录后，可以发起请假、出差申请，报销相关费用、提交知识沉淀、进行任职资格认证的申请，申请经过审批流程，由相关节点的审批人进行审批，审批通过后进入新的节点，审批未通过，系统将会退回到发起人节点，并提示出现的问题。全部审批通过后，相关信息将会归入相关数据库，并与个人信息关联。

同时，云数据平台还具有查询、培训功能。员工可以在云数据平台查看审批流程节点，可以在云数据平台的网络学院进行培训、考试，培训、考试结果将记录到个人档案。

（2）个性化功能

① 针对高管层的个性化功能

云数据平台为高管层设置了"领导视图""领导审批"界面。"领导视图"通过形象的图示，向公司高管层展现公司经营管理的数据，如公司的营业收入、利润、成本、回款、现金流等情况，可以与前几个会计年度进行对比分析；高管层还可以通过这个页面查阅每个项目以及每个员工的具体情况。"领导审批"界面，可以让高管领导在线对在经营管理过程中需要审批的项目进行审批，并依据集团真实的经营数据及时调整集团战略及策略，对资源进行更加合理的配置。

② 针对中层管理者的个性化功能

对于中层管理者，云数据平台设置了"管理人员工作界面"，工作界面分查阅、审批两个功能。在这个界面上，部门管理人员（包括部门正、副职）可以查阅本部门负责的项目情况、营业收入、成本、利润、人员投入、人员出勤情况、人员分布的地区及项目等情况，相关数据可以进行纵向和横向对比。同时，可以通过审批功能，对需要进行审批的项目、流程进行在线审批，对部门的人、财、物资源进行合理调配。

③针对项目经理的个性化功能

针对项目经理，云数据平台设置项目发起、查阅、审批功能。项目经理可以根据自己了解的客户需求情况，进行项目策划，并在云数据平台发起项目立项，向部门、公司申请项目需要的资源。在云数据平台上通过部门负责人、公司领导审核后，项目经理即可依据资源配置，组织项目开展。同时，项目经理可在云数据平台查阅项目审批流程的进展、审批项目成员的请假、报销等事宜。

云数据平台的建立，改变了NYL集团的决策模式及资源管理、分配模式。NYL集团一线员工能够实时根据客户需求策划项目，并在云数据平台提起项目、资源的申请；集团领导能够在真实的经营数据的基础上，调整集团经营战略、策略，更加合理分配资源，以提高企业经营效率；同时，云数据平台也改变了员工沟通的模式，突破时空限制，使员工能够随时、随地地在云数据平台获取所需资源、提交知识沉淀、沟通交流，营造更良好的沟通交流环境，为构建"以服务客户为目标，以效能文化为导向"的基于数据平台的人力资源内部管理环境奠定物质基础。

（三）效能体系的建设

业务部门合理定员一直是NYL集团难以解决的问题。在业务快速发展的某个阶段，业务部门对于人员需求不断膨胀，天天催着要人，到了项目完成后，部门人员又呈现闲置状态，造成严重的人力资源浪费。业务部门到底需要多少人，要怎样控制业务部门看似无止境招人的需求，效能定员的思路为业务部门定员提供了解决方案。

对于企业来讲，利润是企业得以生存与发展的生命线。业务部门必须保证对企业利润的贡献率。因此，NYL集团彻底放弃依据项目要求提出用人申请的方式，采取效能定员的方式，设定公司对利润和人均利润的要求，进行对部门的定员。例如要进行2015年业务部门定员，人力资源部将从云数据平台调阅2012年至2014年这三年各业务部门的利润及人均利润的数据，计算三年的平均利润增长率。同时，依据科技信息部调研得出的2015年客户对相关项目投入资金情况，核定各部门营收、利润增长率。最后，科技信息部、人力资源部、项目管理部参照各业务部门的人工成本投入情况、人员储备情况、部门三年人均利润增长率，提出各业务部门2015年人均利润要求。业务部门效能定员的公式如下：

2015年度业务部门定员数=2014年度利润*2015年利润预计增长率/人均利润要求+战略增（减）员

在业务部门定员的基础上，若业务部门因项目紧急程度，需要额外用工的，通过审批，可采取临时租借、非核心业务外包的方式进行处理，所有费用计入部门/项目的成本。

通过效能定员的方式，NYL集团建立了业务部门量化的定员标准，控制住用工总量的恶性膨胀，并通过临时用工及非核心业务外包的方式，解决项目过程中临时用工的要求，降低了项目成本，保障了人力资源效能的提升。

（四）知识沉淀体系构建

企业内部人力资源生态环境的构建，除了让效能管理、内外部客户共同发展理念深入人心，还要加强满足市场需求的能力，强化员工高效服务客户技能的复制能力。知识沉淀体系的构建，就是在云数据平台的基础上，实现隐形知识的"显性化"、通用知识的共享化，让员工能够根据公司所授权限，根据需求随时调用已有知识沉淀快速满足市场、客户的过程。知识库即是知识沉淀体系的载体。NYL集团云数据平台的知识库系统就在致力于打造知识创造、共享和利用的环境，实现知识的沉淀、整合、优化、传播。

1. 知识库的构成

在云数据平台知识库模块，NYL集团设置了知识社区、专题知识库、CBB（Common Building Blocks，即公共构建模块）货架库3个模块。

知识社区是开放式员工讨论社区。社区按照专业进行分类，如研发社区、实施社区、咨询服务社区、人力资源社区等，员工在工作中遇到任何问题，均可在相关专业社区进行提问。其他员工可以对社区中的问题进行回答，最后由提问者选出最佳答案，并赋予相应的积分。

专题知识库是已经经过提炼后的知识，与知识社区的分类方式大致相同，是按照职序（如经营管理、专业管理、科研技术、市场营销、生产技能）、职种（如研发、测试、实施、人力资源、财务管理等）、职位（如软件研发、硬件研发、嵌入式研发、招聘、培训等等）三级层层进行分类、归纳。专题知识是由员工在项目过程、培训中完成的知识沉淀，以及由知识社区管理员沉淀通用性问题答案。

CBB货架主要针对研发产品。CBB（公共构建模块）指在不同产品、项目之间共用的模块、技术及其他相关的设计成果。CBB货架是将公司现有的产品和技术按照一定的层级结构统一管理起来，以利于产品开发时方便地共享以前的成果。不同层次或级别的产品、软件包、小系统都是货架的一部分，在产品开发设计时就可以参考货架上的产品和技术，看哪些是能够直接应用的，这样就能方便地最大程度的实现共享，减少重复开发造成的浪费。

2. 知识库建设

① 知识库建设专家团队

NYL集团要求任职资格三级及以上员工必须成为相关职种知识库建设的专家。任职资格新晋升为三级的员工，必须担任知识社区的管理员，负责知识社区的管理、解答员工提问等工作。在知识管理、专业工作中表现突出的任职资格三级员工及公司四级员工担任专题知识模块的专家，对列入专题知识目录内的知识沉淀的结果进行审核。研发四级的专家团队及公司总工程师、副总工程师担任CBB货架模块专家，组成CBB货架模块专家组，组长为总工程师、副组长为副总工程师。

② 知识库建设

知识社区建设

知识社区是专业化的讨论社区，每个专业社区由3至5名新认证为相关职种任职资格三级的员工担任管理员。管理员负责相关专业社区的管理，包括审核员工回答的专业问题（若回答的问题出现错误或出现违法国家法律法规、公司制度的言论，管理员有权限删帖）、整理典型性问题及答案并提交专题知识库专家审核。

员工通过云数据平台登录知识库，在知识社区上提问，并设置1–5分的问题积分。如果其他员工回答出问题并被提问者评为最佳答案，即可获得该问题的积分。积分当年有效，积分最高的5名员工将被评为"NYL集团知识社区百晓生"，受到公司的奖励。知识社区的典型问题和经典答案是专题知识库素材的重要来源之一。

专题知识库建设

专题知识库是按照职序、职种、职位划分，放置已经沉淀好的知识、工具、体系等员工可以直接引用和借鉴的内容的区域。每个专业由各专业中表现优异的任职资格三级及四级技术专家构成知识沉淀审核小组，对来自员工提交的知识沉淀、知识社区管理员提交的知识沉淀进行审核、评价，并赋予1–10分的分值，知识沉淀小组所有成员的平均分，即是该知识沉淀的价值分。在专题知识库中，知识沉淀每被下载一次，该沉淀的作者也就获得该知识沉淀的价值分。云数据平台自动计算员工的知识沉淀价值积分。知识沉淀被下载得越多，作者得到的分数就越多。知识沉淀价值分当年度有效，积分最高的前3名员工将被评为"NYL集团知识大拿"，获得公司的物质和精神奖励，同时在次年任职资格认证中，在知识库建设项目中加分5分。

知识沉淀的要求，必须是结构化的工具、案例、PPT等结构完整、使用范围明确、借鉴意义清晰的成果，如具体项目的需求分析、实施案例、汇报PPT、培训PPT等。知识沉淀审核小组每周五将对本周提交到云数据平台的知识沉淀进行审核，对知识沉淀的质量进行严格把关，只有符合知识沉淀要求的内容，三分之二审核小组成员审核通过后，才被放入专题知识库供大家下载。

CBB货架库建设

CBB货架库上的知识沉淀，主要以研发类的软件产品为主，即可以在不同产品、项目中共同使用的软件模块。NYL集团要求研发人员在进行软件编写时，能够在不同产品、项目之间共用的部分，须用CBB的方式进行设计。被公司采用的CBB的数量是研发部门及富有研发职责的业务部门重要的考核指标。

CBB知识沉淀是能够直接应用于系统的软件模块或组件，对产品、项目的质量有重大的影响，因此CBB的提交必须以部门为单位申报。员工若建立了CBB沉淀，需报部门测试，测试通过后，经部门负责人同意，方可在云数据平台进行申报。科技信息部在接到CBB的申报后，组织测试人员测试CBB的稳定性及功能是否与CBB介绍的内容相符。测试通过后，提交CBB货架模块专家组审核。专家组成员审核部门提供的CBB的功能介绍及由科技信息部提供测试报告，对CBB的功能及结构进行评价，看看是否还有优化的可能。通过CBB货架专家组审核的CBB沉淀方可进行CBB货架库。未通过专家审核的，将由专家提出改进意见，由CBB的提供部门负责修改后，再行申报。

CBB货架库的CBB沉淀是通过严格测试和验证的产品，设计人员在进行项目、产品设计、开发时，先在CBB货架库搜索是否有相同或相似功能的CBB，优先使用那些能够直接应用的CBB，最大程度的实现CBB共享，减少重复开发造成的浪费。

③知识库应用

在云数据平台，员工可以根据自己的权限，在内网登陆知识库，讨论专业技术问题、下载知识沉淀、上传自己的知识沉淀，形成在云数据平台整合、处理、优化知识的线上闭环系统。同时，公司内部培训师也可以登陆云数据平台，以知识沉淀作为培训素材，进行体系化知识梳理，形成自己新的培训课程。新的培训课程通过线下评审，员工培训满意度在90%以上的，将会进行录制，放入云数据平台网络学堂，供有需要的员工进行培训。同时，内部培训师开发的新的培训PPT将作为新的知识沉淀，被收录于知识沉淀库。

知识沉淀体系通过对云数据平台知识库的打造，以员工讨论、知识共享的方式，鼓励员工、团队将自己掌握的知识、信息沉淀到数据平台上，实现了隐形知识到显性知识的转化，形成公司的知识资产。同时，知识沉淀也打破员工之间因为时空差异造成的知识、信息的不对称，让处于一线的员工能够及时得到公司后端知识、技能的支持。通过知识沉淀向培训教程的转化，可以让员工按照工作需要，随时调阅、学习真正需要的知识，避免时间的浪费，提高培训的效率。知识沉淀体系也使员工间的配合更加密切。沉淀的使用者可以在知识库上查阅到知识沉淀的作者，可以直接通过电话、E-mail、微信等方式向知识沉淀者请教更深入的问题，强化了知识交流的广度和深度。知识沉淀体系的建设，让员工感受到自己不是一个人在"战斗"，在自己的身后，还有NYL集团的巨大团队在支撑。总之，知识沉淀体系加速了NYL集团知识、技能复制的效率，提高了内、外部客户的满意度，提升了NYL集团整体人力资源效能。

三、基于内部云数据平台建设为核心的人力资源管理环境优化取得的成效

（一）项目总体评价

1. 解决了NYL集团人力资源管理不成体系的问题

NYL集团内部人力资源生态环境的构建，以经营思维为主线，引导人力资源管理者调动一切资源，关注组织效能、关注组织内外部客户、关注知识资产的沉淀和共享、关注市场的快速变化，构建了完整的面向组织战略及经营绩效的人力资源管理体系。

2. 解决了组织经营绩效全过程管理的问题

云数据平台的建设，让企业整个运行的过程及结果数据沉淀在统一的平台，可以通过检索、对比等方式，随时随地地调用项目过程、结果数据，分析阶段性及全面的经营成果，为企业战略制定、绩效全面管理提供坚实的数据基础。

3. 解决了组织效能难以测算的问题

通过组织效能测算公式，使组织效能的量化计算、依据效能进行企业定

员成为现实，形成关注企业效能、避免人力资源浪费的新气象。

4. 解决了知识沉淀难的问题

通过知识沉淀体系建设，将员工的隐形知识显性化、通用知识共享化，沉淀了企业的知识资产，提高了人才复制效率，提升集团快速适应市场的能力。

（二）员工满意度上升，离职率下降

随着基于云数据平台为核心的内部人力资源管理环境建设的推进，NYL集团内部流程不断简化，员工工作自主性不断增强，员工自主参加方案策划的比例由30%提升到75%，公司对员工的考核标准更加透明，员工离职率从18%下降为7%，主要体现在因"个人发展"原因离职人员占比的减少。在对员工进行满意度调查时，"回顾过去的一年，您认为公司管理提升中最满意的项目是哪些？""云数据平台建设"和"知识库建设"分别排在第一、第二位，满意度均超过70%。

（三）客户满意度及经营业绩明显提升

随着集团基于数据平台的人力资源内部管理环境的建设，集团信息获取、信息传递、信息沟通的范围和速度突飞猛进，资源调配更加便捷，应对外部变化的能力进一步加强。一线员工不再将注意力集中到上级领导的决策链，而是要将注意力集中到客户，不断提炼客户真实需求、引导客户的真实需求，快速制定解决方案，为客户创造价值，逐步构建起集团的"效能文化"，实现客户、组织、个人的协调发展，并促进整个人力资源生态环境的和谐发展，形成内部吸引人、激发人的态势，增强了对外部高端人才的吸引力，提高了客户的满意度。经市场部进行客户满意度调查时，客户满意度由87%提升为94.5%，各业务部门收到的客户表扬信数量增长300%。同时客户满意度也进一步转化为集团的经营优势，提升了集团整体的经营业绩和竞争能力，2015年集团总体业绩也出现了显著增长，营业收入增长17%，利润增长31%，新签合同额增长58%，形成人力资源环境的良性形循环。

夏谷软件企业培训管理信息化案例

刘　杰　韩丹烨

一、企业概况及专案实施背景描述

厦门夏谷软件有限公司，是一家专注于人力资源管理软件咨询与服务的高新企业。10余年来，我们已成功为上千家各行业领军企业提供人力资源管理信息化解决方案。是国内著名的EHR解决方案提供商。

夏谷的产品以"灵活–对个性化需求适应性强、实用–贴近客户实际、易用–人性化操作功能多"这三大特点，打造了极高的实施成功率与良好的用户满意度。

随着企业快速发展，学习力成为企业核心能力。在激烈的竞争环境下，企业人才之间的竞争也更加激烈，人员素质能力已经被企业战略关注。基层员工的素质能力高低对企业发展的影响越来越大，企业迫切需要开展全员培训，建立人才供应链，以保持竞争力。此次讲述的A企业是一家国有集团企业，下有十几家分支机构。A企业每年都会投入几百万培训经费用于员工成长发展计划，目前遇到的最大困惑在于培训实施和培训考核缺乏一套标准化系统去支撑计划的执行和考核工作，使得企业目前的培训计划更多的是流于形式。且面授的培训受到时间、空间、成本和受训人员的经验背景不同的影响，传统学习方式不能满足企业的全员培训需求。同时，传统的学习方式主要存在的三个弊端目前也较为突出：

1. 员工对传统的授课模式已经厌烦；参训时间安排在下班之后或周六周末培训已经让管理者觉得给员工的福利变成了员工的困扰。

2.讲师授课风格和方式相对固化，学员上课无新鲜感。

3.培训教材以静态为主，缺乏生动表达和视觉化的传递，网络化学习的出现可以彻底改变这一情况，帮助企业轻松实现全员学习。

基于以上原因，A企业迫切需要建设一个专业、完善的培训管理体系，全面提高员工的能力，通过信息化系统的自动化、业务流程规范化和管理工作系统化，推动员工的培训工作向标准化、便捷化、体系化和可度量化方向发展，同时将培训以"寓教于乐""随时随地""碎片化学习"的方式，让员工由被动学习转为主动学习，为企业的人力资源规划和发展战略提供良好的决策支持，实现最大化人力资源开发、实现人力资本增值的人力资源管理目标。

二、调查分析及诊断

（一）业务需求梳理

接到A企业的委托后，夏谷软件、仝博咨询公司及A企业共同成立了项目组，项目组首先对企业管理流程、制度细节进行了分析，总结了以下四个方面的业务需求：

（1）基础档案

对公司所有员工档案信息进行综合管理，为素质测评、培训及在线学习提供基础数据。

（2）素质测评

建立完善的公司岗位素质模型及岗位学习地图，规划员工晋级晋升路线；

脱离纸质化的测评方式，通过信息化手段实现在线测评，在线打分，最终获取个人胜任力情况。

（3）培训管理

根据素质测评结果分析，获取员工能力缺失情况，自动生成对应缺失能力所需培训需求；

对整个培训过程进行有效管控（需求、计划、执行、归档）；

完善的培训档案信息，对讲师课时、员工学时进行管理；

完善讲师的晋级晋升机制。

……

（4）在线学习

通过碎片化的时间，进行在线学习，提升自身能力缺失；

完善的学时、积分管理机制，提升员工学习热情；

通过信息化手段，优化企业培训费用分配。

（二）当前存在问题

在委托夏谷软件进行系统建设前，A企业只有一套在线学习系统在使用，只能进行简单的在线学习，无法对整个培训过程进行管控，培训过程都在线下执行，并且在执行过程中存在四大问题：

缺：缺乏有效的岗位胜任能力评价标准。缺乏内训师培养和激励机制。缺乏清晰的岗位通道。

散：培训体系没有形成系统，未分层分类。培训组织不系统，短期行为多，长期规划少。课程体系凌乱，不具系统性。制度体系不系统，未形成完整的培训制度体系。

粗：教学安排、课程内容等未经专业化、标准化设计，较为粗放。培训形式单一，课堂宣讲为主，没有吸引力，效果不彰。

弱：现有培训在学用转化上效果弱，对实际工作指导意义不大。员工的培训学习意愿度较弱，学习氛围较弱。内训师教学动力不足，授课技能较弱。

（三）问题成因分析

经过项目组的分析讨论，认为现行的制度在培训体系定位不清、没有一套完善的胜任素质评价标准和培训课程体系，并且组织运作方式以单一的线下课堂授课为主，无法对中间过程的进行有效管控，造成培训资源极度浪费。

要想解决以上问题，就需要从以下几个方面进行优化完善：

明确培训体系定位——以岗位胜任素质模型为导向；

建立胜任素质评价标准——建立测评办法，对任职人实施全面评价；

构建培训课程体系——基于岗位胜任能力的提升；

优化培训组织运作——引进一套在素质测评、培训管理、在线学习功能够强大的系统，并且可以实现多模块联动管理，加强培训组织运作各环节的管理标准；

完善岗位职业发展通道——基于职业化人才梯队建设及员工成长需求。

三、方案实施介绍

在明确了需求与关键问题点后，项目组提出了具体的解决方案，关键信息如下：

1. 体系选用

以全博咨询公司的MTC为培训管理体系，在基础信息支持的基础上建立出适用出A企业的培训课程体系，将培训体系与能力模型进行有机结合。通过能力测评的结果输出，再实现系统化的培训管理。并借助线下培训及现代化的在线培训管理系统及移动学习系统实现"寓教于乐；随时随地，碎片化学习"，对员工的能力进行提升。

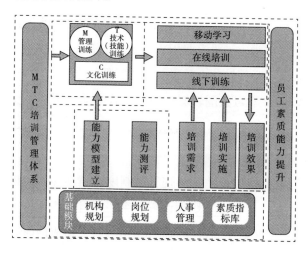

2. 系统选用

基于整个系统的目标定位和用户需求的特点，采用夏谷培训管理信息化系统V10版本。该系统具有以下特点：

（1）成熟性与发展性的统一

采用符合目前业界计算机及应用系统发展趋势的主流技术，要求技术先进并趋于成熟。既要保证当前系统的高可靠性，又能适应未来技术的发展，满足多业务发展的要求。要本着"有用、适用和好用"的原则，不片面追求硬、软件设施的先进性，强调整个系统的可连接性和整体布局、应用的合理性。

（2）先进性与实用性的统一

采用的技术必须具有先进性和前瞻性，以确保在未来3–5年内不落后；同时也要坚持实用的原则，在满足性能价格比的前提下，坚持选用符合标准的、先进成熟的产品和开发平台。

（3）独立性与开放性的统一

将系统建设成为企业培训体系，从安全保密的角度考虑，应保持相对的独立性，同时还要综合采取一系列安全措施，保障市局培训信息的安全共享和数据安全。

（4）适应性和灵活性

随着诗句发展的需要，不可避免地需要对企业培训体系调整，系统应提供充分的变更与扩展能力，适应该调整。系统应具有可视化、灵活、方便的工作流定义工具，系统管理员可在浏览器环境下任意调整或定义业务流程。系统具有智能栏目生成器，用户可根据自己的需要定制栏目系统，并且该系统具备信息的增、删、改、存、查和统计汇总功能，并能进行动态授权分配。

① 可管理性

系统的技术方案要为培训管理信息化提供多层次的、方便而有效的管理手段，为系统正常运行提供技术管理保障。

② 可配置性

由于整个系统涉及的子公司比较多，种类比较复杂，因此系统的灵活配置性就显得非常重要，系统的可配置性应包括部门配置、人员角色配置、公文样式配置、处理流程配置等。

③ 可扩展性

系统的技术方案要能将现有各种资源和应用系统有效地集成在一起，系统的结构要合理，要具有良好的可扩展性，由于IT领域技术发展十分迅速，应用环境，系统硬件及系统软件都会不可避免将被更新，因此系统的可扩充性及版本的兼容性好坏，直接影响着应用系统和用户需求的发展和功能的提升。因此，系统应能比较容易地适应调整、扩充和删减；另一方面，它还要有与其他系统的接口能力，利用各系统功能之长，进行优势互补。

④ 标准化

现有信息技术的发展越来越快，为了使该系统在未来运行过程中其技术能和整个信息技术的发展同步，系统应具备灵活适应性和良好的可扩展性，系统的结构设计和产品选型要坚持标准化，首先采用国家标准和国际标准，其次采用广泛认可的实用化工业标准。

⑤ 可维护性

培训管理信息化建设是一个长期的过程，系统建成后仍需不断修正和完善，所以设计中应充分考虑系统的可维护性，系统文档资料应规范齐全。

⑥ 可靠性、安全性、保密性

设计上要充分考虑大量硬件设备、软件系统和数据信息资源的实时服务特点，要保证网络、系统、数据的安全，保证系统运行的可靠，防止单点故障。安全管理要充分考虑安全、成本、效率三者的权重，并求得适度的平衡。对整个系统要有周密的系统备份方案设计。对系统主要的信息实行自动备份，以保证对系统异常情况的补救，并设有系统自动恢复机制。采取必要措施防止数据丢失，保证数据的一致性，保证系统运行过程中的高可靠性。

⑦ 易用性

为了确保企业中具有不同计算机应用水平的人员均能够对本系统快速地

掌握并进行方便地使用，要重视用户界面的友好性和方便性。重点考虑用户使用上的接受程度、上网办事的效率及上网成本等各种因素，要求开发出的应用软件系统具有友好的用户界面，易于上手，便于使用。

3. 技术选用

在开发架构上，产品采用微软最新技术体系架构.NET，移植及可扩展性强。

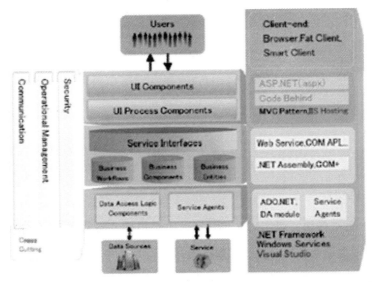

服务层采用分布式缓存服务，可有效的解决大并发用户的瓶颈在数据库访问负载。

网络拓扑结构，根据A企业内外网特点，采用DMZ区部署方式，实现系统的对外提供服务的同时，安全也有保障。

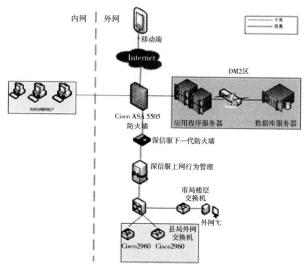

4. 系统功能

（1）基础模块，可实现人事档案、组织机构、岗位体系的管理，为素质测评、培训管理及在线学习提供数据支撑。

（2）素质测评，可实现素质辞典维护，岗位胜任力模型建立、在线测评及测评结果分析（下图为个人胜任力雷达图）。

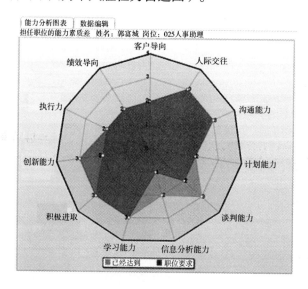

（3）培训管理，可实现与素质测评结果的关联，自动实现培训需求的获取。并且可对培训的整个过程进行管理（培训需求、年度规划、培训计划、培训资源、培训档案等，如下图所示过程）。

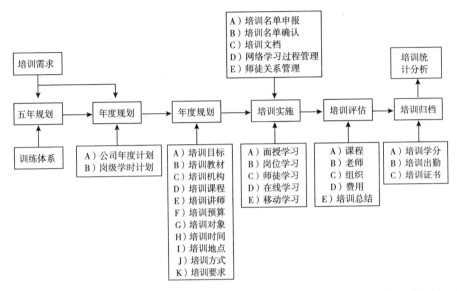

（4）在线学习，可实现与培训管理的关联，员工可进行在线的学习，在线考试及学时学分的管理。

5. 实施总结

项目自从2016年3月会立项，历史9个月时间，完成整个系统开发，进入系统试运行阶段，功能实现了基础信息管理、在线测评、培训管理及在线学习，达到预期效果。

四、结束语

目前在激烈的市场竞争条件下，一个企业要想有长足的发展，就必须有人才、技术、信息、资源作支撑，其中人才素质高低对企业发展发挥着不可估量的作用。在面临全球化、高质量、高效率的工作系统挑战中，培训显得更为重要。培训使员工的知识、技能与态度明显提高与改善，由此提高企业效益，获得竞争优势。

市面上培训系统可谓是满目凛然，绝大多数模式以SaaS为主（SaaS是Software-as-a-Service（软件即服务）的简称，它是一种通过Internet提供软件的模式，厂商将应用软件统一部署在自己的服务器上，客户可以根据自己实际需求，通过互联网向厂商定购所需的应用软件服务，按定购的服务多少和时间长短向厂商支付费用，并通过互联网获得厂商提供的服务）。该模式可实现企业快速的上线运用，但该模式也存在一些弊端，如企业一些私有的培训资源就需要上传到供应商服务器，可能造成私有资源的泄密，另外该模式系统提供功能相对比较通用化（即有什么功能用什么功能）。

相比SaaS模式培训系统，夏谷培训管理信息化系统V10，采用企业私有化部署，实现企业私有资源保护，并且V10系统在灵活性，实用性，易用性及可扩展性方面都更加出色。夏谷培训管理系统V10，在技术上具有后发优势，汲取了现今主流技术，并依托人力资源信息化系统十几年的开发经验，V10培训管理系统实现了基础支撑，素质测评、培训管理及在线学习一体化管理，是迄今为止其他供应商无法提供的服务。

单位：厦门夏谷软件有限公司